本书获得国家自然科学基金青年项目（项目号：71802049）以及
对外经济贸易大学中央高校基本科研业务费专项资金（批准号：CXTD12-03）资助

BOARD SECRETARIES' FINANCIAL EXPERIENCE AND INFORMATION ASYMMETRY OF FIRMS

董事会秘书财务经历与企业信息不对称

石贝贝 马云飙 ◎ 著

经济管理出版社
ECONOMY & MANAGEMENT PUBLISHING HOUSE

图书在版编目（CIP）数据

董事会秘书财务经历与企业信息不对称/石贝贝，马云飙著．—北京：经济管理出版社，2021.4
ISBN 978-7-5096-7965-4

Ⅰ.①董…　Ⅱ.①石…　②马…　Ⅲ.①上市公司—董事会—研究—中国　Ⅳ.①F279.246

中国版本图书馆CIP数据核字（2021）第081698号

组稿编辑：任爱清
责任编辑：任爱清
责任印制：黄章平
责任校对：董杉珊

出版发行：经济管理出版社
（北京市海淀区北蜂窝8号中雅大厦A座11层　100038）
网　　址：www.E-mp.com.cn
电　　话：（010）51915602
印　　刷：北京晨旭印刷厂
经　　销：新华书店
开　　本：710mm×1000mm/16
印　　张：13
字　　数：240千字
版　　次：2021年7月第1版　　2021年7月第1次印刷
书　　号：ISBN 978-7-5096-7965-4
定　　价：78.00元

序言

资本市场最根本的功能是通过资源的有效配置，推动经济的进步，然而，资本市场功能的有效发挥却离不开信息的充分流动，因为资本市场是信息驱动的市场，信息的充分流动能够降低交易成本，提升交易效率，从而保证市场机制的有效发挥。然而，在现实世界中，并不存在完美的资本市场，由于交易主体素质、交易成本以及制度因素等，市场中的信息不对称现象是客观且普遍存在的。从企业层面来看，信息不对称导致的逆向选择和道德风险问题会加大外部投资者的投资风险，增加企业的外部融资成本，影响企业的长远发展。从市场层面来看，信息不对称的存在使证券价格不能充分反映公司的特质信息，从而削弱了资本市场的资源配置功能，严重时甚至会导致市场失灵。因此，如何降低企业与外部投资者之间的信息不对称，提升资本市场效率，不仅是资本市场发展面临的难题，也是学术界研究的核心话题。

围绕着如何降低信息不对称，学者们从多个角度，例如，公司治理、信息媒介、宏观环境等进行了深入的探讨。然而，在资本市场上，信息不对称的降低不仅取决于企业披露信息的质量、信息中介的分析与解读以及法制环境等因素，还取决于企业的信息披露负责人自身，即董事会秘书的特征。根据资本市场信息传递的过程，企业的信息在生成之后，首先由信息发布者披露，其次经由相关的信息中介如分析师、机构投资者等分析、解读，最后传递给信息接收者如资本市场上的投资者，抑或是由信息发布者直接传递给信息接收者。无论如何，信息发布者都会参与信息传递的过程。而已有研究重点关注公司治理、信息中介以及宏观环境在降低信息不对称方面的作用，却很少关注信息披露者（董事会秘书）自身在信息传递过程中的作用。

与此同时，随着资本市场的不断发展，董事会秘书的作用也开始逐渐受到重视，2005 年 10 月 27 日，第十届全国人大通过新修订的《中华人民共和国公司法》明确规定董事会秘书为上市公司高级管理人员，这是我国首次在国家大法中确认董事会秘书在上市公司的高管地位，这一规定使董事会秘书这一职业群体逐步受到社会各界以及资本市场的重视。近年来，为了提升上市公司信息披露质量，规范上市公司董事会秘书行为，证监会又颁布了一系列的法律法规，对董事会秘书的任职、培训、考核以及离职等进行了一系列的规定，与此同时，也不断加大了董事会秘书在公司中的话语权。

根据“高层梯队理论”公司高管的背景特征，例如教育、工作经历、年龄、性别、任期等会影响他们的行为决策，并进而影响他们领导公司所采取的行动和公司绩效。此外，Hitt 和 Tyler（1991）以及 Waller 等（1995）认为，在某一领域长期的任职经历会使高管具有专业的知识和选择性认知，从而能更容易、更有效地关注和解读该领域的信息，并做出合理的决策。因此，作为专职负责公司信息发布的高级管理人员董事会秘书，尤其是日常接触的信息以财务信息为主，那么其财务任职经历是否会影响其信息传递以及信息沟通的质量，从而降低企业的信息不对称？

基于以上现实基础和理论背景，本书试图以中国上市公司为研究对象，重点探讨以下四个核心问题：

（1）相比非财务经历的董事会秘书，财务经历的董事会秘书是否更有助于降低企业的信息不对称？

（2）相比非财务经历的董事会秘书，财务经历的董事会秘书是否更有助于缓解企业的融资约束？

（3）相比非财务经历的董事会秘书，财务经历的董事会秘书是否有更高的履职绩效？

（4）相比非财务经历的董事会秘书，财务经历的董事会秘书是否有助于降低企业的股价崩盘风险？

本书研究的四大问题是一脉相承且相互印证的。首先，我们认为，财务经历董事会秘书对企业信息不对称的缓解作用主要体现在企业的财务信息上，因此，实证检验董事会秘书财务经历与企业盈余信息含量之间的关系，采用盈余反应系数来度量企业的信息不对称，该指标反映企业的盈余信息通过股价被市场投资者识别的程度，通过这一市场层面的检验，能判断财务经历的董事会秘书是否有助于降低企业的信息不对称。其次，本书从公司维度，检验财务经历的董事会秘书是否有助于缓解企业的融资约束。正如前文所述，财务经历的董事会秘书具有背景优势，能够更有效地进行信息披露，降低企业的信息不对称，那么其也应该有助于缓解企业的融资约束，因此，该检验也是对第一个问题的进一步验证。

以上两个问题分别从市场和企业层面探讨财务经历董事会秘书发挥的作用。那么财务经历的董事会秘书是如何发挥作用的？他们是否在进行信息披露以及投资者关系管理时具有更高的履职效率或者履职绩效？回答这一问题有助于增强本书核心结论的说服力，也是对以上两个问题的进一步验证。本书拟从董事会秘书考核评级以及企业信息披露考核评级两个外部评价的角度对财务经历董事会秘书的履职绩效进行检验。最后，本书从企业股价崩盘视角，进一步探讨董事会秘书财务经历降低企业信息不对称的经济后果。如果财务经历的董事会秘书确实有助于降低企业的信息不对称性，那么可以预见，财务经历的董事会秘书也会降低企业的股价崩盘风险。

以上四个问题是互相支持，互相验证的，也能在一定程度上保证本书结论的稳健性和逻辑分析的合理性。这些内容构成了本书研究董事会秘书财务经历与企业信息不对称的完整的研究思路。

本书共分为九章，各章的主要内容阐述如下：

第一章是导论。首先介绍本书的研究背景与研究动机，其次提出研究问题，此外，该部分简要介绍研究意义、思路、结构以及相应的创新。

第二章是制度背景与理论基础。首先，介绍了董事会秘书制度的渊源以及发展历程；其次，介绍该制度被中国资本市场引入以及发展完善的过程。进一步地，详细介绍了我国上市公司董事会秘书的具体职责，任职资格与任免。最后，介绍了本书相关的理论基础，包括高层梯队理论、信息传递理论、信息不对称理论、融资约束理论。

第三章是文献综述。首先，介绍了信息不对称的缓解途径领域的文献，主要包括从公司治理、信息中介以及宏观环境等角度探讨信息不对称缓解的文献；其次，对董事会秘书领域的文献进行综述。在此基础上，对相关文献进行简要的评述。

第四章研究了董事会秘书财务经历与企业信息不对称之间的关系。首先，采用中国上市公司的数据检验了董事会秘书财务经历对企业信息不对称（盈余信息含量）的影响；其次，为控制内生性问题的影响，采用 DID 模型以及工具变量法进行内生性检验；再次，为了验证前文的分析逻辑，从财务经历董事会秘书的专业能力、履职动机以及履职权力三个角度给出进一步的证据；最后，又从多个角度进行了稳健性检验，例如，变更信息不对称指标、变更回归模型、增加其他控制变量等。

第五章从融资约束这一企业层面的视角，研究财务经历的董事会秘书对企业带来的经济后果。首先，采用中国上市公司的数据检验了董事会秘书财务经历对企业融资约束的影响（投资—现金流敏感度），为保持结论稳健性，还进一步更换融资约束的度量指标，采用 KZ 指数和 SA 指数予以度量。其次，为了控制董事会秘书财务经历与企业融资约束之间关系的内生性，还采用双重差分模型

（DID）的方法来估计董事会秘书的财务经历对企业融资约束所产生的影响。最后，该部分考虑以下三种信息不对称情景，即企业性质、分析师跟踪以及是否"四大审计"来检验前文的分析逻辑是否成立，这些检验也将为董事会秘书的财务经历缓解企业融资约束的作用机理提供进一步的证据支持。

第六章分析了财务经历董事会秘书的履职绩效。从外部评价的视角，即董事会秘书工作考核评级以及企业信息披露考核评级这两个维度，验证了财务经历董事会秘书的履职有效性。具体来说，首先，实证检验了财务经历的董事会秘书是否能够获取更好的考评结果。其次，为了保证结论的稳健性，还进一步变更董事会秘书考评结果（Rank）以及董事会秘书财务经历的度量方法重新进行检验。最后，实证检验了财务经历的董事会秘书是否能够提升企业的信息披露质量，并同样进行了一系列的稳健性检验。

第七章研究了财务经历董事会秘书是否有助于缓解企业的股价崩盘风险。该部分以中国沪、深 A 股上市公司为研究对象。首先，对董事会秘书财务经历与股价崩盘风险的关系进行了单变量检验；其次，通过多元回归的方法检验董事会秘书财务经历对企业股价崩盘风险的影响；再次，进行相应的内生性检验等稳健性检验；最后，讨论当存在多个大股东时、控股股东存在股权质押时，是否会影响董事会秘书财务经历与企业股价崩盘风险之间的关系。

第八章介绍了我国董事会秘书制度存在的缺陷以及改进对策。具体从董事会秘书的地位不独立、信息披露履职缺位以及无法履行监督职能等方面介绍了我国董事会秘书制度的缺陷。针对我国董事会秘书制度存在的缺陷，进一步提出一些完善该制度的方案，例如，调整立法价值取向、规范立法层级、保障董事会秘书的独立性、提升董事会秘书信息披露质量、保证董事会秘书的权责平衡等。

第九章是本书的结束语。该部分简要概述了研究结论，并据此说明研究启示、政策建议，最后指出研究不足以及未来的研究方向。

本书的研究发现，财务经历的董事会秘书有助于降低企业的信息不对称，缓解企业的融资约束问题，提升企业信息披露质量，降低企业的股价崩盘风险。具体来说：

（1）有财务经历的董事会秘书有助于降低企业的信息不对称。本书以 2000~2013 年中国沪、深上市公司为研究对象，发现董事会秘书财务经历能够显著降低企业的信息不对称（增加企业的盈余信息含量），在考虑内生性的影响之后，本书的结论仍然保持不变。进一步地，本书还发现，当财务经历董事会秘书的专业能力更高、履职动机越强以及履职权力越高时，其降低企业的信息不对称（增加企业的盈余信息含量）方面的作用会更大。此外，我们还进行了一系列的稳健性检验，研究结论仍然保持不变。

（2）有财务经历的董事会秘书有助于缓解企业的融资约束。本书发现，当董事会秘书拥有财务经历时，企业的融资约束水平更低；变更融资约束度量指标、控制内生性问题等稳健性检验所得结论仍然保持不变。进一步地，我们发现，在三种信息不对称程度更严重的情景下（非国有企业、分析师跟踪数较少以及非“四大”审计），财务经历的董事会秘书发挥的作用更大，从而表明财务经历的董事会秘书是通过缓解信息不对称降低了企业的融资约束。

（3）有财务经历的董事会秘书工作质量、信息披露质量更高。当董事会秘书拥有财务经历时，董事会秘书获得的考核评级更高（工作质量更高），且负责的企业信息披露质量的考评评级也更高（信息披露质量更高）。

本书充分利用证监会对董事会秘书工作质量的考核评级以及对上市公司信息披露质量的考核评级数据进行检验，我们发现，当董事会秘书具备财务经历时，其更容易获得更高的考核评级，企业的信息披露质量的考核评级也会更高，经过一系列的稳健性检验之后，本书的结论仍然保持不变。

（4）财务经历董事会秘书有助于缓解企业的股价崩盘风险。本书发现，当企业董事会秘书拥有财务经历时，企业的股价崩盘风险更低。控制内生性问题以及控制董事会秘书其他的个人特征之后该结论仍然保持不变。进一步地，研究发现，董事会秘书财务经历对股价崩盘风险的影响主要集中在无其他大股东的公司以及无股东质押的样本公司中。

本书具有较强的理论意义，不仅丰富了信息不对称以及高管背景特征影响企业行为这一领域的研究，也对丰富企业投资者关系管理以及企业融资约束和股价崩盘风险领域的研究有一定的贡献。除此之外，本书还具有较强的现实意义，本书的研究结论除了有助于企业制定合理的董事会秘书聘用决策之外，还有助于投资者等利益相关者了解企业董事会秘书的信息披露行为，也为政府部门加强对董事会秘书任职条件审核以及培训等提供了理论依据。

目 录

第一章 导论

第一节 研究背景与研究意义

新古典经济学的一个基本假设是“信息完备性”，在这种假设下，市场交易各方具有完备且完全对称的信息，通过市场机制的配置，各种经济资源可以达到一般均衡，实现帕累托最优状态，从而实现社会资源的有效配置。然而，在现实世界中，并不存在完美的资本市场，由于交易主体素质、交易成本以及制度因素等，市场中的信息不对称现象是客观存在的，这就使“信息完备性”假说在解释经济现象时弊端百出，与此同时，也催生了以“信息不对称”为假设前提的信息经济学。

在现实的世界中，信息不对称导致的逆向选择和道德风险问题会加大外部投资者的投资风险，增加企业的外部融资成本，影响企业的长远发展。从市场层面来看，信息不对称的存在使证券价格不能充分反映公司的特质信息，从而降低了交易效率、削弱了资本市场的资源配置功能，严重时甚至会导致市场失灵。因此，如何降低企业与外部投资者之间的信息不对称，提升资本市场效率，不仅是资本市场发展面临的难题，也是学术界研究的核心话题。

Spence（1973）认为，解决信息不对称的一个重要方法就是信息显示，即通过提供信息来帮助人们在观察和预测经济活动中降低不确定性。因此，有效地披露信息和传递信息至关重要。根据 Shannon 的信息论，信息传递的过程是从信源（即信息发布者）发出信息，经由一定的信道（即信息传递机制）到达信宿（即信息的接收者）的过程。在资本市场中，信息传递的过程可以简化为如图 1-1 所示。一般而言，上市公司的信息不仅可以通过报表、公告、会议、新闻发布会等方式（即信道）由信息发布者（董事会秘书）直接传递给信息接收者（即投资者等）；也可以通过信息中介（分析师、审计师、媒体等）的分析解读，再传递给投资者（姜付秀等，2016）。在整个信息传递的过程中，有诸多因素影响信息传递的效果，例如，上市公司自身的特征、资本市场环境等，但其中较为直接的影响因素则是信息披露者、信息媒介以及信息接收者的特征（毛新述等，

2013)。

然而，已有研究重点关注了公司治理（股权结构、董事会、管理层激励等）(La Porta 等，1997；Fan 和 Wong，2002；Lang 和 Lundholm，1993；黄珺、周春娜，2012)、信息媒介（分析师、审计师、媒体等）（Francis 等，1999；Cheng 等，2014；Frankel 和 Li，2004；Bushee 等，2010)、制度环境（政府干预、法律制度等）(La Porta 等，1998；Bushman 和 Piotroski，2006）等在降低企业内外部信息不对称方面的作用时，却很少关注信息发布者自身，即董事会秘书在信息传递过程中所发挥的作用。

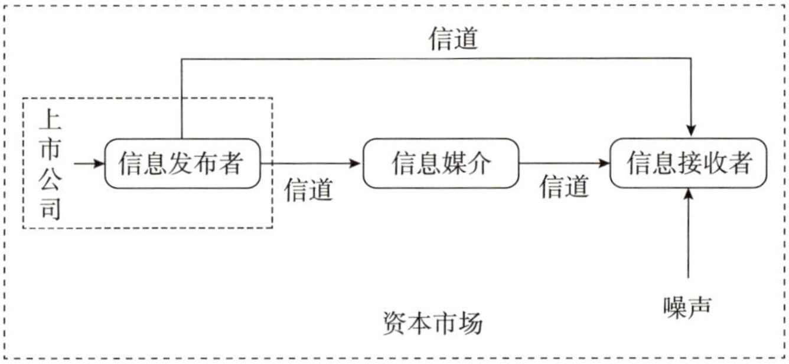

图 1-1　信息传递过程

事实上，中国资本市场早在 20 多年前就引入董事会秘书制度，但这项制度的引进最初是为了迎合我国企业境外上市的基本条件，所以董事会秘书最初在公司中并没有受到足够的重视。随着我国资本市场的逐步完善和发展，董事会秘书在公司治理中的作用逐渐凸显。近年来，董事会秘书也从传统“秘书”转变为实权型高管，在公司内部的话语权不断提升。2006 年修订的新《公司法》第一次在法律上给予了董事会秘书不可或缺的高管地位。2012 年新修订的沪、深两市股票交易细则均对董事会秘书的职责单独做出明确、详细的规定，提出信息披露，与监管层、投资者、证券服务机构以及媒体的沟通是董事会秘书的重要职责。目前实施的《股票上市规则》主要规定了董事会秘书的六大职责①，其中，最为重要的两大职责是负责公司信息披露事务和协调公司与投资者之间的关系。与此同时，上海上市公司协会发布的《上市公司董事会秘书制度研究与履职情况分析》显示，在董事会秘书的日常工作中，首先是信息披露的重要性和花费的时

① 该六大职责主要包括与监管部门沟通联络、协调公司与投资者之间的关系、处理公司信息披露事务、督促上市公司规范运作、股权事务管理、三会组织与文件的保管。

间均占第一位，其次是处理公司与投资者之间的关系。如今，作为联结上市公司与资本市场的“桥梁”，董事会秘书发挥的作用也已经得到监管部门、业界以及外部投资者的认可。

由于财务会计信息在企业信息披露中占据核心地位，并且也是投资者最为关注、咨询最多的信息（王跃堂等，2008；毛新述等，2013），因此，上市公司越来越倾向于选择具有财务经历的人士担任董事会秘书职务。数据显示，上市公司中有财务经历的董事会秘书占比从 2000 年的 19.22%上升到 2014 年的 40.70%。因此，我们不禁想到一个有趣的问题：相比无财务经历的董事会秘书，有财务背景的董事会秘书是否能更有效地履行其职责，进行更有效的信息披露与信息沟通，从而降低企业的信息不对称？对于这一问题，已有的文献并没有给出很好的解答。本书则试图从董事会秘书财务经历出发，探讨其对企业信息不对称的影响。

根据“高层梯队理论”，公司高管的背景特征，例如，教育、工作经历、年龄、性别、任期等会影响他们的行为决策，并进而影响他们领导公司所采取的行动和公司绩效（Hambrick 和 Mason，1984；Hambrick 和 Fukutomi，1991；Tihanyi 等，2000）。相关研究表明，管理者的行为确实受到其工作经历的影响（Tyler 和 Steensma，1998；Barker 和 Mueller，2002；Jensen 和 Zajac，2004）。因此，研究企业行为必须考虑高管的背景特征。进一步来讲，专业性的决策需要专业的知识和专业的经历做支撑（姜付秀和黄继承，2013）。Hitt 和 Tyler（1991）以及 Waller 等（1995）认为，在某一领域长期的任职经历会使高管在该领域具有专业的知识和选择性认知，从而能更容易、更有效地关注和解读该领域的信息，并能做出合理的决策。因此，作为专职负责公司信息发布的高级管理人员，董事会秘书的任职经历理应会直接影响信息传递的过程及其决策效率。

基于以上分析，本书以 2000~2013 年中国所有沪、深 A 股上市公司为研究对象。首先，实证分析了董事会秘书的财务经历与企业信息不对称之间的关系。进一步地，考虑财务经历董事会秘书的专业能力、履职动机和履职权力，是否影响其作用的发挥。其次，从经济后果的角度来考察董事会秘书财务背景是否有助于缓解企业的融资约束以及是否有助于降低企业的股价崩盘风险。最后，为了进一步验证财务背景董事会秘书履职的有效性，即财务背景的董事会秘书确实在其履职过程中具有优势。从外部评价的视角检验财务经历的董事会秘书是否获得了更高的外部评价，例如，董事会秘书工作考核评级以及企业信息披露考核评级，从而进一步验证了前文的分析逻辑。

本书的理论意义和现实意义如下：

1. 理论意义

(1) 丰富和发展了信息不对称理论。尽管已有文献已经对如何降低信息不对称这一问题进行了诸多探讨，但学者们主要是从公司治理、信息中介以及宏观环境等角度去探讨降低信息不对称的途径，忽略了信息披露者（董事会秘书）自身在信息传递、降低信息不对称过程中的作用。根据资本市场信息传递的过程，企业的信息在生成之后，首先由信息发布者披露，其次经由相关的信息中介，例如，分析师、机构投资者等分析解读，最后传递给信息接收者，如资本市场上的投资者；抑或是由信息发布者直接传递给信息接收者。无论如何，信息发布者（董事会秘书）都会参与信息传递的过程并进而影响信息的传递效果。因此，本书从信息发布者这一崭新的视角，探讨其在降低企业信息不对称、增加企业盈余信息含量方面的作用，从而丰富了信息不对称理论。

(2) 丰富和发展了"高层梯队"理论。近年来，基于"高阶梯队"理论，许多学者从高管的年龄、性别、学历以及任职经历等方面研究了其对企业行为和绩效的影响，但这些研究主要集中在董事长、总经理以及董事等高管个人特征对企业行为与绩效的影响，而董事会秘书作为公司高管之一，其作用并没有得到相应的关注。同时，国内关于董事会秘书的文献，主要考虑董事会秘书年龄、性别、任期、教育水平、兼任情况以及非正常离职等特征对企业行为与价值的影响，却忽视了董事会秘书任职经历的影响。与以上研究不同，本书从董事会秘书的财务任职经历入手，探讨了其在降低企业信息不对称、缓解企业融资约束方面的作用，从而丰富和发展了高层梯队理论。

(3) 丰富了融资约束理论。融资约束是企业在发展过程中遇到的普遍难题，同时也是学者们关注的焦点话题。已有的研究重点关注信息中介在降低信息不对称方面的作用，例如，分析师跟踪、媒体关注、审计监督以及媒体监督等，却很少关注作为信息披露者（董事会秘书）在信息处理与传递过程中的重要作用。本书基于 Shannon 的信息理论以及高阶梯队理论，从公司信息发布者的角度，探讨董事会秘书的财务经历在降低企业的信息不对称、缓解企业融资约束方面的作用，进一步发展了企业融资约束理论。

2. 现实意义

(1) 研究结论有助于企业制定科学合理的董事会秘书聘用决策。本书所揭示的董事会秘书财务背景对信息不对称的影响及其经济后果，对现实中的企业制定科学合理的决策具有启示意义，即降低企业的信息不对称、缓解融资约束不仅要重视信息中介以及董事会、经理层等这些高管的重要作用，还要重视并发挥董事会秘书在信息传递过程中的积极作用。

（2）研究结论有助于投资者等利益相关者更好地进行投资决策。目前中国经济处于新兴市场的特殊时期，资本市场还存在诸多缺陷，企业的信息披露和投资者关系管理事务还没有引起足够的重视。同时，在我国资本市场，个人投资者（散户）持股比例较高，而信息是投资者进行投资决策的基础，那么，如何获取信息、从何处获取信息以及如何与企业进行沟通等对投资者的决策都具有重要的影响。本书研究了董事会秘书的财务经历在信息披露及投资者关系管理事务中发挥的重要作用，从而为投资者有效获取信息、理解信息提供一定的启示意义。

（3）研究还为政府部门加强对董事会秘书任职条件审核提供了理论基础。资本市场本质上是一个信息驱动的公开市场，上市公司信息披露的质量，在很大程度上影响资本市场配置资源的效率。为了降低企业内外部的信息不对称，保护中小投资者的利益，证监会设立了董事会秘书制度。为了使董事会秘书更好地履行其职责，证监会对董事会秘书的任职资格、培训、考核等进行了规定。本书研究董事会秘书财务经历在信息披露过程中发挥的优势，从而为证监会加强对董事会秘书任职资格审核以及进行董事会秘书培训提供一定的启示意义。

第二节 研究思路

本书基于董事会秘书备受资本市场重视，以及近年来企业越来越倾向于聘用财务背景的董事会秘书这一现实背景，同时也基于学术界对董事会秘书研究较为匮乏这一理论背景，研究董事会秘书对企业信息不对称的影响。根据“高层梯队理论”，重点关注了董事会秘书的财务经历，研究该背景特征是否会有助于其更好地履职，从而更有效地降低企业的信息不对称。为了对这一预期进行验证，我们进行了一系列的检验，并且通过各种角度对这一结论进行验证，例如，财务背景董事会秘书的专业能力、履职动机以及履职权力是否会影响其作用的发挥，在对这一问题进行检验时，采用盈余信息含量来度量企业的信息不对称，即从市场层面检验董事会秘书的财务背景所发挥的作用是否能被投资者识别。

进一步地，如果确如上述所说，财务经历的董事会秘书利用其财务专业素养更好地展开工作，更好地进行信息披露以及投资者关系管理，从而降低了企业的信息不对称，那么，相应地，其会给企业带来怎样的经济后果？根据前文所述，信息不对称会导致逆向选择和道德风险问题，从而使企业产生融资约束问题。如果前文的分析合理，也应能据此发现财务经历董事会秘书会缓解企业的融资约束。因此，我们进一步从企业层面探索董事会秘书财务经历给企业带来的经济后果。

以上问题的分析是基于董事会秘书的财务背景优势有助于其更好地履职，那么，如何对这一分析进行验证，即如何对财务经历董事会秘书的履职有效性进行验证？根据前文的分析，本书认为，财务经历董事会秘书是通过利用其财务专业素养更好地展开工作，更好地进行信息披露以及投资者关系管理，如果这种分析逻辑成立，应该会预期到相比非财务经历的董事会秘书，财务经历的董事会秘书获得的外部评价会更高，我们从两个角度对此进行了验证，分别是董事会秘书工作考核评级以及企业信息披露考核评级。本书的研究思路大体如图 1-2 所示：

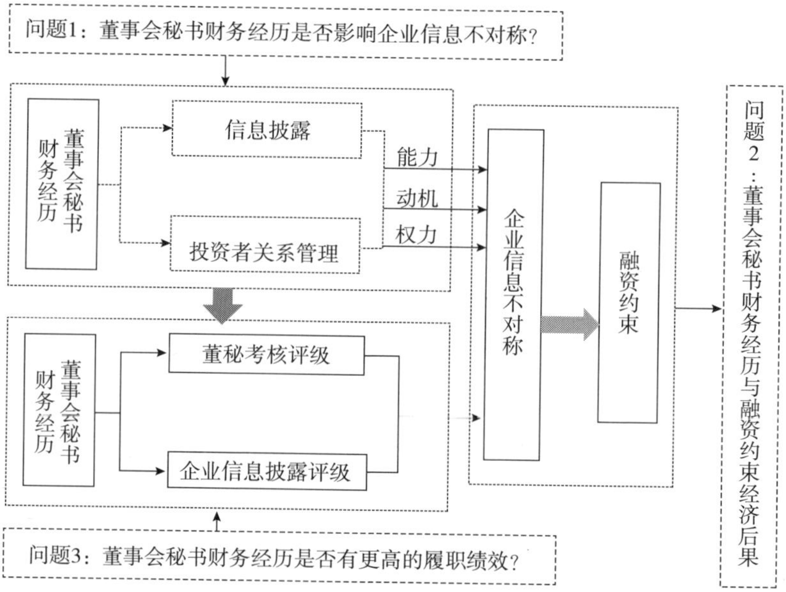

图 1-2　本书的研究思路

第三节　结构安排

本书的结构安排大致如下：

第一章是导论。该部分首先介绍研究背景与研究动机，并据此提出研究问题，此外，该部分还简要介绍了研究意义、思路、结构以及相应的创新。

第二章是制度背景与理论基础。首先介绍了董事会秘书制度的渊源以及发展历程，其次介绍该制度被中国资本市场引入以及发展完善的过程。再次详细介绍了我国上市公司董事会秘书的具体职责，任职资格与任免。最后该部分介绍了本书相关的理论基础，包括高层梯队理论、信息传递理论、信息不对称理论、融资约束理论。

第三章是文献综述。首先，介绍了信息不对称的缓解途径领域的文献，主要包括从公司治理、信息中介以及宏观环境等角度探讨信息不对称缓解的文献；其次，对董事会秘书领域的文献进行综述。在此基础上，对相关文献进行简要的评述。

第四章为董事会秘书财务经历与企业信息不对称。研究了董事会秘书财务经历和企业盈余信息含量的关系。我们采用盈余信息含量作为度量企业信息不对称的代理变量，首先，对盈余信息含量的存在性进行检验，进而实证检验董事会秘书的财务经历对企业盈余信息含量的影响。其次，为了排除内生性的干扰，以董事会秘书发生变更事件为样本，采用双重差分模型（DID）的方法检验了董事会秘书财务经历对盈余信息含量的影响，除此之外，还采用工具变量法来进一步缓解可能的内生性。进一步地，如果董事会秘书的财务经历有利于提升盈余信息含量，而且这一作用确实是因为财务经历，那么，可以合理预期，当财务经历董事会秘书的专业能力越高、履职动机越强以及履职权力越高，其信息披露工作将会做得越出色，在增加企业盈余信息含量、缓解企业信息不对称方面的作用也就更大。因此，进一步检验，董事会秘书财务专业能力、履职动机的高低以及履职权力的大小是否会对企业信息不对称产生不一样的影响，从而进一步验证分析逻辑。最后，进行一系列的稳健性检验，例如，变更信息不对称指标、变更回归模型、增加其他控制变量等，进行稳健性检验后的结论仍然保持不变。

第五章为董事会秘书财务经历与企业融资约束。从融资约束这一企业层面的视角，研究财务经历的董事会秘书对企业带来的经济后果。首先，采用中国上市公司的数据检验了董事会秘书财务经历对企业融资约束的影响（投资—现金流敏感度），为保持结论稳健性，进一步更换融资约束的度量指标，采用 KZ 指数和 SA 指数予以度量。其次，为了控制董事会秘书财务经历与企业融资约束之间关系的内生性，采用双重差分模型（DID）的方法来估计董事会秘书的财务经历对企业融资约束所产生的影响。最后，考虑以下三种信息不对称情景，即企业性质、分析师跟踪以及是否“四大审计”来检验前文的分析逻辑是否成立，这些检验也将为董事会秘书的财务经历缓解企业融资约束的作用机理提供进一步的证据支持。

第六章为董事会秘书财务经历与履职绩效。从外部评价的视角，即董事会秘书工作考核评级以及企业信息披露考核评级这两个维度，验证了财务经历董事会秘书的履职有效性。具体来说，首先，实证检验了财务经历的董事会秘书是否能够获取更好的考评结果。其次，为了保证结论的稳健性，还进一步变更董事会秘书考评结果（Rank）以及对董事会秘书财务经历的度量方法重新进行检验。最后，实证检验了财务经历的董事会秘书是否能够提升企业的信息披露质量，并同样进行了一系列的稳健性检验。

第七章为董事会秘书经历与企业股价崩盘风险。该章研究了财务经历董事会秘书是否有助于缓解企业的股价崩盘风险。以中国沪、深 A 股上市公司为研究对象，首先，对董事会秘书财务经历与股价崩盘风险的关系进了单变量检验；其次，通过多元回归的方法检验董事会秘书财务经历对企业股价崩盘风险的影响，然后进行相应的内生性检验及稳健性检验。最后，讨论当存在多个大股东时、控股股东存在股权质押时，是否会影响董事会秘书财务经历与企业股价崩盘风险之间的关系。

第八章为我国董事会秘书制度存在的缺陷及改进对策。具体从董事会秘书的地位不独立、信息披露履职缺位以及无法履行监督职能等方面介绍了我国董事会秘书制度的缺陷。针对我国董事会秘书制度存在的缺陷，该章进一步提出了一些完善该制度的方案，例如，调整立法价值取向、规范立法层级、保障董事会秘书的独立性、提升董事会秘书信息披露质量、保证董事会秘书的权责平衡等。

第九章为结束语。该部分简要概述了本书的研究结论，并据此说明研究启示、政策建议，最后指出本书的研究不足以及未来的研究方向。

本书的结构框架安排如图 1-3 所示。

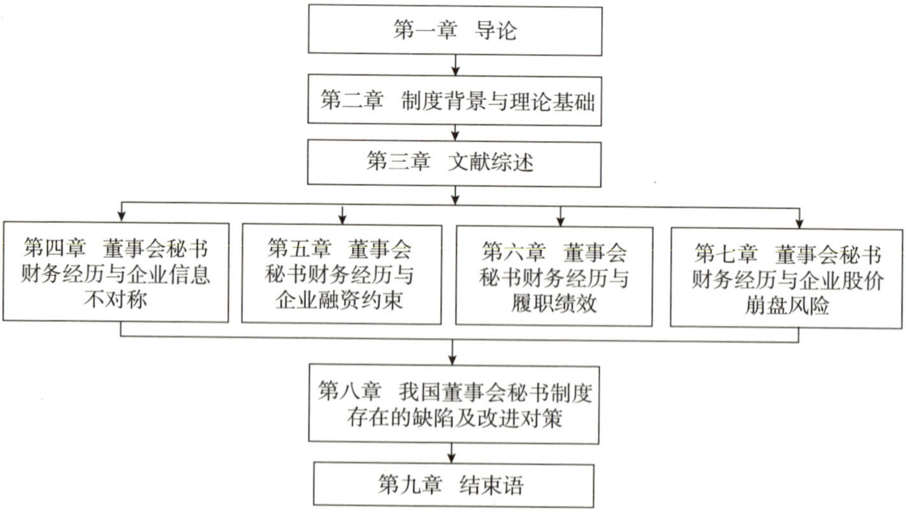

图 1-3 本书的结构框架

第四节 主要创新

运用公司财务理论、高层梯队理论、信息传递理论、市场信息效率等相关理论，研究董事会秘书财务经历对企业信息不对称的影响，本书认为，董事会秘书的财务经历这一背景特征是影响其工作质量的重要原因。

创新主要体现在以下三个方面：

（1）探讨了董事会秘书在降低企业信息不对称方面的作用，从而丰富了如何有效缓解企业信息不对称这一领域的文献。已有的研究重点关注了公司治理（股权结构、董事会、管理层激励等）（La Porta 等，1997；Fan 和 Wong，2002；Lang 和 Lundholm，1993；黄珺和周春娜，2012）、信息媒介（分析师、审计师、媒体等）（Francis 等，1999；Cheng 等，2014；Frankel 和 Li，2004；Bushee 等，2010）、制度环境（政府干预、法律制度等）（La Porta 等，1997；Bushman 和 Piotroski，2006）等在降低企业内外部信息不对称方面的作用，却很少关注信息发布者自身，即董事会秘书在信息传递过程中所发挥的作用。本书则从专职从事信息发布事务的公司高管董事会秘书这一视角，研究了其对企业信息不对称的影响，从而丰富了该领域的文献。

（2）本书研究了财务经历背景如何影响董事会秘书的职能发挥，从而丰富了高管背景特征影响企业行为这一领域的文献。自 Hambrick 和 Mason（1984）提出“高层梯队理论”以来，许多学者从高管的年龄、性别、学历以及任职经历等方面研究了其对企业行为和绩效的影响（Booth 和 Deli，1999；Frank 和 Goyal，2007；Boubakri 等，2009；Custódio 和 Metzger，2014；Hu 和 Liu，2015；魏刚等，2007；姜付秀和黄继承，2013），但是这些研究主要集中在董事长、总经理以及董事等高管，而董事会秘书作为公司高管之一，其作用并没有得到相应的关注。仅有的几篇关于董事会秘书的文献，主要考虑董事会秘书年龄、性别、任期、受教育水平、兼任情况，以及非正常离职等特征对企业行为与价值的影响（高强和伍利娜，2008；周开国等，2011；杜兴强等，2013；毛新述等，2013），却忽视了董事会秘书任职经历的影响。与以上研究不同，本书探讨了财务经历背景如何影响董事会秘书的职能发挥，从而丰富了高管背景特征所产生的经济后果，即高层梯队理论这一领域的文献。

（3）本书对于丰富企业投资者关系管理，以及企业融资领域的文献有一定的贡献。在研究董事会秘书财务经历影响信息不对称的基础上，具体分析和实证检验了董事会秘书财务经历是否充分发挥了其职业专长，与投资者进行了有效沟通，从而为两者关系的作用机理提供证据支持；为了增强结论的稳健性，进一步从经济后果这一视角，研究董事会秘书财务经历对企业融资约束的影响。无疑，相关研究发现将丰富和发展以上两个领域的文献。

第二章 制度背景与理论基础

第一节 董事会秘书制度概述

虽然董事会秘书被称作为“秘书”，但其并非是传统意义上的辅助性质的文秘工作人员。在目前的公司制度中，董事会秘书与公司总裁、财务总监、董事等高管同属公司的高级管理人员。董事会秘书这一职位设置制度最早起源于英国，随后美国又将该制度引入公司制度中。历经一百多年的发展和完善，董事会秘书制度逐渐发展成熟，如今已经成为公司法人治理结构中的重要组成部分。随着全球经济的发展与企业制度的不断完善，董事会秘书制度逐渐被其他国家引入。

一、董事会秘书制度的渊源与发展历程

董事会秘书一词最早产生于英国，在其公司法上被称为 Company Secretary，即公司秘书，该职务的出现最早可追溯到 1841 年英国报告的 Pontifex v Bignold 该案例中。这一制度之所以起源于英国，是与英国的资本主义的经济发展密切相关的。早在 19 世纪初，在英国设立公司需要经过英皇政府的审批。当时英国国内资本家大兴铁路和运河建设，但由于缺少资金，很多资本家对英皇政府施加压力，希望通过设立公司的方式筹集资金。在此背景下，英皇政府设立《合作股份公司法》，并允许公民以注册的方式成立公司，这一法规的成立开启了英国公司法的重大变革。自此之后，英国公司数量如雨后春笋般激增。但是，随着公司数目的增加，交易愈加频繁，使许多公司交易方，尤其是自然人的利益受到严重威胁。因此，英国政府要求每家公司都必须设立公司秘书这一职位，用于监督公司遵守相关法律，处理董事会相关工作事宜。

董事会秘书制度从无到有在英国经历了两百多年的时间，其发展历程大概可以分为以下三个阶段：

第一阶段，英国政府要求公司设立公司秘书，即董事会秘书一职，初期董事会秘书在公司中的地位非常普通，相当于普通职员，负责整理资料并处理一些公司的文书事务，与一般传统意义上的“秘书”并无本质的区别，角色定位也接

近于仆人，当时在《公司法》上甚至没有一个规定指出董事会秘书制度是公司的法定制度，公司也并未授权董事会秘书任何对外处理接洽事务的重要权利。直到 1948 年，公司法仍然只是规定，当缺乏明确的授权时，董事会秘书的职权仅限于公司的内部管理事项，无权干预公司其他事务。在这一阶段，董事会秘书也被形象地称为“公司的公仆”。

该时期董事会秘书的地位可由一件公司法相关案例予以佐证。具体来说，1887 年，英国的一家电车公司与三位自然人劳动者签订了施工合同，双方约定在工程完成后由电车公司以分期付款的方式向三位劳动者支付劳务报酬。但在完工之前，三位劳动者面临个人的资金压力，便将该工程合同约定的尚未支付的分期支付尾款作为抵押，向当地一家银行贷款。在审批贷款合同时，该银行联系电车公司确认情况，电车公司的董事会秘书予以回复，并确认情况属实。也正因此，银行通过了三位劳动者的贷款申请，并得到了 2000 英镑的贷款。但在工程完工之日，三人并未如约向银行归还贷款。此时，银行再次联系电车公司进行信息确认，发现电车公司仅持有三位劳动者共计 675 英镑的尾款。董事会秘书之前给予的回复存在虚假陈述，构成虚假担保。因此，银行起诉了电车公司，要求电车公司支付三位劳动者违约的 2000 英镑及相应利息。该案件的主审法官认为：公司秘书只是公司的普通职员，没有权力代表公司对外做出承诺。银行等外部主体更不能将公司秘书的陈述作为担保的依据。因此，本案以银行败诉结案。

第二阶段，随着公司的日益发展，企业内部的社会分工越来越细化，董事会秘书在企业日常运营过程中承担的任务和职责越来越多，对公司的贡献也越来越大。因此，董事会秘书在公司中的地位日益提升，开始发挥越来越重要的作用。1971 年，董事会秘书作为公司法定职位的地位得以确认，其职权范围也逐渐得到扩展，此时的董事会秘书可以在授权范围内代表公司对外签订行政管理事务方面的合同，与上一阶段相比，该阶段董事会秘书在公司中所扮演的角色和地位发生了质的变化，该变化可以说是董事会秘书的重生，因为此时的董事会秘书在公司的地位等同于公司高级管理人员。随后，1985 年英国的《公司法》第 283 条明确规定：任何公司都必须设立公司秘书这一职位。1989 年的《公司法》又进一步对董事会秘书的任职资格、职权与责任等方面进行了一系列更为详尽的规定，这些规定以及相关权力的授予使董事会秘书这一职位设置成为公司治理中必不可少的重要组成部分。

这一阶段董事会秘书的地位也可通过一个典型的公司法案例予以佐证。1971 年，一家英国公司的董事会秘书没有经过董事会的批准，便私自以公司名义与英国一家租车公司（原告）签订了汽车租赁合同，合同约定租赁汽车的目的是用来接送公司的重要客户，但实际上该车是被董事会秘书个人私自使用。在合同生效后，由于该公司董事会秘书拖欠租赁费用，租赁公司便起诉了该公司，请求支付租赁费用。在审理该案件的过程中，主审法官认为，这一时期的董事会秘书与之前相比，职责和地位已经不可同日而语。此时的董事会秘书等同于公司高管，拥有多项职权和义务，也承担着相应的法律责任，在公司发挥不可或缺的作用。最终，该案件以被告，即董事会秘书所在公司败诉而告终。

第三阶段，时间推移到20世纪末，人们对董事会秘书的地位和职能又有了一系列新的认识，并对政府强制要求所有公司设立董事会秘书这一职位的规定提出质疑。随后，英国政府开始关注这一问题，并出台了一些关于私人公司董事会秘书的设立可由公司自主决定的规定。2002年，英国政府出版白皮书——“公司法的现代化”提出，取消立法中对小型私人公司董事会秘书的强制性规定。进而，英国政府重新修订了原规定：非公开上市公司的公司秘书的设立可由公司自主决定，而上市公司则必须设置公司秘书这一岗位。产生这一变革的原因主要是英国的公司中非上市公司占绝大多数，随着英国公司制度的改革，这些非上市的小公司被《公司法》中的一些强制规定所约束，增加了这些小公司的运营成本，在一定程度上损害了小公司的发展和利益。然而，该规定一经提出，除了引发广大非上市的私营企业主的热烈拥护之外，同时还引起了很大的争议，许多人提出反对意见，认为董事会秘书可以监督董事职权的行使，完善公司治理，并在很大程度上对公司董事有监督和约束的作用。

随着资本主义经济的发展，美国各州公司法也开始引入董事会秘书制度，试图通过这一机制完善公司治理，保护广大中小股东的利益。在其引入该制度时便将董事会秘书列为公司最关键的高级职员之一，与总裁、财务总监等具有同等重要的地位，并对董事会秘书的资格、职权、任免程序等做了规定。1971年，美国在一系列关于公司董事会秘书的法律案件的判例中，即确认了董事会秘书在特定情况下代表公司的权利。此后的《美国模范公司法》以及许多州的公司法都明确规定了董事会秘书作为公司代表的地位。随着该制度在英美法系国家的不断完善，大陆法系国家的公司法也开始将这一制度移植到本土的公司法中来。

二、中国上市公司董事会秘书制度的起源与发展

20世纪90年代初，为了建立市场经济，我国的两家证券交易所——上海证券交易所和深圳证券交易所陆续成立。然而，当时的证券市场处于起步阶段，资本供应不充足，无法满足一些公司扩大经营、加快发展的需求。于是许多公司期望通过境外上市获得更多的融资渠道和发展机会，但当时我国的公司法律制度与

英美法系国家的公司制度存在差异，如果要在境外上市，那么必须要符合境外国家的公司法相关制度，其中就包括公司秘书制度。因此，迫于境外上市需求，我国正式引入了英国的公司秘书制度。但由于我国公司与境外公司的组织机构在设置上有所不同，引入后的董事会秘书在我国是由董事会选聘的，对董事会负责，因此，我们形象地称为“董事会秘书”。具体来说，1993 年 4 月 26 日政府发布了《深圳经济特区股份有限公司条例》专条规定：“董事会秘书负责董事会的日常事务，受董事会聘任，对董事会负责。”这是我国第一次将董事会秘书正式地纳入法律条文，奠定了董事会秘书在公司治理中的基础。随后，1994 年 8 月 27 日，原国务院证券委、原国家体改委联合颁布了《到境外上市公司章程必备条款》，这一条款中规定，公司设董事会秘书为公司的高级管理人员。此后，董事会秘书制度便逐步成为我国公司法律制度体系的重要组成部分。

随着我国证券市场的日渐成熟，资本市场的日益发展，董事会秘书在公司治理中的作用逐步体现出来。我国又颁布了一系列关于董事会秘书的法律法规。1996 年 3 月 21 日，上海证券交易所、上海证券管理办公室联合发布《关于 B 股上市公司设立董事会秘书的暂行规定》，要求 B 股公司必须设立董事会秘书，并明确规定了董事会秘书的任职条件、职权和法律地位。1996 年 8 月 9 日，上海证券交易所发布《上市公司董事会秘书管理办法（试行）》明确规定所有获准上市的公司必须聘任董事会秘书。1997 年 12 月 16 日，中国证监会发布《上市公司章程指引》，要求董事会设董事会秘书，并对董事会秘书的相关事宜加以规定，同时对董事会秘书在上市公司设立的必要性进行了再一次的明确确认。该指引详细规定了董事会秘书的主要职责、任职资格、聘任和解聘方式，从而基本确定了董事会秘书的框架。经过数十年上市公司法律制度的运行，根据实际中出现的问题，我国又对上市公司的法律法规制度做了进一步的完善。

2001 年，沪、深证券交易所颁布了新修订的《股票上市规则》。整个篇幅长达数千字，进一步确认了董事会秘书是上市公司的高级管理人员，并且把董事会秘书职权范围进行细化，增加到 11 条，其中，指出董事会秘书有权要求公司董事、监事和其他高级管理人员对其工作予以配合与支持。该规则还对董事会秘书的任职资格、解聘条件提出了更高的要求，并对董事会秘书出现空缺和不能履行职责规定了应对措施。新版的《股票上市规则》进一步表明了董事会秘书在公司中的重要作用，不仅体现在公司治理方面，还担当了投资者与上市公司之间沟通、交流的桥梁。

2005 年修订的《公司法》第一百二十四条明确规定：“上市公司设董事会秘书，负责公司股东大会和董事会会议的筹备、文件保管以及公司股东资料的管理，办理信息披露事务等事宜”，并在附则中解释，高级管理人员包括上市公司董事会秘书。这标志着我国法律明确界定了董事会秘书的地位和职责。《公司法》关于董事会秘书的规定引起了全社会的关注。同年，财经杂志《新财富》推出了上市公司金牌董事会秘书的年度评选活动，经过十余年的努力，该评选活动获得了资本市场和监管机构的高度关注和认可，并逐渐成为中国资本市场评价优秀董事会秘书的标尺。

2006 年修订的《上市公司章程指引》再一次确认了上市公司董事会秘书的职责和必要性。为了顺应新《公司法》的要求，2008 年沪深证券交易所修订的《股票上市规则》，又对董事会秘书制度做了进一步补充和完善，强调了董事会秘书的“信息纽带”作用，董事会秘书应协调上市公司与证券监管机构、投资者、证券终结机构、媒体等各方之间进行信息沟通，尤其是关注媒体报道并主动求证报道的真实性。同年，上海证券交易所发布的《上海证券交易所上市公司董事会秘书资格管理办法》和深圳证券交易所发布的《深圳证券交易所上市公司董事会秘书及证券事务代表资格管理办法》，对董事会秘书的任职资格做了进一步的规范，要求上市公司聘任的董事会秘书必须经过交易所的专业培训并取得董事会秘书资格证书，使董事会秘书成为唯一需要进行资格认证的高官职务，充分反映了该职务的专业性。2008 年底，为了进一步提高上市公司信息披露质量，规范上市公司董事会秘书的行为，上海证券交易所又发布了《上海证券交易所上市公司董事会秘书考核办法》。该办法对董事会秘书的年度考核和离任考核进行打分。连续两次年度考核结果不合格的董事会秘书，上海证券交易所将公开认定其不适合担任上市公司董事会秘书。

2012 年修订的《上海证券交易所股票上市规则》与《深圳证券交易所股票上市规则》进一步明确了董事会秘书这一职位，要求“上市公司应当设立董事会秘书，董事会秘书为上市公司的高级管理人员，对董事会负责”，并详细规定了董事会秘书相应的职责和作用。例如，规则规定公司应当设立由董事会秘书负责管理的信息披露事务部门。董事会秘书应对上市公司和董事会负责，履行如下八个职责：①负责公司信息披露事务，协调公司信息披露工作，组织制订公司信息披露事务管理制度，督促公司及相关信息披露义务人遵守信息披露相关规定；②负责公司投资者关系管理和股东资料管理工作，协调公司与证券监管机构、股东及实际控制人、保荐人、证券服务机构、媒体等之间的信息沟通；③组织筹备董事会会议和股东大会，参加股东大会、董事会会议、监事会会议及高级管理人员相关会议，负责董事会会议记录工作并签字；④负责公司信息披露的保密工作，在未公开的重大信息出现泄露时，及时向本所报告并公告；⑤关注媒体报道并主动求证真实情况，督促董事会及时回复交易所所有信息；⑥组织董事、监事和高级管理人员进行证券法律法规、本规则及相关规定的培训，协助前述人员了解各自在信息披露中的权利和义务；⑦督促董事、监事和高级管理人员遵守法律、法规、规章、规范性文件、本规则、本所其他相关规定及公司章程，切实履行其所做出的承诺；在知悉公司做出或者可能做出违反有关规定的决议时，应当予以提醒并立即如实地向交易所报告；⑧《公司法》《证券法》中证监会和交易所要求履行的其他职责等。

由此可见，中国资本市场引入董事会秘书制度的主要目的，是为了改善上市公司信息披露质量，促进上市公司与资本市场之间的信息沟通，从而提升上市公司信息透明度、改善资本市场效率。

三、我国上市公司董事会秘书的职责

历经近30年的探索和发展，我国董事会秘书制度逐渐发展完善，其连接上市公司与资本市场的“桥梁”和“窗口”功能也逐渐得到监管层和业界的普遍认可和肯定。随着董事会秘书在公司发挥的作用越来越大、地位越来越重要，董事会秘书的职责也在不断扩展。除了负责最基本的信息披露事务之外，董事会秘书的工作职责如今已经扩展至公司治理、投资者关系管理、投融资决策、危机公关处理等方面，尤其是在目前移动互联网时代背景下，企业与投资者之间的信息交流与沟通方式发生了改变，投资者主要通过互联网渠道获取信息，因此，董事会秘书除了要处理单方面对外的信息披露事务之外，还需要通过网络互动平台加强与投资者的双向沟通交流，加强投资者关系管理；并时刻关注媒体对公司的报道，对来自网络的质疑及时做出回应。

总体而言，当前上市公司董事会秘书的主要职责可分为以下三个方面：

第一，负责信息披露事务。信息披露是董事会秘书最基本的任务。具体来说，董事会秘书所承担的信息披露职责主要包括三个方面：一是组织制定合理的公司信息披露事务管理制度；及时组织、撰写以及发布公司的定期报告以及临时报告；督促公司内部人及信息披露义务人遵守信息披露的相关法律法规，对于所披露的信息，要保证完整性、及时性、准确性。二是有选择地披露公司信息。信息披露是指按照监管机构及交易所的规定披露必要的公司信息。并非公司所有的信息都要进行披露，信息本身有重要性和非重要性之分，并且信息披露本身也需要成本。此外，对于一些特殊的行业，信息是公司的特有优势，非必要情况无须披露，因为涉及公司隐私。这就要求董事会秘书有针对性、有选择性地进行信息披露，而对于一些需要保密的信息，一旦出现泄露，则必须及时向交易所和监管部门汇报情况。三是为了更好地完成信息披露的职责，董事会秘书应及时按照证监会和交易所的规定进行定期培训，董事会秘书还需要积极参加涉及信息披露的相关会议，广泛深入地查阅涉及公司信息披露的文件，以获取公司的完整信息。此外，在必要时刻，董事会秘书有权要求公司相关部门和人员积极配合，及时提供与信息披露相关的资料。

第二，完善公司内部治理机制。董事会秘书是上市公司治理结构中非常重要的一环。在目前以董事会为核心的内部治理结构中，董事会秘书作为一种完善上市公司治理结构的制度安排，能够促进董事会运行效率的提升，其职责主要是积极组织筹备董事会会议和股东大会，参加股东大会、董事会、监事会以及高级管理人员相关会议的筹备、召开以及相关资料的保管；提供董事会成员所需要的信息；协助董事会完善公司治理以及公司内部控制制度；减少并规范公司关联交易；协助公司决策的制定和风险管理。此外，董事会秘书还负有监督和约束的职责，应保障董事会做出决议的过程以及最终决议的合法、合规性，同时一旦发现公司内部高管有做出违反相关规定的决议，或者决议程序存在不合理性，董事会秘书应及时给予提醒和警告，同时应及时向证券交易所反馈情况。在目前互联网日益发达以及信息传播愈加迅速的背景下，董事会秘书所起到的信息过滤和信息沟通作用将有利于提升董事会的运行效率。

第三，负责投资者关系管理事务。在市场竞争日益激烈的今天，企业的投资者关系管理事务越来越重要，良好的投资者关系管理有助于降低外部投资者与企业之间的信息不对称，增加外部投资对公司的了解，从而提升公司在资本市场中的信息透明度，吸引更多的证券分析师和机构投资者的关注。而董事会秘书最重要的一个职责就是负责企业的投资者关系管理事务，也在上市公司与外部利益者之间发挥着信息沟通的桥梁作用。信息沟通的对象不仅包括企业的外部投资者，也包括监管机构、券商、证券分析师、媒体等。具体来说，董事会秘书作为连接上市公司与外部利益相关者的信息纽带，可以通过接听投资者咨询电话、接待来访投资者调研、定期或不定期组织召开投资者见面会、新闻发布会，通过投资者互动管理平台以及采用路演等方式，协调公司与证券监管机构、投资者、证券分析师、证券中介机构、媒体等之间的信息沟通。在如今信息传递迅速的互联网时代，由于媒体对上市公司的不实或片面报道往往会对上市公司的经营带来巨大影响，因此，董事会秘书还肩负着及时关注媒体报道并对媒体报道信息的真实性予以求证，对一些不实报道及时准确做出回应。同样，面对监管部门对公司相关问题的问询，董事会秘书也有义务及时回应。董事会秘书所起到的这种信息沟通作用对于降低上市公司的信息不对称，提升企业的信息透明度具有至关重要的作用。

四、我国上市公司董事会秘书的任职资格与任免

1. 任职资格

由于董事会秘书在上市公司中扮演着信息沟通的重要桥梁作用，因此，具备一定专业素质和专业能力是董事会秘书必备的基本任职资格。《深圳证券交易所股票上市规则》与《上海证券交易所董事会秘书管理办法》列示了董事会秘书任职的条件。文件指出，具备良好的职业道德和个人品质是董事会秘书应当具备的最基本条件；此外，董事会秘书应具备履行职责所必需的工作经验，并且应当具备履行职责所必须的财务、管理、法律等专业知识，这些基本的经历和专业知识是一个合格的董事会秘书应当具备的最基本素质。与此同时，董事会秘书在任职前应接受监管部门组织的培训，并必需获得交易所颁发的董事会秘书资格证书。在董事会秘书任职之前，上市公司应当向交易所提供董事会秘书任职资格说明、工作经历、现任职务和工作履历以及学历证明、资格证书等。只有在证券交易所没有提出异议时，上市公司才能将候选人聘任为董事会秘书。

2. 任免方式及程序

深圳证券交易所和上海证券交易所对董事会秘书的任免资格出台了一系列更为细化的规定。例如，《上海证券交易所董事会秘书管理办法》规定，上市公司董事会必须在具备充足理由的前提条件下方能对董事会秘书做出解聘的决议；上市公司董事会应该在规定的解聘事项发生之日起一个月内，将公司董事会秘书解聘；董事会秘书后续培训的参与时间低于连续三年未参加；连续 3 个月以上不能履行职责；董事会秘书在履行职责时出现重大事故、错误及疏漏对上市公司造成了严重的影响且后果非常严重的；董事会秘书在履职的过程中严重违反法律法规或其他规范性文件即《公司法》《证券法》等且造成重大后果的，同时要求上市公司应当及时向证券交易所报告董事会秘书被解聘的情况，并及时向社会公告。对于解聘事宜，如果董事会秘书认为公司对其解聘是不合理的，董事会秘书有权向证券交易所提供异议报告，寻求帮助。

第二节 理论基础

对本章的基本理论进行简要介绍，分别包括高层梯队理论、信息传递理论、信息不对称理论以及融资约束理论。

一、高层梯队理论

Hambrick 和 Mason（1984）提出了高层管理团队"高层梯队理论"（Top Managemeri Team，TMT）。该理论的核心内容是指公司高管的背景特征，如教育、工作经历、年龄、性别、任期等会影响他们的行为决策，并进而影响他们领导公司所采取的行为和公司绩效。正因如此，许多学者开始探讨高管背景特征对企业行为决策的影响。相关研究也证实了这一观点。例如，Dearborn 和 Simon（1958）在一次案例讨论中发现，虽然要求一组来自不同职业背景的管理者从公司整体视角分析和处理一个问题，但这些管理者仍然是从自己的职能领域来分析该问题的；Song（1982）发现，具有营运任职经历的 CEO 倾向于内部多元化，而非营运任职经历的 CEO 倾向于外部多元化；Tyler 和 Steensma（1998）发现，具有科学或工程等与公司技术相关任职经历的 CEO 更注重公司之间的技术联盟；Barker 和 Mueller（2002）的研究表明，具有 R&D 任职经历的 CEO 对公司的 R&D 投入较大；Jensen 和 Zajac（2004）基于财富 500 强企业的研究发现，具有财务经历的 CEO 更倾向于多元化经营，等等。这些研究的结果均支持了高层梯队理论的主要观点。

二、信息传递理论

Shannon（1948）最早提出了信息传递理论。根据 Shannon 的解释，信息传递的过程即从信息源（即信息传递者）发出信息，然后通过一定的信道（即信息传递机制）到达信宿（即信息接收者）的过程，这一过程也即是传统的 Shannon-Weaver 信息传递过程模型。最初这一理论仅用于通信领域。随着现代科学的发展，信息的概念远远超出了通信领域，已经推广并应用到其他学科，例如，传媒学、医学、翻译学、管理学、语言学等，从而发展成一种广义的信息传递论。美国著名的传播学家 Defleur 在 20 世纪 50 年代后期提出的传播过程中的互动模型就是在 Shannon-Weaver 模型的基础上发展起来的。

林俊波（2005）也根据 Shannon-Weaver 模型提出了证券市场的信息传递模型。根据证券市场信息传递的过程模型，证券市场信息的主体由信源、信道和信宿构成，其中的信源是指证券市场原始信息的供应者；信道是指证券市场信息传递的媒体与过程；证券市场信宿是指证券市场信息的接收者和需求者。证券市场信源发出信息是为了使证券市场的投资者在投资活动中减少对信源的不确定。

在资本市场中，信息传递的过程可以简化为如图 1-1 所示。一般而言，上市公司的信息可以直接以报表、公告、会议、新闻发布会等方式（即信道）由信息发布者（董事会秘书）传递给信息接收者（即投资者）；也可以通过信息媒介（分析师、机构投资者等）的分析解读，再传递给投资者。在整个信息传递过程中，有诸多因素影响信息传递的效果，例如，上市公司自身的特征、资本市场环境等，但其中较为直接的影响因素则是信息披露者、信息媒介以及信息接收者的特征。

三、信息不对称理论

信息不对称理论是指在市场经济活动中，各类人员对有关信息的了解是有差异的；掌握信息比较充分的人员，往往处于比较有利的地位，而信息贫乏的人员，则处于比较不利的地位。信息不对称理论是由三位美国经济学家——约瑟夫·斯蒂格利茨、乔治·阿克尔洛夫和迈克尔·斯彭斯提出的。该理论认为，市场中卖方比买方更了解有关商品的各种信息，掌握更多信息的一方可以通过向信息贫乏的一方传递可靠信息而在市场中获益，买卖双方中拥有信息较少的一方会努力从另一方获取信息，市场信号显示在一定程度上可以弥补信息不对称的问题；这一理论为很多市场现象如股市沉浮、就业与失业、信贷配给、商品促销、商品的市场占有等提供了解释，并成为现代信息经济学的核心，被广泛应用于旧货市场（Akelof，1970）、劳动市场（Rosen，1985）和保险领域（Rothschild 和 Stiglitz，1976）。

信息不对称现象的产生有其特殊的原因。Hayek（1948）认为，三方面的原因导致了信息不对称问题的存在：一是人的知识和认知能力是有限的，再加上社会分工造成不同市场参与者获取信息和认知信息的能力的不对称；二是搜寻信息需要成本，只要市场参与者认为信息搜寻成本高于预期收益，就不会发生信息搜寻行为；三是存在信息优势方对信息的垄断。Stigler（1996）认为，导致信息不对称形成与存在的原因主要是私人信息和搜寻成本的存在。社会分工使在不同市场与环节中交易者所拥有的知识各不相同，造成私人信息的存在；搜寻成本的客观存在是信息不对称现象存在在经济上更为重要的原因。Simon（1971）认为，人的有限理性使信息不可能在所有参与者之间完全、有效地公开，导致了信息的不完备和不对称。

Arrow（1953）根据不对称信息的内容，将信息不对称区分为隐藏行动和隐藏信息，前者是指某种行为的信息只为当事人或签约人知道，而局外人无法观察到，后者是指签约一方对另一方的知识、特点和境况等不了解。信息不对称可能发生在当事人签约之前，也可能发生在签约之后。研究事前不对称信息的对策问题称为逆向选择（Adverse Selection）问题，主要涉及如何降低信息成本的问题；

研究事后不对称信息的对策问题称为道德风险（Moral Hazard）问题，主要涉及如何降低激励成本问题。Murphy（1984）建议将所有“由参与人选择错误信息引起的问题”称为逆向选择，所有“由参与人选择错误行动引起的问题”称为道德风险。

信息不对称导致的逆向选择（Adverse Selection）和道德风险（Moral Hazard）问题使社会资源得不到有效的配置，从而导致效率的损失。逆向选择问题会使信息劣势者因为处于劣势地位而退出资本市场，导致市场失灵，也可能使好公司退出市场，形成“劣币驱逐良币”效应。此外，公司的股东将由于管理者隐瞒坏消息而不了解公司经营管理的真实情况，从而使低水平管理者被市场淘汰的概率降低，经理人市场无法正常运作，市场运作效率下降，最终影响资本市场配置资源的有效性，严重的后果甚至可能致使市场失灵和崩溃。道德风险问题又会导致两类典型的代理问题。在股权高度分散的公司，主要体现为管理者和外部股东之间的代理冲突；在股权相对集中的公司，主要体现为大股东与中小股东的代理问题。这两类代理问题如果得不到遏制，不仅会损害普通股东的利益，也会阻碍资本市场的正常运转，从而影响资源的有效配置。

四、融资约束理论

Modigliani 和 Miller（1958）指出，在完备的市场环境下，企业的内、外部资本是可以完美替代的。然而，现实世界中并不存在真正意义上的完美市场，不完美资本市场下的信息不对称等市场摩擦使得企业的外部融资成本高于内部融资成本（Fazzari 等，1988；Kaplan 和 Zingales，1997）。基于 Akerlof（1970）的“柠檬”理论，Greenwald 等（1984）、Myers 和 Majluf（1984）、Myers（1984）研究发现资本市场上的信息不对称引起的逆向选择导致了股权融资溢价。同时，信息不对称导致的逆向选择和道德风险问题同样存在于信贷市场，从而引起债券融资溢价，以及信贷配给问题（Stiglitz 和 Weiss，1981，1983；Williamson，1987）。这种不完美资本市场下的信息不对称导致企业的外部融资成本高于内部融资成本（Fazzari 等，1988；Kaplan 和 Zingales，1997），以及融资数量的限制（Almeida 和 Campello，2002，2004），就此产生了企业的融资约束问题。因此，信息不对称的存在是导致企业融资约束的根本原因。

融资约束的存在将会对企业投资决策带来负面影响。FHP（1988）把企业的留存收益率作为融资约束的替代指标，首次实证发现融资约束程度越高的公司其投资更多地依赖于内部现金流，即呈现较高的投资—现金流敏感性。后续学者大都沿着 FHP（1988）的研究思路，利用不同国家的数据，采用不同衡量融资约束指标，均发现融资约束程度高的企业表现出更高的投资—现金流敏感性，进而间接证明了融资约束对企业投资的抑制作用，从而支持了 FHP（1988）的结论（Chirinko 和 Schaller，1995；Fazzari 等，2000；Gangopadhyay，2004）。融资约束不仅影响了企业资本性支出，同时也抑制了企业 R&D 支出（Bloch，2002；Brown 和 Petersen，2011），降低了企业成长速度（Saeed，2009；李斌和江伟，2006；赵驰等，2012）。

虽然融资约束的存在迫使管理层放弃一些现金流为正的项目，一方面，对企业当期和未来绩效产生不利影响；另一方面，融资约束通过减少公司的自由现金流，提高了管理层所选择项目的质量，把有限资金投入到更有价值的投资机会中，从而缓解了代理冲突，提高了投资效率（Bolton 和 Scharfstein，1990；Hovakimian，2011）。

关于融资约束和市场表现的关系，现有研究存在一定争议。一方面，融资约束程度较高的公司缺乏足够资金进行投资，不得不放弃一些投资机会，表现出较小的成长性，因此，市场表现较差（Lakonishok 等，1994；Dichev，1998；Lamont 等，2001）；另一方面，融资约束程度高的公司，其未来经营风险较大，投资者要求较高的风险溢价，因此，其市场收益率应该较高（Whited 和 Wu，2006；Livdan，2009）。

尽管融资约束可能在某种程度上通过缓解了代理冲突而提高了企业的投资效率（Bolton 和 Scharfstein，1990；Hovakimian，2011），但从总体来看，融资约束对企业产生了不利影响。因此，究竟如何缓解企业面临的融资约束逐渐得到了学术界的高度关注。学者们主要从内部资本市场（Billett 和 Mauer，2003；Boutine 等，2013）、融资渠道拓展（Cull 等，2009；张杰，2012）、流动性管理（Fazzari，1993；Ding，2013）、政治及银行关联（Boubakri 等，2009；Houston 等，2011）、信号传递（Cheng 等，2014）、金融创新及金融发展（Gelos 和 Werner，2002；王东静和张祥建，2007）等几个方面进行了探讨。

第二章 文献综述

本章是对涉及的相关研究领域的文献进行梳理，并进行评述，具体包括企业信息不对称领域以及董事会秘书领域的文献。

根据前文分析，资本市场信息传递的过程是由企业自身生成信息，进而由负责信息披露的董事会秘书对外披露信息，披露的信息可以直接传递给信息接收者，例如，外部投资者或者由信息中介进行分析和解读，再传递给信息接收者。此外，董事会秘书也负责对投资者的疑问进行解答。因此，缓解信息不对称也应从信息传递过程中寻找途径。首先，信息的生成，企业信息质量的高低不仅直接影响其信息披露的质量，也直接影响企业的信息不对称，而公司治理直接影响企业生成信息质量的高低，也因此，许多学者从公司治理角度寻求提升企业信息披露质量，降低企业信息不对称的途径；其次，近几年来，由于信息中介在资本市场上也起到越发重要的作用，因此，许多学者也对其在降低信息不对称方面的作用进行了研究，本章也对此领域的文献进行回顾；最后，宏观环境也会影响信息的传递进而影响信息不对称，例如，法律环境、金融发展、互联网平台的兴起等，因此，本章对该部分的文献也进行了回顾。

此外，我们还对董事会秘书领域的文献进行简要回顾。

具体来说，本章的文献回顾主要分为以下四大部分：

第一，由于企业的公司治理直接影响了企业信息生成的质量，因此，该部分从公司治理这一视角回顾其对企业信息不对称的影响。

第二，由于信息中介在资本市场上对缓解信息不对称具有重要的作用，因此，本章第二节回顾了信息中介在降低企业信息不对称领域的文献，主要包括从审计师、证券分析师、债券评级机构以及媒体等角度的相关文献。

第三，本章第三节关注宏观环境在降低信息不对称方面的文献，包括法律环境、产品市场竞争以及信息沟通平台几个维度。

第四，本章第四小结对近几年来董事会秘书领域的文献做简要梳理。

最后，在对以上文献进行系统回顾与梳理的基础上，第五节对回顾的文献进行简要概述与评价，并提出已有研究的不足以及本章在整个文献中的地位。

第一节　公司治理与企业信息不对称

一、股权结构与企业信息不对称

股权结构决定了公司治理的起点。自 Berle 和 Means（1932）开始，大量学者认为，规模较大的公司往往持股较为分散，两权分离导致了管理层与股东间的代理冲突，管理层便有动机进行有助于私利获取但对公司股东不利的机会主义行为。

大股东被认为能够有效地缓解公司内股东与管理层之间的代理冲突。相较于小股东，大股东能够通过监督管理层带来的价值提升，克服小股东的"搭便车"行为。同时，较多的投票权也使大股东具有更强的能力监督管理层。此外，由于对公司私有信息知情，大股东还可以通过退出机制约束管理层，使管理层为留住大股东而在事前进行更多的价值提升行为，因此，大股东的退出和退出威胁同样能够发挥公司治理作用。

然而，大股东同时会引发第二类代理问题。当股东持股较多时，其实质控制着公司，可以通过隧道效应等手段侵占中小股东的利益，对公司价值造成损害。尤其在投资者保护程度较弱的国家以及两权分离度越大的公司内，大股东的利益侵占行为只需要承担很少的成本，大小股东间的代理问题将更加突出。此时，大股东将带来负向的公司治理作用。

与大股东持股类似，管理层持股也会产生完全不同的两种作用：一方面，管理层持股使其与股东的利益趋同，从而能较好地抑制管理层的机会主义行为，这种利益协同效应能够缓解第一类代理问题；另一方面，随着管理层持股越多，管理层对公司的控制力将越大，使外部股东难以通过投票权等措施解聘管理层，引发管理层堑壕效应，反而恶化了管理层与股东间的代理问题。围绕着管理层持股，现有研究分别为利益协同效应和堑壕效应提供了经验证据。

相较于个人投资者，机构投资者有着更强的信息搜集能力和解读能力，能够获取公司更多的私有信息，实证研究也发现，机构投资者的监督能够有效地约束管理层行为，提高企业信息披露的质量，降低企业信息不对称等。同时，机构投资者的频繁交易有利于增加公司的股票信息含量，使公司股价更能反映管理层所采取的行为，同样使机构投资者的退出行为具有公司治理作用，有效抑制管理层的机会主义行为。

总之，公司的股权结构决定了公司面临的主要代理问题，同时，通过管理层持股、机构投资者参与，也能够在一定程度上缓解代理问题，同时提升企业的信息披露质量，降低企业的信息不对称。

1. 大股东与企业信息不对称

集中的所有权是确保公司利润最大化的重要途径之一（Stiglitz，1985），现有文献认为，大股东主要通过两种机制来发挥公司治理功能。一方面，大股东可以通过对管理层的监督，在事前约束管理层的私利行为（Shleifer 和 Vishny ，1986 ；Holderness 和 Sheehan，1985；Klein 和 Zur，2009）；另一方面，通过事后的“用脚投票”对管理层产生退出威胁，促使管理层事前采取更多的有利于公司价值提升的行为（Gopalan，2006；Admati 和 Pfleiderer，2009）。

大股东治理效应的体现之一就是通过抑制经理人的私利行为，包括盈余管理、隐瞒坏消息或者信息造假等行为，从而降低企业与外部投资者的信息不对称。在两权分离的情形下，管理层往往基于个人薪酬、股权激励和变更等原因，存在通过操纵信息披露来隐瞒和误导外部投资者的强烈动机。而在股权集中的情况下，大股东利用手中的投票权控制企业的董事会，并指派内部人成为经理层来控制企业的经营决策，从而控制财务信息的生成和披露，提升企业信息披露的质量，降低企业信息不对称（LLSV，1998；Fan 和 Wong，2002）。

然而，大股东的存在也会带来额外成本，由于具有较强的能力和动机，大股东可以通过隧道效应等手段以牺牲中小股东的利益，例如进行掏空、关联交易等行为转移公司财产，此时，其就有进行盈余操纵、信息造假等的动机，从而引发第二类代理问题。此时大股东的存在就会降低企业的信息透明度，即增加企业的信息不对称。

相对于外部投资者或中小股东而言，大股东掌握了较多的公司私有信息，在其与外部投资者存在严重的信息不对称时，其便具有强烈的动机采用操纵信息披露来隐瞒和误导外部投资者以获得控制权私有收益。通过跨国数据的检验，LLSV（1998）较早地发现大股东对小股东的利益侵占动机影响了公司的信息质量，即企业的股权集中度越高，企业的财务报告质量越差。因为当股权集中度较高时，大股东会利用其权利进行会计信息操纵以实现其控制权私利。以东亚的977 个公司为研究对象，Fan 和 Wong（2002）也发现了类似的结论，他们发现，由于集中的所有权结构以及其相关的金字塔结构和交叉持股结构加剧了控股股东与外部投资者之间的代理冲突，因此，控股股东在进行盈余信息披露时，会基于个人的私利动机，从而降低盈余报告的可信度。

同时，Leuz 等（2003）进一步发现，盈余管理是掩盖控股股东侵占公司利益、获取控制权收益的重要手段。由于大股东的侵占行为一旦被发现，其他股东就会采取相应的行动减少利益侵占的发生，因此，大股东会通过盈余管理的手段来隐藏企业的真实业绩，掩盖其获得的私有收益。例如，控股股东可以通过虚增利润或掩盖损失（Teoh 等，1998）等手段减少其他股东的干预，从而更为容易地获得私有收益。同时，对东亚 8 国和西欧 13 国企业的研究也发现，股东控制权与现金流权之间的分离会引发盈余管理，而有效的投资者保护会削弱两者之间的正相关关系（Haw 等，2004）。同样的结论也适用于韩国企业，Kim 和 Yi（2006）进一步发现，由于企业集团及其内部交易为大股东转移财富、实现自身利益提供了可能，因此，隶属于企业集团的公司具有更大程度的盈余管理。

因此，大股东的存在一方面使其有动机和能力对管理层进行监督，积极参与公司治理；另一方面提升企业信息披露质量，降低企业信息不对称。

2. 多个大股东与企业信息不对称

大股东有动机和能力监督经理层，从而抑制第一类代理问题，但是却又引发了新的代理问题。因此，从理论上来讲，如果公司存在多个大股东，那么一方面他们因为持股较多，有动机和能力监督经理人，从而缓解了第一类代理问题；另一方面他们互相监督，从而可以缓解第二类代理问题。

基于已有文献对多个大股东股权结构的理论探讨，学者们使用各国的数据实证检验了多个大股东股权结构的治理效应，大多数的研究发现，多个大股东有利于公司治理。Boubaker 和 Sami（2011）以法国上市公司为样本的研究发现，多个大股东的存在显著提升了企业的盈余信息含量。

3. 经理持股与企业信息不对称

委托代理理论认为，管理层持股有利于将股东和管理层的利益联系在一起（Jensen 和 Meckling，1976）。这一观点称为“利益协同理论”，该理论认为，持有公司较多股份的管理层有较大的动机按照股东利益最大化的方式行事；相反，当管理层持股较低时，将导致较高的代理成本，此时管理层采取机会主义行为将承担较低的成本。因此，利益协同理论意味着，当管理层持股增加时，管理层的机会主义动机降低，其产生的治理效应相应会提升。体现在企业信息披露上，则表现为提升企业的信息披露质量，降低企业的信息不对称。

现有文献为利益协同效应提供了大量经验证据。例如，Moyer 等（1989）发现，当管理层持股较多时，其会进行更少的机会主义报告，并更可能提供无偏的信息披露。Warfield 等（1995）基于盈余管理视角的研究发现，管理层持股与会计利润的信息含量（即盈余反应系数）正相关，与可操纵性应计利润负相关。采用标普 1994~2004 年的数据，Lafound 和 Roychowdhury（2008）发现，管理层持股与会计稳健性之间呈现负相关关系，即管理层持股越少，盈余不对称确认的程度越高。因此，其具有利益协同作用，当其持股减少时，代理成本提高，便需要更强的会计稳健性以约束管理层。Han 等（2014）发现，管理层持股的利益协同效应同样会影响分析师的信息环境。具体而言，高管持股越多，分析师可获得的公共信息和私有信息便越多，支持了利益协同理论。

然而，管理层持股产生利益协同效应的同时，还会引发另一种代理成本，即管理层壕堑效应。此时，一旦管理层持有公司大量的股份，有足够的投票权影响到公司的日常运行，管理层从事机会主义的行为也就不可能受到约束，且来自外部的监督约束也近乎失效。因此，也有学者的研究同样支持了利益协同效应和壕堑效应，例如，Lennox（2005）发现，当管理层持股较低和较高时，管理层持股和审计质量呈显著负相关关系，即高管持股降低了代理问题，支持了利益协同效应；当管理层持股处于中间水平时，管理层持股与审计质量呈正相关关系，意味着堑壕效应占主导，需要更高的审计质量对管理层施加约束；Shuto 和 Takada（2008）考察了管理层持股与会计稳健性之间的关系，他们发现，管理层持股与会计稳健性之间也存在着类似的关系。具体地，当管理层持股较低和较高时，管理层持股与会计稳健性之间呈负相关关系，即支持利益趋同理论；相反，当管理层持股处于中间水平时，管理层持股与会计稳健性呈平缓的正相关关系，即支持堑壕效应。同时，Teshima 和 Shuto（2008）理论推导并实证检验了管理层与盈余管理间的非线性关系，支持了以上结论。

因此，从理论上来讲，当管理层持股不同时，利益协同效应和堑壕效应的程度大小将存在区别，并导致实证研究中观测到不同的效应存在。即只有在管理层持股处于中间某一区间时，堑壕效应才更可能占主导；而当管理层持股较多或较少时，则更容易观测到利益协同效应（Shuto 和 Takada，2008）。不同于西方国家较为分散的股权结构，中国上市公司股权高度集中，第一大股东对公司具有很强的控制权，高管持有的小部分股权是很难形成所谓的壕堑效应的。因此，在中国管理层持股如果能产生一定效应的话，更多的应该表现为利益趋同效应，而非堑壕效应。

4. 机构投资者持股与企业信息不对称

相较于个人投资者和家族股东，机构投资者被认为具有较强的监督作用。机构投资者一般持有较多的公司股份，能够获得监督所产生的较多收益，弥补其监督成本，因此，能够缓解股权分散下的小股东“搭便车”问题，有动力对公司管理层进行监督；持有更多的股票使机构投资者更有能力影响公司决策。

同时，机构投资者具有更强的信息优势和获利能力，能够获得更多的公司私有信息。机构投资者能以较低成本拥有职业分析师团队（Womack，1996），具有较多高水平的专业人士，因而拥有更多的信息、人才优势、资源优势和丰富的经验（Cubbin 和 Leech，1983），有着较强的搜集和处理信息的能力（Korczak 和 Tavakkol，2005）。他们获取公司相关财务及经营信息的方式不仅通过上市公司公布的财务报表、市场调研、行业研究等外部渠道，更可以和公司管理层和董事进行直接沟通交流，具备更强的信息解读和公司价值评估能力。

基于机构投资者积极参与公司治理的现象，现有学者对其公司治理的效果进行了检验，并且越来越多的研究也为其积极的治理效应提供了经验证据，发现机构投资者能够显著抑制管理层机会主义行为，缓解公司内部管理层与公司间的第一类代理问题。尤其是对具有长期投资视野的机构投资者而言，他们具备更强的监督意愿和监督能力，从而能更好地发挥公司治理功能。

已有研究发现，机构投资者能够有效抑制企业的盈余管理。盈余管理是管理层用来掩盖其较差绩效，获取个人私利的重要方式。DeFond 和 Jiambalvo（1991）较早地发现持股较多的机构投资者可以降低管理层事先调整盈利的可能性。Dechow 等（1996）也发现机构投资者能够降低公司进行财务欺诈的概率。此外，Mitra 和 Cready（2005）、Chung 等（2002）发现了同样的结论，均证明了机构投资者的监督功能。

二、董事会与企业信息不对称

董事会是公司治理机制的重要组成部分，股东控制管理者并确保公司根据股东利益行事的首要途径是董事会（Allen 和 Gale，1998）。作为上市公司最重要的治理机制，董事会治理效率的好坏直接关系到企业的业绩和股东的利益。长期以来，董事会治理的有效性也一直是国内外财务界关注的焦点。

通常而言，董事会主要被认为行使两方面的职能：监督职能和咨询职能（Fama 和 Jensen，1993）。监督职能包括雇佣、提升、评估以及在必要时解聘高管（Vancil，1987；Coles 等，2008），以此确保股东财富最大化；咨询职能则意味着董事成员根据其从业经验、专业特长等自身优势给予管理层或 CEO 以公司战略决策及执行方面的建议或进行咨询（Mace，1971；Faleye 等，2011）。

在对董事会的公司治理效应进行检验时，学者们主要从董事会独立性、董事会规模，以及董事的背景特征等角度展开。

1. 董事会独立性与企业信息不对称

相对于内部董事，外部董事并不依赖于 CEO，对外界的评价更加敏感（Hermalin 和 Weisbach，1998；Laux，2008），更不可能与管理层合谋以侵蚀剩余索取权的激励（Fama 和 Jensen，1983），从而能够更好地监督管理层，因此，拥有更多独立董事的董事会也将能更好地进行监督（Fama，1980；Fama 和 Jensen，1983）。Crutchley 等（2004）以及 Lehn 等（2009）认为，大公司将带来更多的代理问题，因而需要更多的外部董事来进行监督管理层。同样，Erson 等（2000）和 Coles 等（2007）也认为，多元化的公司需要更多的独立董事来监督其繁杂的经营。

已有研究发现，较高的董事会独立性有助于提高企业信息披露质量，降低企业的信息不对称。例如，Williamson（1984）指出，董事会中独立董事的比例越高，董事会的独立性就越强，其能够发挥的监督作用就越大，从而能更好地抑制经理人的机会主义行为，减少其进行盈余操纵的行为，增加企业财务信息披露的质量，降低企业与外部投资者的信息不对称；Beasley（1996）以美国 1980~1991 年 150 家公开上市的企业为研究对象，探讨了董事会独立性与企业财务造假的关系，研究表明，公司独立董事比例越高，虚假财务报告的发生概率就越低。Peasnen 等（2000）检验了英国 Cadbury Committee① 前后，企业的董事会构成与盈余管理行为的关系是否会有显著差异。研究表明，虽然在 Cadbury Committee 前后企业均存在盈余管理行为，但仅在 Cadbury Committee 之后发现，董事会中独立董事比例的提高，有助于缓解企业的盈余操纵行为，这一结论充分表明了独立性较高的董事会有助于更好地监督管理层，保证企业财务信息披露的质量。以美国 Fortune 1000 的企业为研究对象，Carcello 和 Hermanson（2002）研究了董事会特征对企业审计质量的影响，研究发现，为了维护自身的声誉资本、避免法律责任以及维护股东利益，独立性较强的董事会能显著提升企业的审计质量。类似地，吴清华等（2006）以 2003 年中国沪、深所有上市公司为研究对象，也研究了董事会特征与公司财务报告质量的关系，研究表明，当董事会拥有较高的独立董事比例时，企业的会计盈余信息质量更高。

独立董事的专业特长会使其能够更好地发挥监督作用。例如，Berle 和 Chadha（2005）发现，具有 CPA、CFA 证书或相似证书的独立董事任职于审计委员会时，公司将有更少的盈余重述。Defond 等（2005）则发现，当在审计委员会中任命有会计知识的独立董事时，会有着正向的市场反应。此外，当大多数的独立董事任职于公司三个主要监督委员会的其中两个时（三个监督委员会为审计委员会、薪酬委员会和提名委员会），董事会更注重其对管理层的监督，CEO

① 该会议旨在强调董事会中独立董事的存在有助于维持董事会的高效运转。该次会议之后，许多公司提高了董事会中独立董事的比例。

变更与企业业绩的敏感性越强，高管的超额薪酬也越低，且公司也将有更少的盈余管理（Faleye 等，2011）。

2. 董事会规模与企业信息不对称

除了董事会的独立性外，董事会的规模也被视为是影响董事会功能有效性的关键因素（Coles 等，2008）。

基于资源依赖理论，部分学者提出了“董事会规模相对较大有利观”。这一观点认为，董事会的规模可以作为一个组织与外部环境相联系以获取关键资源能力的计量指标（Pfeffer 和 Salanick，2003；Goodstein 等，1994）。大规模董事会的董事拥有更多影响公司业绩的信息和资源。公司董事会规模越大，越有利于改善公司的治理水平。

根据以上观点，董事会规模越大，企业的信息披露质量越高，企业信息不对称程度越低。Dalton 和 Daily（1999）的研究发现，董事会规模较大时，有助于董事更好地行使监督职权，并有效防止公司发生财务腐败现象。以深圳证券交易所 2001~2005 年所有上市公司为研究对象，周泽将（2007）也发现了类似的结果，即董事会规模越大，企业信息透明度越高；杜晓旭（2009）以 2006 年中国沪、深上市公司为研究对象，探讨了董事会特征与企业盈余管理行为的关系，研究表明，董事会规模的增加有助于降低企业的盈余管理水平。以 2007~2009 年深圳证券交易所 A 股上市公司为研究对象，胡明晖和彭家生（2010）探讨了董事会特征对企业会计信息披露质量的影响，研究发现，董事会规模的增加有助于增加企业的信息披露质量。

此外，还有部分学者持“董事会规模相对较小有利观”的观点，该理论的基础主要是代理理论和组织行为学理论，该观点认为董事会规模越小，越有利于提升公司的治理效率。具体体现在，小规模的董事会更有凝聚力，决策效率更高，并且能够有效地监督管理层；随着董事数量上升，董事会的功能会发生紊乱（Lipton 和 Lorsch，1992；Jensen，1993；Hermalin 和 Weisbach，2003；Res 和 Vallelado，2008），此时，董事会成员的沟通与协调变得困难，从而导致决策效率低下，影响董事会功能的发挥。

根据“董事会规模相对较小有利观”，董事会规模越大，企业信息披露质量越差，企业的信息不对称程度越高。Fama 和 Jensen（1983）认为，董事会的规模影响董事会的履职效率，当董事会规模较大时，成员之间“搭便车”的现象较为严重，难以有效地监督企业的运行。类似地，Lipton 和 Lorsh（1992）发现，当董事会规模较大时，会降低董事会的效率，尤其是董事会人数超过 10 人之后，成员之间的摩擦增加，商议决策时的沟通成本上升，从而导致董事会的效率变低。同样，Jensen（1993）也发现，大规模的董事会降低了企业的财务报告信息质量。Vafeas（2000）将财务报告信息含量用盈余信息含量度量，研究发现，财务报告的信息含量随董事会规模的增加而减小。

3. 董事长/总经理两职合一与企业信息不对称

公司的领导权设置，即公司的总经理是否应兼任董事长，一直是公司治理领域较为热门的话题（Dalton 等，2007）。"委托代理"理论和"管家"理论是解释两职设置的两个主要理论。"委托代理理论"认为，人们具有自私的天性，因此，公司需要采取两职分离来提高监督效果（Eisenhardt，1989；Fama 和 Jensen，1983）。而现代管家理论则认为，企业的高管人员具有自律和利他的特征，采取两职合一能够为其提供一种激励，有利于企业绩效的提高（Donaldson 和 Davis，1991；Davis 等，1997）。

针对上述两个完全相对的理论，学者们进行了大量的实证检验，并重点关注两职设置对公司治理的影响。但两职合一有效性的实证研究并未有一致的结论（Hermalin 和 Weisbach，2003）。无论是委托代理理论还是管家理论，均有相应的实证研究为其提供经验证据。

部分学者发现，董事长和总经理的两职合一降低了企业的信息披露质量。例如，Forker（1992）的研究发现，当董事长和总经理两职合一时，董事会的独立性下降，此时，对总经理的制约作用降低，破坏了公司的监督机制，从而降低了公司的财务会计信息质量。类似地，Simon 和 Wong（2001）发现，两职合一现象会显著地降低企业会计信息披露质量；Forker（1992）、沈俊伟（2006）以及林昕等（2010）的研究均发现了同样的结论。此外，也有学者得出了相反的结论，例如，Davis 和 Donaldson（1991）的研究发现，当董事长与总经理两职合一时，企业的经营业绩更好，并且企业对外披露的财务信息质量普遍较高，等等。

4. 董事会性别结构与企业信息不对称

委托代理理论认为，董事会的最大作用就是控制和监督经理层，其最重要的一个观点是董事会是相对独立的，不会与代理人勾结（Fama 和 Jensen，1983）。该理论认为，相对于男性董事，女性董事能够发挥更强的监督作用（Gul 等，2008；Adams 和 Ferreira，2009）。例如，Carter 等（2003）认为，女性董事更倾向于询问男性董事不会询问的问题，因此，女性董事越多，董事会的独立性越强。他们发现在财富 100 强的公司里，女性董事比例越高，代理成本越低，公司绩效越好。Jurkus 等（2008）同样发现了女性董事比例和代理成本（自由现金流）间的负向关系，他们认为女性董事比例的增加会加强董事会的监督能力，降低了 CEO 和股东间的利益不一致。

已有的研究表明，女性董事有助于提升企业的信息披露质量，降低企业的信息不对称。例如，Brown 等（2002）认为，女性董事会更加关注企业的审计奉献。类似地，Gul 等（2008）也发现，女性董事有助于提升企业的审计质量。Adams 和 Ferreira（2009）采用美国的上市公司为研究对象，研究了女性董事的重要作用。研究发现，女性董事成员的到会率高于男性董事会成员；同时，女性董事会成员多的公司，其男性董事会成员的出席率也较高。董事会成员中女性比例越高，其 CEO 的更换频率越快。因此，女性董事具有更强的监督能力，降低了代理问题。此外，由于女性董事拥有更强的监督能力，董事会内有更多的女性董事时，公司将会有更好的盈余质量（Srinidhi 等，2011）、更低的股价同步性（Gul 等，2011）、更少的财务欺诈（Cumming 等，2015），等等。

三、经理激励与企业信息不对称

尽管通过股权结构和董事会的合理安排对经理人进行监督可以抑制经理人的机会主义行为，降低代理成本，然而，由于信息不对称的存在，作为委托人的股东不可能实现对经理层全面彻底的监督。因此，除了对管理层进行监督机制之外，还有必要对其实施合理的激励机制，只有监督与激励机制同时进行，才能更为有效地提升管理层的工作效率。

一般而言，经理人的薪酬大体包括五个部分：工资、年度奖金、长期激励计划、股票期权和限制性股权授予等显性薪酬。其中，奖金往往与至少一种年度会计绩效相连，并以现金或股票的形式支付；长期激励计划则是基于多年度企业绩效的奖金，其往往以现金或股票的形式在多个年度进行支付。此外，CEO 还常常接受固定收益养老金计划、各种形式的在职消费以及离职时的遣散费等隐性薪酬（Frydman 和 Jenter，2010）。

针对公司更正财务报表和财务重述现象，学者发现，CEO 薪酬中股权激励占比越高，公司错报盈余的概率越高（Burns 和 Kedia，2006），更可能提出财务重述（Efendi 等，2007）；而在财务重述之后两年内，Cheng 和 Farber（2011）发现，公司通过降低 CEO 薪酬的期权报酬，会提高公司经营业绩，降低股价波动；Peng 和 Röell（2008）以美国 2507 家上市公司为研究对象，考察了高管薪酬对私有企业诉讼的影响，研究发现，期权激励增加了企业的诉讼风险，并且还发现，在诉讼期间，企业管理层有向上的盈余操纵，并且管理层在此期间会进行更多的行权，卖出更多的股票。最后，CEO 在出售股份时仍然会为了抬高公司股价而进行盈余管理，导致公司财务报表上应计收支项目的可信度下降（Beneish 和 Vargus，2011）。

以2001~2004年上市公司为研究样本，王克敏和王志超（2007）发现，高管报酬越高，企业盈余管理水平越高。权小锋等（2010）以2004~2007年国有上市公司为研究对象，检验国企高管是否会为了获取私有收益利用权力操纵薪酬。高管权力越高，其获取的私有收益越大，薪酬与业绩操纵的关系越强；同时，在私有收益的获取方面，不同级别政府的企业中高管获取私益的形式不一样。与之类似，吕长江和赵宇恒（2008）以沪、深两市的国有企业为研究对象，发现高权力的管理者会利用权力获取相应的私有收益，提升自身的货币性薪酬，而低权力的经理人虽然更关注货币性补偿，但只能通过操纵盈余实现考核目的。

第二节 信息中介与企业信息不对称

信息中介凭借其专业的知识和能力，能够很好地保证信息在企业和投资者之间的沟通和传播。一方面，信息中介具有专业的技能，能够帮助鉴别企业披露的公开信息；另一方面，信息中介拥有足够的精力和能力，能够以较低成本发掘公司内部的私有信息，并将其进一步解读，便于投资者的理解和使用；此外，信息中介还拥有专门的信息传播渠道，能够更加及时地将企业信息向更多的投资者传播，提高信息的及时性并扩大信息的受众范围。从这个角度来说，信息中介的存在无疑有助于降低企业信息不对称程度。

资本市场中存在诸如审计师、分析师、债券信用评级机构和媒体等多种信息中介，各类信息中介在降低企业信息不对称方面的作用机制并不完全相同，例如，审计师的主要职能在于鉴证企业披露的公开信息，分析师和债券信用评级机构分别在股权和债券市场解读企业披露的公开信息并发掘企业的私有信息，而媒体主要通过对信息的传播影响企业信息不对称。如果忽视了各类信息中介作用机制上的差异，而简单地将其看作同质的主体，那么研究其对企业信息不对称和企业融资约束的影响，得到的结论往往是有偏差的。

同时，信息中介降低企业信息不对称的一个前提是其独立性，即信息中介能够客观、公平地鉴证、分析和传播所获得的企业信息。然而，由于现实中各种利益冲突的存在，信息中介往往偏离其客观、公正的立场，无法保持完全独立。例如，审计师为了维持客户，可能出具有利于公司管理层的审计意见（Watts 和 Zimmerman，1983；Davis 等，2000）；分析师为了获得企业实地调研的方便或为了获得更多的分仓收入，会发布有偏信息（Francis 和 Philbrick，1993；Lin 和 McNichols，1998；Gu 和 Xue，2008），等等。如果忽视了信息中介所面临的利益冲突，仅仅考虑其对缓解企业信息不对称的正面影响，无疑很难全面地评价信息中介对企业信息不对称的影响。

基于以上分析，在该部分我们对审计师、分析师、债券信用评级机构和媒体等主要信息中介对企业信息不对称影响的文献进行回顾。

一、审计师与企业信息不对称

审计师对企业信息不对称程度的影响主要通过其信息甄别与鉴证作用实现。Dye（1993）认为，审计师作为独立于企业的第三方，对提升企业的信息披露质量，降低企业的信息不对称起着至关重要的作用。他们通过及时发现企业财务报告中存在的问题，对管理层予以提醒，促使管理层完善企业的信息披露。同时，高质量审计师为了保护自身在市场的声誉以及长远的职业发展，能够较好地确保企业财务报告的质量，从而有助于投资者获取更加真实、可靠的信息，进而做出科学、合理的投资决策（Bushman 和 Smith，2001）。

同时，高质量的审计服务还能够向市场传递企业“质优”的信号，帮助企业降低信息不对称程度（Balvers 等，1988；Beatty，1989；Holl 和 Horton，1993）。高声誉的审计机构和高质量的审计服务对应的是更高的审计费用，即更高的信号传递成本。由于聘用高质量的审计服务需要付出更高的成本，因此，只有当企业经营业绩良好，拥有“好消息”时，才更倾向于聘用高质量审计服务，而当企业拥有“坏消息”时，聘用高质量的大规模审计机构的成本较高，不仅要支付大额的审计费用，还要承担“坏消息”被甄别后给企业带来的负面影响，因此，当企业拥有“坏消息”时，可能会更倾向于选择小规模的、非知名的审计机构（Titman 和 Trueman，1986）。因此，企业聘用的审计师特征可以看作是企业向市场传递的关于信息可置信的信号，投资者可以根据企业选择审计机构的类型来判断企业的信息不对称程度。

需要注意的是，由于利益冲突的存在，审计师很难保持完全的客观、公正。审计师为了维持客户，获得审计业务，会倾向于出具有利于企业管理层的审计意见。特别是在审计工作的初期，审计师客户规模较小，如果坚持保持独立性披露客户，即企业的负面信息，则可能会面临失去该顾客的风险，而客户的失去将直接影响其生存发展，因此，此时的审计师在道德上将面临更大的考验，其独立性更难保持（Geiger、Raghun 和 An，2002）。同时，如果审计机构与公司高管之间有较好的长期私下关系，这种关系也会直接影响审计机构审计的独立性，审计机构有时会受限于这种“关系”，碍于情面，对企业财务报告存在的问题睁一只眼闭一只眼（Mautz 和 Sharaf，1961），因此，如果审计机构与企业保持长期的合作关系，审计师的独立性越差，对企业信息甄别、提升企业信息披露质量方面的能力就越弱（Watts 和 Zimmerman，1983），此时的管理层则可以充分利用与审计机构的这种长期合作“关系”，轻而易举地进行盈余操纵，从而降低企业的信息透明度（Davis 等，2000）。

在我国新兴市场和转轨经济的特殊情境下，由于相应的监督和处罚机制不健全，审计师由于利益冲突放弃客观、公正立场的情况可能更加严重。李爽和吴溪（2003）的研究表明，当企业管理层通过盈余操纵获取盈利目标时，审计师任期越长，其越有可能变通，给出非客观的意见审计任期与审计质量呈倒 U 型关系，当审计任期超过一定年份时，审计任期的增加对审计质量具有负向影响（陈信元和夏立军，2006）。因此，探讨审计师对企业信息不对称及融资约束的影响不能忽略审计师面临的利益冲突。

二、证券分析师与企业信息不对称

证券分析师一般被界定为信息的提供者（Frankel 等，2006），在资本市场中，分析师通过跟踪企业，结合对宏观形势以及行业政策的分析，将获取的企业信息进行分析和解读。具体来说，分析师主要为市场参与者提供了两项服务：一是搜集繁杂的公开信息，并加工成便于理解的简单形式；二是通过实地调研等契机，挖掘公司私有信息（Chang 等，2006）。

分析师通过对企业信息的发掘和解读，能够起到降低信息不对称的作用。此外，Liu（2011）还发现，分析师通过实地调研、参见投资者见面交流会以及私下与企业管理层交流等途径能获取企业的私有信息，从而有助于降低企业的信息不对称，降低企业股价的同步性，提高股价的信息含量。随着分析师跟踪人数的增多，公司股票会具有更高的透明度（Liu，2011；Hong 等，2000）。分析师可以通过各种方式获取企业的私有信息，比如参加企业的业绩说明会、投资者见面交流会、实地调研、电话询问，甚至可以通过私下跟企业的管理层进行沟通交流；对于企业可能存在的一些问题或重大决策，又如，财务数据异常、新技术的引进、重大战略决策等，分析师可以对此要求上市公司予以解释。在分析师获取这些私有信息之后，其可以通过分析报告的方式呈现给广大投资者，也可以通过其他途径，再如，贴吧、微博、微信公众号、网络媒体等方式更快地传递给市场上的相关利益者。因此，证券分析师是监督企业财务状况最有效的机制之一。Dyck 和 Zingales（2010）采用美国 1996～2004 年的上市公司为研究对象，对该观点给出了证据支持，研究发现，在揭露上市公司欺诈行为时，分析师是更好的外部监管者，其作用远高于 SEC、审计师、媒体以及行业监管者。

同审计师一样，分析师同样可能由于利益冲突的存在而丧失其客观公正性，由于分析师在资本市场中的特殊角色，即一方面直接接触上市公司获取信息，另一方面将其获取的信息直接传递给投资者，所以其在解读信息和传递信息过程的独立性对投资者会带来更为直接的影响（曹胜和朱红军，2011）。分析师面临的利益冲突可能来自于多个方面：从分析师与所跟踪企业的关系来看，分析师为了获得更方便的实地调研，存在取悦管理层的动机，从而发布有利于管理层的报告（Francis 和 Philbrick，1993）；分析师为了帮助所属券商赢得承销业务，可能更多地关注企业的利好消息（Dugar 和 Nathan，1995；Lin 和 McNichols，1998；原红旗和黄倩茹，2007），这使分析师的报告存在乐观性偏差。从分析师与机构投资者的关系来看，一方面，机构投资者在分析师所在券商交易的佣金收入是券商收入的重要组成部分；另一方面，明星分析师的评选也由机构投资者投票决定，因此，分析师为了自身利益，有动机发布有利于机构投资者，特别是所在券商客户的机构投资者的研究报告（Jackson，2005）。从分析师与其所在券商的关系来看，由于券商自营业务在券商净利发生额中占了很大比例，因此，尽管法律上有信息隔离墙制度的存在，券商仍有动机要求所属分析师发布有利于券商持股企业的正面信息（Mola 和 Guidolin，2009）。

因此，尽管分析师利用其信息分析能力，在一定程度上能够降低企业信息不对称的程度，但上述关系受到分析师利益冲突的影响，当分析师面临严重的利益冲突时，其独立性将无法保证，对信息的分析和解读也将偏离客观、公正的原则，发布的研究报告往往是有偏的，可能无法准确反映企业的信息，这将削弱甚至抵消分析师降低企业信息不对称的能力。

三、债券信用评级机构与企业信息不对称

债券信用评级机构通过其做出的信用评级缓解企业信息不对称的途径主要有以下两条：一是信用评级机构通过对债券发行人的信用情况、违约风险做出专业判断，为投资者的投资活动提供重要的参考依据，起到与审计师类似的信息鉴证作用，这也是信用评级机构的核心职能（Mishkin，1991；Pagaon 和 Jappelli，1993）；二是信用评级机构能够根据企业现实经营状况变化，进一步发掘和解读与企业有关的信息，动态地调整企业的信用评级（Jorion 等，2005；李琦等，2011），起到与分析师类似的信息分析作用。

同审计师和分析师不同的是，信用评级仅针对已经发行或者拟发行债券的企业及其债券本身，范围有限。同时，同发达国家相比，我国债券市场规模较小，而且 90%的交易量集中于银行间市场（陈莹，2010）。但这并不意味着信用评级

机构在缓解我国企业面临的融资约束时作用有限。一方面，信用评级针对的是债券这一融资方式，直接与企业的融资约束程度有关。我国法律规定，信用评级在A级以上的企业才能够发行债券，而现实中发行信用债券的企业信用评级普遍在A+级以上（韩斯玥，2013），信用评级的高低直接影响了企业债券发行能否成功。另一方面，信用评级包含的信息可以转移到股票市场和信贷市场，从而影响企业股权融资和信贷资金的获取。例如，Odders-White 和 Ready（2005）研究表明，企业债券信用评级和评级水平的调整会影响其股价表现；Ivashina（2009）研究发现，企业信用评级的高低会影响其银行贷款的可获得性。

四、媒体与企业信息不对称

近年来，随着互联网科学技术的发展，媒体尤其是互联网媒体对人们的日常生活带来了翻天覆地的变化（杨继东，2007）。媒体通过对日常一些重大事件或新闻的报道，扩大了信息的传播广度，极大地降低了人们获取信息的成本，拉近了人们与现实的距离，从而降低了社会的信息不对称。媒体不仅具有加速信息传播，降低市场信息不对称的功能，还能起到监督的功能，通过社会或组织运转机制中出现的重要问题，或对企业的负面信息进行报道，约束政府和企业的行为（Dyck 和 Zingales，2002）。

媒体作为一种大众的信息传播媒介，显著降低了那些信息劣势者获取信息的成本（熊艳等，2011）。根据 Frankel 和 Li（2004）以及 Bushee 等（2010）的观点，媒体通过对企业的信息进行梳理、整合、写作、传播，为市场的信息劣势者提供信息便利，同时又能在一定程度上削弱信息优势者的信息优势。媒体报道甚至还会影响分析师的信息获取，从而影响分析师对信息的解读。因此，媒体的存在能够在一定程度上降低企业与外部投资者的信息不对称（Kross 等，1990）。

从现有文献来看，媒体报道对企业信息不对称程度的影响主要有以下四种途径：一是媒体通过对上市公司的跟踪和调查，可以及时曝光企业的重大事项或负面丑闻，并对这些事件持续跟进报道（陈志武，2005），其在揭露公司丑闻中的作用甚至超过审计师、股东和证监会等公司治理机制（Dyck 等，2010）；二是媒体凭借其掌握的传播渠道，能够迅速扩大事件的影响力，甚至引起政府部门的介入（杨德明和赵璨，2012）；三是媒体通过影响经理人声誉（Dyck 等，2008；李培功和沈艺峰，2010；郑志刚，2007），促使政府监管部门对上市公司的相关法规进行完善或改革（Besley 和 Prat，2006）、降低经理和董事会成员谋取私有收益的激励，基于声誉威胁而约束经理和董事会成员的行为，最终促使公司改进治理（Dyck 和 Zingales，2002）；四是媒体对企业的持续关注和报道，特别是正面报道，有助于提高企业知名度、品牌、声誉，形成企业的无形资产（Greenwood等，2005；Aula，2010；Madden 和 Smith，2010）。

媒体掌握的信息传播渠道是其发挥降低信息不对称作用的重要保证，但掌握了信息传播渠道的媒体并不一定总能降低企业信息不对称，有时甚至可能起到相反的作用。其中，媒体偏见和媒体面临的利益冲突是影响媒体报道降低企业信息不对称的两个重要因素。

托马斯·梅耶（2009）认为，媒体在进行信息解读、整合以及传播的过程中并不是客观中立的。媒体自带主观偏见，这种主观偏见使其在对碎片信息进行筛选和整合的过程中失去应有的价值（Mullainathan 和 Shleifer，2005；Gentzkow 和 Shapiro，2006）。不同的媒体机构对于同一个信息整合所做出的报道或评价甚至会有截然相反的结果。这种有偏的信息经过媒体的一再放大，会误导广大受众。况且公众本身对传媒的特征会有预设心理，即本能地认为传媒报道的信息是真实的、客观的、中立的、权威的，在这种情况下，有偏的信息会在投资者之间扩散、积累（游家兴和吴静，2012），最终扭曲真实的信息。此时，媒体报道不仅很难降低、甚至有可能会提高企业的信息不对称程度。

与不可避免的媒体偏见相比，由利益冲突而导致的媒体失信对信息不对称程度的影响可能更严重。熊艳等（2011）认为，媒体为了吸引大众眼球，会刻意进行有偏、不实的报道。从实际来看，媒体失信的现象普遍存在，例如，张涛甫（2007）发现，在已披露的假新闻中，首发于报纸的新闻高达 90%，而其中 60%的新闻声称有明确的消息来源。赵静梅等（2010）研究了 2005~2008 年上市公司的谣言对股价的影响，研究发现，市场谣言普遍存在，国内所有知名门户网站、博客和论坛，几乎都在随意发布或转载未经证实的市场谣言，这些谣言对公司股价带来了巨大冲击，极大地提高了涉谣企业的市场关注度，并且笔者发现，无论是哪种类型的谣言，投资者都未保持足够的理性，同样受到影响的还有广大机构投资者。

尽管媒体作为一种重要的信息中介，其改善公司治理，降低信息不对称的功能一直是理论界关注的重点话题之一（Dyck 等，2008；李培功和沈艺峰，2010；郑志刚，2007），但现有文献在研究媒体报道的信息中介职能时，往往假定媒体是客观、公正的，媒体报道的新闻也是真实的。而现实中由于利益冲突的存在，媒体报道很难做到完全的客观、公正，而且即使媒体足够自律，由于不可避免的媒体偏见存在，媒体报道传播的信息也未必完全真实。因此，研究媒体报道对企业信息不对称的影响必须要考虑到媒体偏见和媒体面临的利益冲突。

第三节　宏观环境与企业信息不对称

一、法律及监管与企业信息不对称

LLSV（1998）开创性地将法律引入对公司财务的系统讨论中，引发了“法与金融”的兴起。Hart 和 Moore（1995）指出，股权或债权等证券的本质特征在于其赋予股东或债权人的权力，而并非其带来的现金流。当公司的管理层或控股股东进行私利获取行为时，这些证券所赋予的权力便更为重要，确保股东或债权人通过董事选举、收回抵押品等方式获取投资收益。然而，这些证券所赋予投资者的权力又依赖于证券发行地的投资者法律保护程度。因此，法律是一项基本的且重要的公司治理机制。

以 49 个国家的上市公司为研究对象，La Porta 等（1998）最先研究了法律环境对企业治理的影响，研究发现，相对健全、完善的投资者法律体系有助于提升企业的治理水平和透明度，这些地区的企业信息披露的质量也相对较高。此后的很多学者借鉴了 La Porta 等的做法，研究国家法律环境差异对企业信息披露的影响。大多数的研究均发现，良好的法律环境有助于提升企业的信息披露质量，降低企业的信息不对称。例如，Brockman 和 Chung（2003）认为，较好的投资者法律保护能够降低公司与投资者间的信息不对称，通过建立明晰的股东权利，颁布完善的合同法、商法和破产法，并严格执法，投资者法律保护能够降低投资者的投资不确定性；Leuz 等（2003）检验了 31 个国家上市公司的盈余管理水平的系统性差异，研究表明，这些差异在很大程度上可以由国家间的投资者保护水平予以解释，在那些投资者保护水平较好的国家，法律限制了企业内部人获取控制私有收益的权利，从而减少了内部人进行盈余管理的动机；Bushman 等（2004）的研究也得出了类似的结论，即法律水平较高的国家，其公司的信息透明度较高。法律水平不仅体现在立法上，还体现在执法上，法律的有效执行有助于企业提供高质量的财务报告（Bushman 和 Piotroski，2006）；采用 1995~2002 年 26 个国家的上市公司为研究对象，Defond 等（2007）从投资者保护这一视角解释国家间企业的盈余信息含量的系统性差异，研究表明，在那些能更好地实施内幕交易法律的国家，企业的盈余公告的信息含量更高。

近年来，我国学者也对法律环境和企业信息披露情况进行了一系列的研究，例如，张翼和马光（2005）研究了在不同法制进度下公司治理和公司丑闻的关系，发现地区的法制水平有助于降低当地公司发生丑闻的概率，即认可法律对公司的积极作用；朱松和夏冬林（2009）以我国上市公司为研究对象，发现财务报告的稳健性与我国的法制建设、市场化程度等显著正相关，进一步说明企业所处的制度环境越好，会计信息则越真实可靠；袁知柱等（2009）的研究发现，制度环境越好，上市公司的股价信息越丰富。总体来说，会计信息质量的提高，需要不断完善制度环境；石美玲（2010）以2005~2007深圳证券交易所的上市公司为研究对象，探讨会计信息披露质量的影响因素，发现政府的监管力度对企业的信息披露质量有显著的正向影响；向锐等（2012）的研究表明，国家的法制建设水平越高，公司的会计信息披露质量越高；姜英兵和严婷（2012）则发现，会计准则的执行效率与企业信息披露质量正相关，进一步发现法律保护对企业信息披露质量有显著的正向影响。

二、产品市场竞争与企业信息不对称

产品市场竞争被认为能够促进公司实施良好的公司治理机制，有效解决所有者和管理者之间的代理问题（Alchian，1950；Stigler，1958）。在约束管理层行为方面的作用得到了学者们较为一致的认同，甚至公司之间的竞争可能是比公司控制权市场、机构监管更为有效的一种公司治理机制（Allen 和 Gale，2000）。学者们理论分析并实证检验了产品市场竞争发挥公司治理作用的机制，认为其通过加剧竞争、破产清算威胁和降低管理层与股东间的信息不对称来抑制管理层的机会主义行为，降低代理成本。

学者们普遍认为，产品市场竞争降低了公司股东与经理人间的信息不对称，为合理评价和监督公司经理人提供了信息平台。在所有权和经营权分离时，管理层和股东之间存在信息不对称，投资者很难知晓或掌握经理人的努力程度，并客观地对管理者能力进行评估和激励。然而，当存在市场竞争时，通过对可比企业进行比较，可以降低股东与管理层之间的信息不对称，有助于股东进行监督。持有这一观点的研究认为，假如参与市场竞争的竞争者增加，并且影响各个公司成本的因素具有相关性，那么产品市场竞争的增加将能够产生额外的信息，并以此缓解管理层的道德风险问题（Holmstrom，1982；Nalebuff 和 Stiglitz，1983）。

Holmstrom（1982）首先阐述了管理者之间的竞争是获取信息最佳机制的观点。当管理者面临共同的不确定因素时，采用相对业绩指标对管理者进行评价就能排除共同的不确定性因素的干扰，更加客观准确地反映管理者的能力和努力程度。参与市场竞争的企业越多，同行业内公司的利润水平将趋于一致，管理者与公司股东间的信息不对称程度便越小。与之类似，Nalebuff 和 Stiglitz（1983）指出了在公司竞争中采用相对绩效评价的三个前提：首先，管理者的努力程度不能被直接观测，至少不能被无成本地观测到；其次，管理者的努力和其结果之间必须是随机的关系，股东不能通过观测其结果而直接无误地推测管理者的努力程度；最后，影响企业投入和产出之间的关系与随机扰动项必须相关。在此前提下，企业可通过对照其他管理者的绩效，并使用该信息更好地推测管理者的努力程度。因此，产品市场竞争提供了对管理者进行客观评价的信息平台，凭借此信息，可降低企业的信息不对称，缓解管理者的道德风险问题。

相应的实证研究也发现，产品市场竞争同样能够提高公司信息披露的质量，减少管理层的盈余管理行为。伊志宏等（2010）以 2003~2005 年深圳证券交易所上市公司为研究对象，发现产品市场竞争和公司治理结构的合理安排均能够对信息披露产生促进作用，且产品市场竞争与公司治理机制相互配合以更好地发挥治理作用：竞争与大股东持股比例、高管激励呈现互补关系，而与董事会治理机制之间呈现替代关系。同时，申景奇和伊志宏（2010）发现，产品市场竞争同样能够抑制上市公司的盈余管理行为；此外，相关实证研究也证明了产品市场竞争由于提供了更多的信息，将更有利于公司治理机制的发挥。例如，Allen 和 Gale（2000）发现，在产品市场竞争激烈的行业中，产品市场竞争提供了更多的信息，并使监督成本降低；Knyazeva 和 Knyazeva（2012）研究了产品市场竞争与股东权利之间的关系，他们发现，两者互为补充。激烈的产品市场竞争能够提供更多的关于管理者才能和努力程度的信息，通过相对绩效评估识别出浪费公司资源和经营绩效较差的管理者，进而有利于降低股东与管理层之间的信息不对称，使股东准确地解聘不称职的管理者。

三、信息沟通平台与企业信息不对称

信息是投资者进行投资决策的前提，因此，投资者及时、准确地获取信息是保证其投资有效的前提。现实中，投资者获取信息的方式主要有两种：一是从上市公司主动披露的公告或者微博、微信公众号等方式；二是通过与上市公司管理层接触，主动挖掘、搜寻公司信息。在获取信息的过程中，企业与投资者进行信息沟通的方式或平台起到至关重要的作用，已有研究主要从电话会议、见面会、微博开通以及互联网沟通平台等视角进行研究。

电话会议是企业自愿披露信息的常用方式（Bushee 等，2004）。Kimbrough（2011）通过检验分析师和投资者是否加速了对企业当下盈余公告的反应，来研究电话会议的信息含量。作者发现，电话会议显著降低了分析师的预测偏差，即降低了分析师的反应不足；此外，研究还发现电话会议显著降低了投资者的反应不足，具体体现在降低了盈余公告后的漂移程度，以及降低了市场反应相对于企业盈余公告延迟的比例。

1998 年，美国证券交易委员会强调，鼓励企业通过电话会议向证券分析师有选择地披露新信息，在此之后，Bowen 等（2002）研究了电话会议是否向分析师提供了有价值的信息。研究结果表明，电话会议之后，分析师预测准确度上升，这说明分析师从电话会议中获取了关于公司的增量信息。此外，研究还发现电话会议有助于降低分析师预测的偏差。进一步的研究还发现，以上的这些效应对于那些以前预测业绩较差的分析师更为显著，从而进一步验证电话会议具有信息含量。Matsumoto 等（2011）采用了 10000 多份电话会议资料为研究对象，探讨电话会议在两个环节的信息含量，一个是陈述环节，另一个是讨论环节。研究表明，两个环节的内容均具有信息含量，即增加了受众获取的信息，进一步的研究发现，讨论环节带来的信息增量更大，并且增加的信息含量多少与企业的分析师跟踪人数呈正相关关系。此外，该文还发现当公司的业绩较差时，管理层在陈述环节提供了增量信息，其在讨论环节提供的增量信息更多。这一结论说明，当企业的业绩较差时，活跃的分析师参加企业的电话会议会显著增加由此带来的信息增量。Bushee 等（2004）采用之前限制电话会议访问的公司样本以及在 FD 规则后允许无限制电话访问的企业样本为研究对象，研究了新规则对经理层决策的时机、应用以及对电话会议信息内容的影响，以及电话会议期间对投资者交易行为的影响，研究发现，在新规则实施后，电话会议的使用以及发生时机会对企业的信息披露政策产生影响。

与企业经理人面对面沟通或者进行相关的见面会无疑直接影响投资者的信息获取。由于存在一些投资者可以通过特权获取特定企业的信息，因此，美国证监会于 2000 年颁布了 *Regulation Fair Disclosure*，试图缓解这一现象。然而这一法案实施之后，仍有一些投资者私下会见企业的高管。基于这一背景，Solomon 和 Solts（2015）采用美国纽约交易所投资者与高管一对一会面的数据进行研究，结果表明，在私下与企业的高管沟通、交流之后，投资者会做出更加科学、明智的投资决策，这种效应集中在对冲基金的交易，但在投资基金和养老基金交易上并不存在。Green 等（2014）的研究发现，当分析师所在的券商机构与上市公司共同举行投资者交流见面会时，分析师评级变化所带来的市场反应更大，并且这种效应在交流会更加频繁以及会议之后的几天更加显著，这一结论表明，分析师参加券商主持的投资交流会能够帮助其获取信息增量。

近年来，随着互联网的发展，微博、Twiter 以及微信等网络传播媒介开始兴起，许多学者也开始研究其对企业信息披露的影响。Blankespoor 等（2013）以高科技行业的上市公司为研究对象，探讨采用 Twiter 将企业以传统方式（年报、报刊）披露的信息以链接的方式传递给市场参与者会给企业带来怎样的影响，研究发现，在传统的信息披露方式的基础上，如果企业还通过 Twiter 这种额外的信息发布方式将企业的原始信息予以披露，那么企业的股票有较低的买卖价差，并且能够更有效降低企业的信息不对称，这种作用在那些信息透明度低的企业尤为明显。胡军和王甄（2015）以 2009~2013 年中国上市公司为研究对象，探讨企业开通微博对企业信息不对称的影响，研究发现，企业通过微博进行信息披露，有助于提升企业披露的特制性信息含量，表现在企业的股价同步性较低。此外，企业通过微博进行的信息披露也为分析师提供了特制信息，并有助于其提高盈余预测的准确度。这一结论充分表明微博的开通有助于降低企业的信息不对称。周冬华和赵玉洁（2016）以 2011~2013 年的上市公司为研究对象，研究公司的官方微博状况与股价同步性的关系，结果发现，上市公司官方微博披露的数量降低了公司的股价同步性，从而说明微博披露有助于降低企业的信息不对称。

近年来，为了保护我国中小投资者最基本的信息知情权，维护整个资本市场健康、公平、公正地运转，深圳证券交易所于 2011 年建立了“互动易”这一网络信息沟通平台，继而，2013 年，上海证券交易所也紧随深交所的步伐，建立了名为“上证 e 互动”的网络沟通平台，这些网络信息沟通平台为投资者，尤其是中小投资者提供信息咨询的便利，当投资者对企业的经营状况或者重大决策存在疑问，对企业的相关信息不了解时，投资者可以在这些平台上进行提问，由公司的董事会秘书等对其给予回复。这些平台极大地提高了投资者获取信息的效率。

现有研究发现，网络互动平台有助于企业降低信息不对称。例如，Hassink 等（2007）的研究发现，基于互联网的投资者关系管理有助于缓解企业内外部的信息不对称，由于通过网站可以获取企业常规信息披露（如年报、季报、公告）之外的其他非标准信息，例如，企业的投资进展、战略规划以及行业竞争情况等信息，并且通过这种方式获取信息成本更低，信息获取的及时性更强。Chang 等（2008）研究了当企业通过互联网进行投资者关系管理时，形成了企业的信息披露质量和信息不对称的关系。研究发现，通过网站进行的投资者关系管理使企业的信息披露质量更高，并且有更多的分析师跟踪、更多的机构投资者、更频繁的市场交易以及更大的市场规模。此外，企业的股票买卖价差也相应降低，尽管这种效应在其他因素存在时相对较弱。张继勋和韩冬梅（2015）采用实验研究方法，检验了管理层在公司的网络互动平台上对投资者提问回复的特征，例如，回复的准确性、回复的及时性以及回复的语气等特征。结果发现，管理层回复的明确性较高以及回复更及时的情况下，投资者判断投资的可能性相对较高，反之则反，这一结论表明，管理者与投资者的关系管理特征具有信息含量，会显著影响投资者的感知，进而影响投资者对投资决策的判断。谭松涛等（2016）利用深交所2010年设立“互动易”网络平台作为自然事件，探讨了企业通过互联网的方式让高管与投资者直接进行信息交流是否会有助于提升资本市场的信息效率，研究发现，通过这种互联网沟通平台，投资者可以获取更加有效的信息，进行更合理的投资决策，从而进一步增加市场的信息效率，主要表现在，该网络互动平台设立后，企业的股价同步性降低，分析师盈余预测的准确性上升。

第四节　董事会秘书领域文献回顾

学者们在对董事会秘书进行研究时，重点关注其是否有助于企业的信息披露。已有文献主要集中于董事会秘书个人特征，例如，性别、兼任、持股及社会资本等与信息披露之间的关系。又如，高强和伍利娜（2008）利用2001~2006年深圳市上市公司的数据，结果表明，董事会秘书兼任副董事长时，企业信息披露质量更高，而兼任董事则没有发现该现象；张宏亮和崔学刚（2009）从《新财富》杂志“金牌董事会秘书”的评选结果为研究视角，发现良好的投资者关系管理可以促进企业价值的增长；周开国等（2011）则考察了2006年新公司法通过后，董事会秘书与信息质量披露的关系，他们发现，新公司法明确董事会秘书的法律地位后，上市公司的信息披露质量显著提高，同时他们也发现，董事会秘书持股会降低信息披露质量，而董事会秘书的年龄、任期、受教育水平等特征对信息披露质量无明显影响；毛新述等（2013）检验了董事会秘书兼任财务负责人对上市公司信息发布的影响，他们发现董事会秘书兼任财务负责人后，企业的盈余反应系数更高，即公司盈余的价值相关性更高，作者认为，财务背景使董事会秘书更具专业性，在处理投资者关系时具有优势，从而有助于提升资本市场的信息效率。高凤莲和王志强（2015）以深交所2004~2011年的上市公司为研究对象，研究董事会秘书的社会资本对企业信息披露的影响。研究发现，董事会秘书社会资本越大，那么其进行履职，即进行信息披露时认真工作的动机就越强，其专业的技能和丰富的关系资源也能为董事会秘书有效履职提供技术支撑和资源支持，因此，董事会秘书的社会资本有助于提升企业信息披露质量。并且这种效应在法律保护环境较差以及信任水平较低的地区更为显著；林长泉等（2016）以2007~2013年沪、深A股上市公司为研究对象，研究了董事会秘书的性别特征对企业信息披露质量的影响，结果发现，女性董事会秘书会使得企业的信息披露质量更低，并且这种效应在规模较大的企业更明显。作者认为，这可能是由于女性董事会秘书在企业中的存在仅是为了“装点门面”，并未发挥其应有的作用。

此外，也有学者关注到董事会秘书“闪辞”或者频频跳槽现象，并对此进行了探讨。杜兴强等（2013）以 2006~2010 年中国上市公司为研究对象，探讨董事会秘书非正常离职带来的经济后果。研究发现，董事会秘书非正常离职的上市企业业绩更低，违规概率更高，并且这一效应受董事会秘书自身背景特征的影响，例如，董事会秘书的年龄、学历以及专业背景，此外，作者还发现当董事会秘书持股较多以及兼任企业其他高管职务时，其非正常离职的可能性就越小；刘美玉和赵侠（2014）也关注到企业董事会秘书“闪辞”的现象，作者认为，这种现象看上去是由于董事会秘书的私利动机，又如，套现、追求更高薪酬以及对职业发展的长远考虑等，但实际上董事会秘书“闪辞”现象是由于制度短板的原因，再如，董事会秘书在企业的权、责、利不对等，履职环境较差。

基于以上分析，尽管已经有学者开始研究董事会秘书背景特征与企业信息披露的关系，但是这些研究主要考虑董事会秘书年龄、任期、受教育水平，兼任情况，以及非正常离职等特征对企业行为与价值的影响，却忽视了董事会秘书任职经历的影响。

第五节　研究评述

首先，就信息不对称领域的文献而言，已有的研究重点关注了公司治理（股权结构、董事会、经理激励等）（LLSV，1998；Fan 和 Wong，2002；Boubaker 和 Sami，2011；Willamson，1984；Beasly，1996；Srinidhi 等，2011；吕长江和赵宇恒，2008）、信息媒介（分析师、审计师、媒体等）（Francis 等，1999；Cheng 等，2014；Frankel 和 Li，2004；Bushee 等，2010）、制度环境（法律制度、产品市场竞争等）（La Porta 等，1998；Bushan 和 Piotroski，2006；伊志宏等，2010）等在提升企业信息披露质量，降低企业内外部信息不对称方面的作用，却很少关注信息发布者自身，即董事会秘书在信息传递过程中所发挥的作用。

其次，就高层梯队领域的文献而言，这些研究主要集中在董事长、总经理以及董事等高管个人特征对企业行为与绩效的影响（Booth 和 Deli，1999；Frank 和 Goyal，2007；Boubakri 等，2009；Custódio 和 Metzger，2014；Hu 和 Liu，2015；魏刚等，2007；姜付秀和黄继承，2013），而董事会秘书作为公司高管之一，其作用并没有得到应有的关注。

最后，就董事会秘书领域的文献而言，已有研究主要考虑董事会秘书年龄、任期、受教育水平、兼任情况，以及非正常离职等特征对企业行为与价值的影响（高强和伍利娜，2008；周开国等，2011；杜兴强等，2013；毛新述等，2013），却忽视了董事会秘书任职经历的影响。与以上研究不同，本书从董事会秘书的财务经历入手，探讨了其在降低企业信息不对称方面的作用，并进一步探讨董事会秘书发挥作用的机制以及经济后果。

第四章 董事会秘书财务经历与企业信息不对称

第一节 引言

新古典经济学的一个基本假设是“信息完备性”，在这种假设下，市场交易各方具有完备且完全对称的信息，各种经济资源通过市场机制的配置，可以达到一般均衡，实现帕累托最优状态，从而实现社会资源的有效配置。然而，在现实世界中，并不存在完美的资本市场，由于交易主体素质、交易成本以及制度因素等，市场中的信息不对称现象是客观存在的，这就使“信息完备性”假说在解释经济现象时弊端百出，与此同时，也催生了以“信息不对称”为假设前提的信息经济学。

在现实世界中，信息不对称导致的逆向选择和道德风险问题会加大外部投资者的投资风险，增加企业的外部融资成本，影响企业的长远发展。从市场层面来看，信息不对称的存在使证券价格不能充分反映公司的特质信息，从而降低了交易效率、削弱了资本市场的资源配置功能，严重时甚至会导致市场失灵。因此，如何降低企业与外部投资者之间的信息不对称，提升资本市场效率，不仅是资本市场发展面临的难题，也是学术界研究的核心话题。

众所周知，高质量的信息披露能降低企业内部管理者和外部资金供给者的信息不对称（Kim 和 Verrecchia，1994；Cheng 等，2014）。因此，许多学者从提升企业信息披露这一视角寻求降低企业信息不对称的途径。已有的研究重点关注公司治理（股权结构、董事会、经理激励等）（LLSV，1998；Fan 和 Wong，2002；Boubaker 和 Sami，2011；Willamson，1984；Beasly，1996；Srinidhi 等，2011；吕长江和赵宇恒，2008）、信息媒介（分析师、审计师、媒体等）（Francis 等，1999；Cheng 等，2014；Frankel 和 Li，2004；Bushee 等，2010）、制度环境（法律制度、产品市场竞争等）（La Porta 等，1998；Bushan 和 Piotroski，2006；伊志宏等，2010）等在重点提升企业信息披露质量、降低企业内外部信息不对称方面的作用，却很少关注信息发布者自身，即董事会秘书在信息传递过程中所发挥的作用。

而事实上，董事会秘书作为企业公司治理结构的重要一环，对企业的信息披露质量起着直接且重要的作用。2005 年新修订的《公司法》第一次从法律意义上确定了董事会秘书的高管地位，并将处理信息披露事务界定为董事会秘书最重要的职责。与此同时，上海上市公司协会发布的《上市公司董事会秘书制度研究与履职情况分析》显示，在董事会秘书的日常工作中，首先是信息披露的重要性和花费的时间均占第一位，其次是处理公司与投资者之间的关系，无论是负责信息披露，还是处理投资者关系，这两种职务将直接影响企业的信息不对称。此外，根据企业信息传递的过程，董事会秘书作为直接负责企业信息传递的主体，其背景特征毫无疑问会影响信息传递的过程，进而影响信息传递的效果。

众所周知，财务会计信息在企业信息披露中占据核心地位，并且也是投资者最为关注、咨询最多的信息（毛新述等，2013）。由此可见，作为信息发布者的董事会秘书了解财务知识，具有财务背景对其有效履职具有重要意义。同时，证券类法规也对董事会秘书的任职资格做出了相关规定①，要求董事会秘书应具备财务审计、金融投资等方面的工作经验。因此，现实中，很多上市公司由财务总监兼任董事会秘书或聘任那些有财务经历的人士作为专职董事会秘书②。例如，在美国，许多公司的投资者关系管理事务由财务经验丰富的 CFO 负责。根据美国国家投资者关系协会（National Invester Relations Institute，NIRI）公布的 2005 年投资者关系执行人评估调查报告，69%的美国公司投资者关系管理由财务总监负责。

就我国而言，数据显示，有财务经历的董事会秘书占比从 2000 年的 19.22% 上升到 2013 年的 38.70%。由此，我们不禁想到一个有趣的问题：相比无财务背景的董事会秘书，有财务背景的董事会秘书是否能更有效地履行其职责，进行更有效的信息披露与信息沟通，从而降低企业的信息不对称呢？对于这一问题，已有的文献并没有给出很好的解答。该章则试图从董事会秘书财务背景出发，探讨其对企业信息不对称的影响。

本章余文安排如下：第二节介绍本章的理论基础与假设提出；第三节介绍本

① 1997 年《上市公司章程指引》规定董事会秘书应当具有必备的专业知识和经验；1999 年 4 月，中国证券监督管理委员会发布的《境外上市公司董事会秘书工作指引》也具体规定董事会秘书应具有 3 年以上从事金融或财务审计、工商管理或法律等方面的工作经历等；2004 年深、沪证券交易所修订的新版《股票上市规则》明确规定董事会秘书应当具备履行职责所必需的财务、管理、法律专业知识。

② 值得一提的是，CFO 与董秘在涉及公司信息披露事务时，发挥的作用并不相同。CFO 主要负责财务信息的生成，并不直接参与信息的传递过程，而董秘主要负责信息的披露以及信息的传递。信息的生成固然重要，但是信息的披露、解读与传递却直接决定了投资者接收信息的质量。在本书，我们重点关注董秘在信息传递过程中的作用。

章的研究设计和数据，具体包括数据的来源、样本筛选、变量的界定、实证模型、描述性统计；第四节介绍本章主要的实证检验结果，包括主检验、内生性检验、进一步的实证证据以及相关的稳健性检验；最后为本章的结语。

第二节　理论基础与假设提出

根据“高层梯队理论”，公司高管的背景特征，如教育、工作经历、年龄、性别、任期等会影响他们的行为决策，并进而影响他们领导公司所采取的行动和公司绩效（Hambrick 和 Mason，1984；Hambrick 和 Fukutomi，1991；Tihanyi 等，2000）。并且相关研究表明，管理者的工作经历确实会影响其行为决策。例如，Dearborn 和 Simon（1958）采用案例研究的方法，发现管理者更倾向于从自身的职业背景分析问题；Song（1982）发现，具有营运任职经历的 CEO 倾向于内部多元化，而非营运任职经历的 CEO 倾向于外部多元化；Tyler 和 Steensma（1998）发现，具有科学或工程等与公司技术相关任职经历的 CEO 更注重公司之间的技术联盟；Barker 和 Mueller（2002）的研究表明，具有 R&D 任职经历的 CEO 的公司的 R&D 投入较大；Jensen 和 Zajac（2004）的研究结果表明，具有财务经历的 CEO 更倾向于多元化经营，等等。这些研究结果均支持了高层梯队理论的主要观点。因此，研究企业行为必须考虑高管的背景特征。

进一步来讲，专业性的决策需要专业的知识和经历做支撑（姜付秀和黄继承，2013）。Hitt 和 Tyler（1991）以及 Waller 等（1995）认为，在某一领域长期的任职经历会使高管在该领域具有专业的知识和选择性认知，从而能更容易、更有效地关注和解读该领域的信息，并能做出合理的决策。因此，作为专职负责公司信息发布的高级管理人员，董事会秘书的任职经历理应会直接影响信息传递的过程及其决策效率。

本书认为，董事会秘书的财务背景使其拥有较高的财务素养，一方面，董事会秘书不仅有可能利用这种背景优势有效地披露、传递信息，降低企业的信息不对称；另一方面，董事会秘书作为企业的高管，也有可能迫于大股东或管理层的压力，与管理层共同进行盈余操纵，财务信息造假，并利用财务背景优势在与投资者交流时，更好地掩饰其财务信息操纵行为以及应对监管部门对企业财务报告相关问题，从而加大企业的信息不对称。具体来说：一方面，根据姜付秀等（2016）的观点，董事会秘书的财务背景使其拥有较高的财务素养，能够更有效地披露、传递信息，从而降低企业的信息不对称。由于财务会计信息在企业信息披露中占据核心地位，并且也是投资者最为关注、咨询最多的信息（王跃堂等，2008；毛新述等，2013），而会计信息的核心则是盈余信息。由于盈余信息具有一定的专业性和复杂性，例如，可能涉及会计准则的解读、税收政策、会计方法的选择、合并报表、关联交易等专业性较强的问题，这就要求董事会秘书有相应的专业知识和专业经历给予投资者以解答。同时，基于“财务技能观”（Financial Skills View），Custódio 和 Metzger（2014）发现，财务经历的高管在其职业生涯中接受过较多的财务理论知识，长期的实践使他们对财务理论有较高的理解能力和应用能力，因此，在处理财务问题时他们往往具有较高的专业素养，并且对资本市场环境以及税收政策等的变化也更加敏感。除此之外，Graham 等（2013）、姜付秀等（2012）以及毛新述等（2013）的研究也发现，财务经历的高管更加熟悉企业财务状况，对公司的财务政策有更深刻的理解。因此，我们认为，董事会秘书的财务经历使其能够更加深入地与投资者以及分析师等沟通公司的相关盈余信息，并且深入分析盈余数据背后所隐含的经济含义，确保信息披露的完整性和信息解释的专业性、可信性和可理解性（毛新述等，2013），从而降低企业的信息不对称。

此外，由于高管的财务经历使其对财务信息和资本市场运行有着较为深刻的了解（Graham 等，2013；姜付秀等，2012，2016），因此，作为上市公司高管的董事会秘书，他们的财务经历也使其熟悉信息披露的基本原则与技巧。由于盈余信息的披露会对市场带来较大的影响，稍有不慎可能会给企业带来负面影响，因此，董事会秘书必须要把握信息披露的时机与尺度。事实上，并非公司所有涉及盈余的信息都应对外披露，过量的信息披露不仅增加了企业信息披露的成本，也不利于投资者获取关键信息，而过少的信息披露又无法满足投资者的需求。因此，如何进行信息的筛选、整合以及披露就显得尤为重要。已有研究发现，在涉及资本市场相关问题时，财务经历的高管是更好的信息沟通者，因为他们能更好地了解投资者需求，更好地掌握信息披露的尺寸，从而能够有效地进行信息披露（Custódio 和 Metzger，2014）。因此，董事会秘书的财务经历使其更能充分发挥其专业优势，提升企业的信息披露质量，从而更好地降低企业与外部投资者之间的信息不对称。

另一方面，在我国，董事会秘书作为上市公司的高管，也有可能利用这种背景优势，对公司的信息披露造成不利影响。因为董事会秘书虽然名义上由董事会聘任，但实际上很有可能由企业的大股东委派负责处理相关信息披露事务。而董事会秘书则有可能为了维护大股东的利益或者迫于大股东的压力，在处理信息披露事务以及投资者关系管理事务时“报喜不报忧”，利用其财务背景优势，与管理层勾结，与管理层共同进行盈余操纵，财务信息造假并利用财务背景优势在与投资者交流时，更好地掩饰其财务信息操纵行为，以及应对监管部门对企业财务报告相关问题的询问。因此，在这种情况下，董事会秘书的财务经历会使企业的信息不对称更加严重。

基于以上分析，本书提出如下备择假设，以检验董事会秘书财务背景发挥的作用。

假设 1a：当董事会秘书拥有财务经历时，企业的信息不对称程度较低。

假设 1b：当董事会秘书拥有财务经历时，企业的信息不对称程度较高。

第三节　研究设计和数据

一、数据来源与样本筛选

本书的研究样本为中国沪、深 2000~2013① 年所有的 A 股上市公司。首先通过 CSMAR 数据库收集样本期间所有上市公司董事会秘书的简历资料，如果董事会秘书的背景信息缺失或不完整，进一步通过检索新浪财经、巨潮资讯等财经网站予以手工补充。所使用的财务数据来自于 CSMAR 数据库以及 CCER 数据库。借鉴已有的研究，采用以下标准对样本进行筛选与处理：①剔除金融、行业的上市公司；②剔除净资产小于 0 的样本；③剔除被 ST 的样本保险；④剔除相关数据缺失的样本；⑤对主要连续变量在 1%和 99%的水平缩尾处理。

二、变量界定

1. 董事会秘书财务经历

借鉴姜付秀等（2016）的做法，本书将财务经历的董事会秘书界定为曾担任过以下职务的董事会秘书：财务负责人、财务（副）总监、首席财务官、（副）总会计师、财务主管、财务处（副）处长、财务科长、财务科（副）科长、财务部（副）部长、财务部（副）经理、基金经理、投资经理、投资研究员、证券研究员、证券投资部部长、资本运作主管、投资总监、投资部经理、投行部高级经理、行业分析师等财务投资类职务。由于从事投资职业往往需要较为扎实的财务基础，并且其工作内容也与企业财务状况、资本运作以及企业风险等信息密

① 由于实证模型中需要使用滞后项的控制变量，因此，本书最初的样本区间为 1999~2013 年。

切相关，所以将该类经历也划归财务经历的范畴①。

图 4-1 简要列式了董事会秘书财务经历在各年度的样本分布情况。从图4-1可以看出，在整个样本期间，财务经历的董事会秘书占比在样本期间大体呈递增的趋势（除 2008 年略微下降外），从 2000 年的 19.15%逐渐上升到 2013 年的 38.69%。而在全样本中，财务经历董事会秘书的样本数量占总样本量的 32.36%。这一现象表明，上市公司越来越倾向于聘用有财务经历的董事会秘书，并且财务经历的董事会秘书平均占比也较大，几乎达到总样本的 1/3。

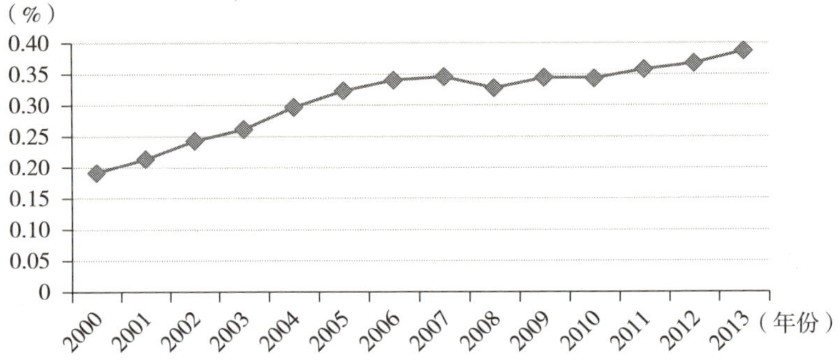

图 4-1　董事会秘书财务背景年度占比趋势

除此之外，由图 4-1 还发现，在 2000~2013 年，有工程师背景经历的董事会秘书占全样本的 11.43%；法律背景经历的董事会秘书占全样本的 6.45%，并且其年度占比也大体呈上升的趋势；政治背景、传媒背景以及海外背景的董事会秘书占总样本比例分别为 3.06%、2.78%和 2.75%。考虑到本书的研究设计，重点关注董事会秘书的财务背景。

2. 企业信息不对称

首先，Dierkens（1991）、Yohn（1998）和 Affleck-Graves 等（2002）认为，企业盈余的价值相关性越高，说明企业盈余的信息含量较高，能够较好反映在股价上，则企业信息不对称程度越低；其次，Hong 等（2000）、Frankle 和 Li（2004）指出，当分析师跟踪人数越多时分析师预测准确度越高，预测分歧度越低时企业内外部的信息不对称程度越低。此外，还有许多学者采用股价同步性来度量企业内外部信息的不对称程度（Hutton 等，2009）。

在本章，主要采用盈余信息含量，即盈余反应系数来度量企业的信息不对称。采用该指标的主要原因是基于本书的研究内容，本书侧重研究财务经历董事

① 为了保证结论的稳健性，在稳健性检验部分重新定义董秘的财务经历（不包括投资类经历）。

会秘书发挥的作用，而盈余反应系数正是将企业的财务信息与股价结合的一种指标，如果财务经历董事会秘书确实发挥作用，即能够降低企业的信息不对称，那么在这个指标上会有更好更充分的体现。此外，为了保证本书结论的稳健性，还采用分析师跟踪、分析师预测准确性、分析师预测偏差以及股价同步性来度量企业的信息不对称。

3. 控制变量

除了董事会秘书财务经历指标之外，还有一些公司特征变量会影响企业的盈余信息含量，例如，企业的权益市场价值、负债率、成长机会、企业性质、管理层持股以及第一大股东持股比例等；除此之外，本书还控制了企业的年度和行业的虚拟变量。各变量的具体界定见表 4-1。根据上述的筛选标准，本书最后得到 2000~2013 年 19980 个观测值。

表 4-1 变量定义

变量名称	变量含义	计算方法
CAR	累计超额收益	公司当年 12 个月经过市场调整的累计超额收益率（考虑分红）
NI	盈余水平	净利润/年初权益市场价值，借鉴 Fan 和 Wong（2002）等研究
Finance	董事会秘书财务背景	如果董事会秘书拥有文中所定义的财务背景，那么取 1，否则取 0
MV	权益市场价值	权益市场价值的对数，借鉴 Fan 和 Wong（2002）等研究
Size	公司规模	公司总资产的对数
Lev	负债率	总负债/总资产，借鉴 Fan 和 Wong（2002）等研究
Q	成长机会	（年末流通市值+非流通股份占净资产金额+负债合计）/ 总资产
SOE	企业性质	用实际控制人类别来划分企业的所有权性质，若为国有控股，则为国有企业，取值为 1；否则为非国有控股，取值为 0
First	第一大股东持股	第一大股东持股比例
Msh	管理层持股	如果若管理层持股，那么取值为 1，否则取 0

三、实证模型

本章旨在实证分析董事会秘书财务经历对企业盈余信息含量的影响，而盈余指标具有的信息含量则是本书研究的前提和关键，因此，构建了传统的盈余—市场反应的线性模型，以对盈余信息含量的存在性进行检验。该模型如下：

$$CAR_{i,t}=\alpha+\beta_1 NI_{i,t}+\varepsilon_i \tag{4-1}$$

其中，$CAR_{i,t}$表示公司 i 在第 t 年度 12 个月的累计超额回报率；$NI_{i,t}$为公司 i

的盈余水平。在考虑公司基本特征后，模型变为如下形式：

$$CAR_{i,t} = \alpha + \beta_1 NI_{i,t} + \beta NI_{i,t} \times X_{i,t-1} + \sum Year + \sum Ind + \varepsilon_i \quad (4-2)$$

其中，向量组 X_i 为影响企业盈余信息含量的因素，例如，企业规模、成长机会、负债率、企业性质、管理层持股以及第一大股东持股比例等因素。为了在一定程度上减少内生性的影响，参照已有研究（Fan 和 Wong，2002），对控制变量采用滞后处理。Year 与 Ind 为年度和行业变量。

在现有研究中，学者们主要通过盈余指标与关键变量的两项交互来考察两者之间的关系，例如，Fan 和 Wong（2002）、Yeo 等（2002）、王化成和佟岩（2006）和朱松（2011）等。基于此，本书在考察财务背景的董事会秘书与盈余信息含量的影响时也借鉴这一做法，构建的模型如下：

$$CAR_{i,t} = \alpha + \beta_1 NI_{i,t} + \beta_2 NI_{i,t} \times Finance_{i,t} + \beta NI_{i,t} \times X_{i,t-1} + \sum Year + \sum Ind + \varepsilon_i \quad (4-3)$$

其中，$CAR_{i,t}$ 表示公司 i 在第 t 年度 12 个月的累计超额回报率；$NI_{i,t}$ 为公司 i 的盈余水平；Finance 为关键变量，即董事会秘书是否有财务经历的哑变量，如果董事会秘书拥有财务经历，那么取 1，否则为 0；借鉴已有研究，向量组 X_i 为影响企业盈余信息含量的因素，例如，企业权益市场价值、负债率、成长机会、企业性质、第一大股东持股比例以及管理层持股等；Year 与 Ind 为年度和行业的虚拟变量。

四、描述性统计

表 4-2 给出了 2000~2013 年财务经历董事会秘书在各年度样本占比以及各年度的总样本数。数据表明，2000~2013 年，在各年度的样本数量由 893 个增加至 2268 个。与此同时，财务经历董事会秘书在各年度的占比由 2000 年的 19.15%增加至 2013 年的 38.80%，说明上市公司越来越倾向于聘用具有财务背景的董事会秘书。进一步地，观察财务背景董事会秘书样本的行业分布，相应数据见表 4-3。

表 4-2　2000~2013 年企业样本的年度分布

年份	财务背景董事会秘书样本占比（%）	样本数（个）
2000	19.15	893
2001	21.37	1025

续表

年份	财务背景董事会秘书样本占比（%）	样本数（个）
2002	24.29	1095
2003	26.15	1151
2004	29.68	1206
2005	32.31	1271
2006	34.05	1251
2007	34.57	1264
2008	32.77	1416
2009	34.42	1479
2010	34.33	1567
2011	35.77	1898
2012	36.67	2195
2013	38.80	2268
合计	32.35	19980

从表4-3可以看出，首先是信息技术行业，财务经历的董事会秘书占比最高，达到37.94%；其次是传播与文化产业，财务经历的董事会秘书占比为35.63%；批发和零售贸易以及制造业次之，分别为34.21%和34.07%。相反地，在一些传统的行业，财务经历的董事会秘书占比相对较低。例如，电力、煤气及水的生产和供应业，财务经历的董事会秘书占比为21.51%；农、林、牧、渔行业财务经历的董事会秘书占比为21.82%；此外，还有社会服务业以及综合类的行业，在这些行业，财务经历的董事会秘书占比远远低于平均值。

表4-3　2000~2013年企业样本的行业分布

行业代码	行业名称	样本占比（%）	受教育水平	高素养财务背景占比（%）	总样本数（个）
A	农、林、牧、渔业	21.82	3.098	5.86	707
B	采掘业	30.09	3.231	11.70	658
C	制造业	34.07	3.229	14.21	11187
D	电力、煤气及水的生产和供应业	21.51	3.284	6.30	953
E	建筑业	28.63	3.312	10.20	461
F	交通运输、仓储业	32.08	3.475	11.02	826

续表

行业代码	行业名称	样本占比（%）	受教育水平	高素养财务背景占比（%）	总样本数（个）
G	信息技术服务业	37.94	3.571	17.25	1078
H	批发和零售贸易业	34.21	3.267	13.78	1669
J	房地产业	28.36	3.424	8.84	1629
K	社会服务业	26.19	3.389	10.63	630
L	传播与文化产业	35.63	3.344	12.96	247
M	综合类	27.16	3.367	3.88	335
合计		32.35	3.288	12.79	19980

进一步地，对主要变量进行了描述性统计，此外，还根据董事会秘书是否有财务经历对样本进行划分，以初步观察董事会秘书有财务经历和无财务经历时企业特征的差异，具体描述结果如表 4-4 所示。

表 4-4　主要变量的描述性统计

Panel A：全样本						
	Mean	Median	Std	Min	Max	Obs
CAR	0.089	-0.014	0.526	-1.045	2.443	19980
NI	2.446	2.432	4.389	-16.529	14.607	19980
Finance	0.323	0	0.468	0	1	19980
MV	21.427	21.264	1.128	19.217	25.288	19980
Size	21.872	21.708	1.051	19.982	25.058	19980
Lev	0.459	0.467	0.201	0.049	0.902	19980
Q	1.699	1.409	0.867	0.948	6.053	19980
First	39.322	37.680	16.288	9.800	75.900	19980
Msh	0.733	1	0.443	0	1	19980
SOE	0.576	1	0.494	0	1	19980

Panel B：区分董事会秘书是否有财务经历					
	Finance		Non-Finance		Diff.
	Mean	Std.	Mean	Std.	Mean
CAR	0.106	0.540	0.081	0.519	0.025***
NI	2.606	4.298	2.369	4.430	0.236***
MV	21.519	1.175	21.383	1.102	0.136***
Lev	0.459	0.201	0.460	0.201	-0.001

续表

Panel B：区分董事会秘书是否有财务经历					
	Finance		Non-Finance		Diff.
	Mean	Std.	Mean	Std.	Mean
Size	21.963	1.100	21.829	1.024	0.134***
Q	1.698	0.864	1.699	0.869	-0.002
First	39.383	15.973	39.293	16.437	0.091
Msh	0.718	0.450	0.740	0.439	-0.022***
SOE	0.548	0.498	0.589	0.492	-0.041***
Obs	6464		13516		

注：***表示在1%的水平下显著。

从表4-4的Panel A可以看出，董事会秘书有财务经历的样本占总样本的32.4%；企业累计超额收益（CAR）的平均值（中位数）为0.089（-0.014），标准差为0.526，说明企业间的累计超额收益差异较大；盈余水平（NI）[①]的均值（中位数）为2.446（2.432），均值与中位数非常相近，说明样本企业间的盈余分布较为均匀；MV为企业权益的市场价值，其均值（中位数）为21.427（21.264）；Size为企业规模均值（中位数）为21.872（21.708）；负债率（Lev）的平均值（中位数）为0.459（0.467）；成长机会（Q）的平均值（中位数）为1.699（1.409）；企业性质（SOE）的均值为0.576，即在该研究区间内，57.6%的样本为国有企业，42.4%的样本为非国有控股公司。其余变量的描述性统计结果见表4-4中Panel A所示，在此不再赘述。

进一步地，根据企业是否有财务背景的董事会秘书对样本进行划分，分别对各组的企业特征变量进行了描述性统计，具体结果如表4-4的Panel B所示，我们发现，相比Non-Finance组样本，Finance组样本的公司超额累计收益更大、盈余水平更高、规模更大，但是管理层持股相对较少、国有企业比例相对较低。

最后，简要列示了这些主要变量的相关性。具体如表4-5所示。我们发现，主要变量的相关系数并未存在较大的相关性，也说明这些变量并不存在多重共线性问题。

① 由于主回归因变量CAR值较小，盈余指标NI数值也太小，回归后系数更小，因此，在描述性统计以及后文的一系列回归中，NI指标是扩大100倍后的值。

表 4-5　主要变量的相关系数

变量	CAR	NI	Finance	Size	MV	Lev	Q	First	Msh	Soe
CAR	1									
NI	0. 261^{3}	1								
Finance	0. 022^{2}	0. 025^{3}	1							
Size	-0. 019^{2}	0. 144^{3}	0. 057^{3}	1						
MV	-0. 035^{2}	0. 146^{3}	0. 060^{3}	0. 939^{3}	1					
Lev	0. 003	-0. 244^{3}	-0. 001	0. 320^{3}	0. 270^{3}	1				
Q	-0. 030^{3}	-0. 028^{3}	-0. 001	-0. 319^{3}	0. 012^{1}	-0. 174^{3}	1			
First	-0. 041^{3}	0. 138^{3}	0. 003	0. 183^{3}	0. 126^{3}	-0. 034^{3}	-0. 183^{3}	1		
Msh	0. 022^{2}	0. 005	-0. 023^{2}	0. 039^{3}	0. 032^{3}	-0. 024^{3}	-0. 035^{3}	-0. 146^{3}	1	
Soe	-0. 054^{3}	-0. 037^{3}	-0. 038^{3}	0. 128^{3}	0. 095^{3}	0. 144^{3}	-0. 111^{3}	0. 261^{3}	-0. 034^{3}	1

注：右上标为 1 说明变量在 10%的水平显著；右上标为 2 说明在 5%的水平显著；右上标为 3 说明在 1%的水平显著。

第四节　实证检验

首先，对盈余信息含量的存在性进行检验，进而实证检验董事会秘书的财务经历对企业信息不对称（盈余反应系数）的影响。其次，为了排除内生性的干扰，以董事会秘书发生变更事件为样本，采用双重差分模型（DID）的方法检验了董事会秘书财务经历对企业信息不对称（盈余反应系数）的影响，除此之外，还采用工具变量法来进一步缓解可能的内生性；进一步地，如果董事会秘书的财务经历确实会影响企业的信息不对称，而且这一作用确实是因为财务经历，那么，当财务经历董事会秘书的专业能力越高、履职动机越强以及履职权力越高时，其对企业信息不对称的影响是否更大？对此，分别进行探讨，从而进一步验证前文的分析逻辑。最后，对该部分的结论进行了稳健性检验。

一、主检验

本章实证检验了董事会秘书财务经历和企业信息不对称（盈余反应系数）之间的关系，该部分首先根据模型（4-1）以及模型（4-2）检验盈余信息含量的存在性，在确定了企业盈余具有信息含量之后，再进一步考虑董事会秘书财务经历这一因素，采用模型（4-3）把公司累计超额收益 CAR 作为回归的因变量，把 Finance 作为本章关注的关键解释变量。借鉴已有研究，向量组 X 为影响企业盈余信息含量的因素，包括权益市场价值、负债率、成长机会、企业性质、第一大股东持股以及管理层持股；Year 与 Industry 为年度和行业的虚拟变量①。回归结果如表 4-6 所示。

表 4-6　董事会秘书财务经历与企业信息不对称

变量	(1) CAR	(2) CAR	(3) CAR
NI	0.027*** (28.84)	0.103*** (6.46)	0.104*** (6.52)
NI×Finance			0.005*** (2.83)
NI×MV		-0.004*** (-4.68)	-0.004*** (-4.83)
NI×Lev		0.010*** (2.49)	0.011*** (2.54)
NI×Q		-0.004*** (-3.64)	-0.004*** (-3.66)
NI×First		-0.000 (-0.48)	-0.000 (-0.55)
NI×Msh		0.004** (2.27)	0.004** (2.34)
NI×SOE		-0.002 (-1.33)	-0.002 (-1.26)
Constant	0.129*** (4.17)	0.138*** (4.57)	0.138*** (4.62)
Year	Yes	Yes	Yes
Industry	Yes	Yes	Yes
N	19980	19980	19980
Adj. R^2	0.274	0.276	0.277

注：*、**、***分别表示在 10%、5%、1%的水平下显著。括号内是经过公司层面 cluster 调整后的 t 值。

① 为了缓解可能的内生性，本书的控制变量采用滞后一期的数据。

由表4-6的第一列可以看出，在仅用企业累计超额收益（CAR）与盈余水平（NI）进行回归时，CAR与NI有较高的正相关性，NI的回归系数为0.027，且在1%的水平显著；在考虑了企业的基本特征后，我们发现，盈余水平（NI）的回归系数仍然显著未正，该系数为0.103，并且在1%的水平显著。这些结果表明，企业的盈余具有信息含量，且能够在一定程度上反映在企业的股价上。在确定盈余信息含量的存在性之后，进一步考察董事会秘书的财务经历是否会影响企业的盈余反应。在原有的回归模型中考虑董事会秘书财务经历这一因素，并根据模型（4-3）对全样本进行OLS回归①，我们发现，NI×Finance的回归系数显著为正，为0.005，且在1%的水平显著，这一结果表明，财务经历的董事会秘书增加了企业的盈余反应系数，即增加了盈余与股价之间的相关性，降低了企业的信息不对称。

以上检验结果表明，财务经历的董事会秘书在企业信息披露、处理投资者关系的过程中发挥了积极的作用，从而支持了前文的假设1a。

就控制变量而言，在第（2）和第（3）列，NI×MV的回归系数显著为负，说明当企业权益市场价值越大时，企业的盈余反应更小；NI×Q的回归系数显著为负，且在1%的水平显著，说明当企业发展机会更小时，企业的盈余反应系数更大，即企业盈余包含更多的信息含量；NI×Msh的回归系数显著为正，且在5%的水平显著，即当管理层持股时，企业盈余信息含量更高。值得一提的是，我们还进一步控制了董事长和CEO的个人特征（年龄、性别、学历、财务经历）进行稳健性检验，结论仍然保持不变。

二、内生性检验

董事会秘书财务经历和企业信息不对称之间的关系可能是内生的。首先，董事会秘书财务经历和企业信息不对称之间可能存在反向因果关系，对此，拟采用双重差分模型（DID）的方法来检验董事会秘书财务经历对企业信息不对称的影响。此外，本书的结论也可能存在选择性偏差。基于这种考虑，进一步采用Heckman两阶段模型来缓解这一可能的内生性问题。

1. *双重差分方法*（DID）

根据姜付秀等（2016）的观点，董事会秘书财务经历和企业信息不对称之间可能存在反因果关系，例如，信息不对称程度较低的公司可能会更倾向于选择聘

① 还采用固定效应模型以及二维cluster，同时控制公司和年度效应进行稳健性检验，结论仍然保持不变。

任有财务经历的人员担任董事会秘书，而财务经历的董事会秘书也更倾向于选择透明度较高的企业。因此，为了排除这种内生性对结论的干扰，以董事会秘书发生变更的事件为研究对象，采用双重差分模型（DID）的方法检验了董事会秘书财务经历对企业信息不对称的影响。具体来说，采用如下模型进行检验：

$$CAR_i = \beta_0 + \beta_1 Change_t + \beta_2 Change_t \times NI_t + \beta_3 Change_t \times Treat_t \times NI_t + \beta_4 Change_t \times Treat_t + \beta_5 Treat_t \times NI_{t-1} + \beta_6 Treat_t + \alpha Controls_{t-1} + \varepsilon_i \tag{4-4}$$

其中，被解释变量 CAR 表示企业当年 12 个月的超额累积收益，NI 表示企业盈余水平，其界定如表 4-1 所示。Treat 表示组间虚拟变量，对于处理组公司，即董事会秘书由不具有财务经历变更为具有财务经历，Treat 取 1；对于控制组公司，即变更前后，董事会秘书都不具有财务经历，此时 Treat 取 0。Change 为时间虚拟变量，当 Change=1 时，表示董事会秘书变更后的年度，Change=0 代表董事会秘书变更前的年度。控制变量的界定与模型（3）保持一致。Change×Treat×NI 为 Change、Treat 和 NI 三者的交互项，该交互项的系数是本书考察的核心，它衡量了财务经历的董事会秘书上任相对于非财务经历的董事会秘书上任对企业盈余反应系数的净影响。如果 β_3 显著为正，则说明财务经历的董事会秘书增加了企业的盈余反应系数，增加了企业盈余的信息含量，反之则反。另外，Treat×NI 的回归系数度量了董事会秘书变更前处理组和控制组之间企业盈余反应系数的差异，时间虚拟变量与 NI 的交互项 Change×NI 的回归系数则衡量董事会秘书变更前后企业盈余反应系数的差异。

我们在筛选处理组和控制组时采用以下标准：①要求事件变更前后至少 2 年的窗口期；②对于董事会秘书变更比较频繁的情况，要求新任董事会秘书任职时间不少于 2 年，且变更前后至少各有一年的观测数据；③对于连续变更的事件，我们要求两次变更的间隔不小于 4 年，否则只取第一次变更的事件；④为避免变更事件对盈余信息的影响，剔除变更当年的样本。

为了较为清晰地研究董事会秘书财务经历对企业信息不对称的影响，首先分别对处理组和控制组样本进行回归。具体回归结果如表 4-7 所示。

从表 4-7 可以看出，对于控制组，时间虚拟变量与盈余交互项 Change×NI 的回归系数并不显著，这一结果说明当董事会秘书变更前后均无财务经历时，企业的盈余反应系数并没有显著的变化，而对处理组的回归结果发现，Change×NI 的回归系数显著为正，为 0.016，且在 5%的水平显著，这一结果表明当董事会秘书由无财务背景变为有财务背景时，企业的盈余反应系数显著增强，即盈余的信息含量显著上升。最后采用 DID 回归模型对全样本进行回归，我们发现，组间虚拟变量（Treat）、时间虚拟变量（Change）以及盈余水平（NI）的交互项 Change×Treat×NI 显著为正，且在 10%的水平显著，这一结果表明，相对于控制组，处理组的董事会秘书变更对企业盈余反应系数的净影响显著为正，即财务经历的董事会秘书显著提高了企业的盈余反应系数，增加了盈余的信息含量。根据以上回归结果，可以得出结论：财务经历的董事会秘书上任能够显著提高公司的盈余反应系数，即董事会秘书的财务经历提升了盈余信息含量，从而降低了企业的信息不对称。

表 4-7　董事会秘书财务经历与企业信息不对称：DID

变量	控制组 CAR	处理组 CAR	全样本 CAR
NI	0.061 (1.54)	0.125* (1.75)	0.082** (2.36)
Change×Treat×NI			0.015* (1.87)
Treat×NI			-0.009 (-1.55)
Treat			0.011 (0.53)
Change×NI	0.002 (0.42)	0.016** (2.28)	0.002 (0.32)
Change	0.035 (1.64)	0.022 (-0.64)	0.034* (1.73)
Treat×Change			-0.055* (-1.91)
NI×MV	-0.002 (-1.30)	-0.004 (-1.27)	-0.003* (-1.86)
NI×Lev	0.024** (1.99)	0.024 (1.62)	0.025** (2.57)
NI×Q	-0.008*** (-2.74)	-0.007 (-1.54)	-0.007*** (-2.91)
NI×First	0.000 (1.39)	-0.000* (-1.76)	0.000 (0.45)
NI×Msh	0.008 (1.58)	-0.002 (-0.34)	0.006 (1.34)

续表

变量	控制组 CAR	处理组 CAR	全样本 CAR
NI×SOE	0. 000 (0. 08)	0. 000 (0. 01)	-0. 000 (-0. 07)
Intercept	0. 011 (0. 15)	-0. 100** (-2. 23)	-0. 174*** (-3. 10)
Year	Yes	Yes	Yes
Industry	Yes	Yes	Yes
N	3049	1485	4534
Adj. R^2	0. 268	0. 262	0. 267

注：*、**、***分别表示在10%、5%、1%的水平下显著。括号内是经过公司层面cluster调整后的t值。

2. Heckman 两阶段

由于企业的董事长、大股东、CEO 等高管可能更加倾向于选择具有财务经历的人担任董事会秘书职务，因此，本书的结论还可能存在选择性偏差。基于这种考虑，进一步采用 Heckman 两阶段模型来缓解这一可能的内生性问题。

在第一阶段，将公司是否聘请财务经历的董事会秘书变量 Finance，作为因变量，将可能影响此决定的因素作为自变量进行 Probit 回归。在该部分，参考黄海杰等（2016）、姜付秀等（2016）的做法，在第一阶段采用公司总部所在的城市是否有“985”高校、国家重点会计学科高校或前八大会计师事务所（IV）这一虚拟变量作为工具变量放入回归。一般来说，出于节省成本、地缘优势等因素，公司更倾向于聘请公司总部所在地附近的人员作为董事会秘书。如果公司总部有“985”高校、国家重点会计学科高校或前八大会计师事务所，显然会影响公司聘请财务经历董事会秘书的决定，但是公司总部有“985”高校、国家重点会计学科高校或前八大会计师事务所这一因素与公司的盈余信息含量并没有直接的影响。在第二阶段，将第一阶段估计的逆米尔斯比率（λ）放入回归。该部分的实证结果如表 4-8 所示。

表 4-8　董事会秘书财务经历与企业信息不对称：Heckman 两阶段回归结果

变量	Probit Finance	变量	Heckman CAR
		NI	0. 087*** (6. 23)

续表

变量	Probit Finance	变量	Heckman CAR
Size	0.057*** (5.33)	NI×Finance	0.004*** (2.78)
Lev	-0.109* (-1.78)	NI×MV	-0.003*** (-3.86)
Q	0.009 (0.63)	NI×Lev	-0.001 (-0.24)
First	0.001 (1.60)	NI×Q	-0.005*** (-4.95)
Msh	-0.067*** (-3.06)	NI×First	-0.000 (-1.07)
SOE	-0.017 (-0.71)	NI×Msh	0.004*** (2.80)
IV	0.040** (1.99)	NI×SOE	-0.002 (-1.52)
		λ	-0.001 (-0.23)
Intercept	-1.654*** (-6.65)	Intercept	0.022 (0.74)
Year	Yes	Year	Yes
Industry	Yes	Industry	Yes
N	19352	N	19352
Pseudo R^2	0.018	Adj. R^2	0.279

注：*、**、***分别为表示10%、5%、1%的水平下显著。括号内是经过公司层面cluster调整后的t值。

从表4-8的回归结果来看，第一阶段回归中工具变量为正，且在5%的水平显著，说明当公司总部有上述机构时，企业更倾向于聘请具有财务经历的董事会秘书。当把第一阶段估计的逆米尔斯比率（λ）放入第二阶段回归后，关键变量NI×Finance的回归系数仍然显著为正（0.004），且在1%的水平上显著。这说明在考虑了自选择因素后，结论仍然成立，即财务经历的董事会秘书有助于提升盈余信息含量，降低企业的信息不对称。

三、进一步的证据

以上的回归结果初步验证了我们的预期，即董事会秘书的财务经历有助于提升企业盈余的信息含量，降低企业与外部投资者的信息不对称。为了进一步验证上文的分析逻辑，进一步考虑影响财务经历董事会秘书发挥作用的三个重要因素，即财务经历董事会秘书的专业能力、履职动机和履职权力。

1. 考虑财务经历董事会秘书的专业能力

上文发现董事会秘书的财务经历有利于降低企业的信息不对称，如果这一作用确实是因为财务经历，那么，我们应该能够发现，财务经历董事会秘书的财务方面的专业能力越高时，其进行信息披露以及投资者关系管理时，工作效率会更高，工作将会做得越出色，从而对盈余信息含量的提升作用、对企业信息不对称的降低作用也就更大。

此处，借鉴姜付秀等（2016）的做法，将财务经历董事会秘书的能力采用如下两种度量方法：第一种是财务经历董事会秘书担任过较高的财务管理职位，例如，担任过财务负责人、财务总监、财务主管、总会计师和首席财务官。如果董事会秘书担任过以上职务，那么说明财务经历董事会秘书的财务素养较高，能力更强，对于这种类型的董事会秘书，采用 Ability1 变量进行度量，当 Ability1 为 1 时，说明董事会秘书担任过以上高级财务管理岗位；当 Ability1 为 0 时，说明董事会秘书未担任过上述职务。第二种是采用董事会秘书的学历（Ability2），一般而言，学历较高的人员拥有较强的专业素质或专业能力，因此，在这里，如果财务经历董事会秘书学历较高，那么说明其能力较强，则相应地 Ability2 取值越高。需要一提的是，这里 Ability2 的定义方法如下：如果学历为高中及以下，则 Ability2 取 1，如果学历为专科，则 Ability2 取 2，如果学历为本科，则 Ability2 取 3，如果学历为硕士，则 Ability2 取 4，如果学历为博士及以上，则 Ability2 取 5。

在模型（4-3）的基础上，构建了两个交互项 NI×Ability1 和 NI×Ability2，并将其放入回归模型，首先筛选出有财务经历的董事会秘书样本，并在模型（4-3）的基础上对其进行回归，其他控制变量与模型（4-3）保持一致，具体回归结果如表 4-9 所示。

表 4-9　董事会秘书财务经历与企业信息不对称：考虑董事会秘书专业能力

变量	(1) CAR	(2) CAR	(3) CAR	(4) CAR
NI	0.027*** (13.35)	0.106*** (3.97)	0.018*** (2.92)	0.105*** (3.94)
NI×Ability1	0.009*** (3.00)	0.009*** (2.87)		

续表

变量	(1) CAR	(2) CAR	(3) CAR	(4) CAR
NI×Ability2			0.004 * (1.91)	0.005 ** (2.43)
NI×MV		-0.003 *** (-2.84)		-0.004 *** (-3.17)
NI×Lev		0.007 (0.86)		0.006 (0.75)
NI×Q		-0.002 (-0.88)		-0.002 (-0.91)
NI×First		-0.000 (-0.97)		-0.000 (-0.93)
NI×Msh		0.002 (0.72)		0.003 (0.83)
NI×SOE		-0.002 (-0.60)		-0.002 (-0.71)
Intercept	-0.046 (-1.17)	-0.043 (-1.09)		-0.042 (-1.06)
Year	Yes	Yes	Yes	Yes
Industry	Yes	Yes	Yes	Yes
N	6464	6464	6464	6464
Adj. R^2	0.272	0.274	0.272	0.273

注：*、**、***分别表示在10%、5%、1%的水平下显著。括号内是经过公司层面cluster调整后的t值。

表4-9的第（1）列首先仅对交互项NI×Ability1进行单变量回归，我们发现，在不考虑其他公司特征因素时，交互项NI×Ability1的回归系数为0.009，且在1%的水平上显著为正，进一步地，在模型中加入公司的特征因素进行回归，回归结果如第（2）列所示，交互项NI×Ability1的回归系数仍然显著为正，为0.009，且仍然在1%的水平显著。这一回归结果表明，当财务经历的董事会秘书担任过高级财务管理岗位时，即财务经历的董事会秘书能力更强时，其在提升盈余信息含量，降低企业信息不对称方面的作用就越大。

同样地，表4-9的第（3）列首先也对交互项NI×Ability2进行单变量回归，我们发现，在不考虑其他公司特征因素时，交互项NI×Ability2的回归系数为0.004，且在10%的水平上显著为正，进一步地，在模型中加入公司的特征因素进行回归，交互项NI×Ability2的回归系数更大且更显著，为0.005，且在5%的水平显著。这一回归结果说明，当财务经历的董事会秘书学历较高时，即财务经历的董事会秘书能力更强，其在提升盈余信息含量，降低企业信息不对称方面的作用就越大。

以上检验结果均表明，当财务经历董事会秘书的专业能力更高时，其在提升盈余信息含量，降低企业信息不对称方面的作用就更大。

2. 考虑财务经历董事会秘书的履职动机

在考虑了财务经历董事会秘书的履职能力之后，我们进一步考虑财务经历董事会秘书的履职动机。已有研究表明，管理层持股有利于将股东和管理层的利益联系在一起（Jensen 和 Meckling，1976）。这一观点称为“利益协同理论”，该理论认为，持有公司较多股份的管理层有较大的动机按照股东利益最大化的方式行事；相反，当管理层持股较低时，将导致较高的代理成本，此时管理层采取有利于私利获取但不利于股东价值的机会主义行为将承担较低的成本（Warfield 等，1995；LaFound 和 Roychowdhury，2008）。因此，利益协同理论意味着，当管理层持股增加时，管理层的机会主义行为降低，公司治理效应提升。体现在企业披露上，则表现为提升企业的信息披露质量，降低企业的信息不对称。

类似地，根据前文分析，对于财务经历的高管董事会秘书而言，如果其财务背景优势有助于其更好地履职，进行更好的信息披露，那么当其持股时，有助于缓解其与企业股东之间的代理问题，使其更加尽职履职，从而有助于企业信息披露质量的提升，进而有助于降低企业的信息不对称。我们对这一预期进行检验。

我们采用董事会秘书持股度量董事会秘书的行为动机，当财务经历董事会秘书持股时，其进行有效信息披露与投资者关系管理的动机就越强，此时，Share 取 1；相反，当财务经历董事会秘书不持股时，Share 取 0。同样地，在模型（4-3）的基础上，构件交互项 NI×Share，并将其放入回归模型，首先筛选出有财务经历的董事会秘书样本，并在模型（4-3）的基础上对其进行回归，交互项 NI×Share 为关键变量，如果其回归系数显著为正，则说明财务经历的董事会秘书持股有助于增加企业的盈余信息含量，降低企业的信息不对称，反之则反；其他控制变量与模型（4-3）保持一致，具体回归结果如表 4-10 所示。

表 4-10　董事会秘书财务经历与企业信息不对称：考虑董事会秘书的履职动机

变量	(1) CAR	(2) CAR
NI	0.028*** (15.05)	0.109*** (4.03)

续表

变量	(1) CAR	(2) CAR
NI×Share	0. 010 *** (2. 98)	0. 010 *** (2. 72)
NI×MV		-0. 004 *** (-2. 85)
NI×Lev		0. 007 (0. 92)
NI×Q		-0. 001 (-0. 67)
NI×First		-0. 000 (-0. 88)
NI×Msh		0. 000 (0. 09)
NI×SOE		-0. 002 (-0. 62)
Intercept	0. 034 (0. 61)	0. 036 (0. 64)
Year	Yes	Yes
Industry	Yes	Yes
N	6333	6333
Adj. R^2	0. 276	0. 277

注：*** 表示在 1%的水平下显著。括号内是经过公司层面 cluster 调整后的 t 值。

表 4-10 的第（1）列首先仅对交互项 NI×Share 进行了单变量回归，我们发现，在不考虑其他公司特征因素时，交互项 NI×Share 的回归系数为 0. 010，且在 1%的水平上显著为正，进一步地，在模型中加入公司的特征因素进行回归，回归结果如第（2）列所示，交互项 NI×Share 的回归系数仍然显著为正，为 0. 010，且仍然在 1%的水平显著。这一回归结果表明，当财务经历的董事会秘书持股时，即财务经历的董事会秘书动机更强，其在提升盈余信息含量，降低企业信息不对称方面的作用就越大。

3. 考虑财务经历董事会秘书的履职权力

在中国的上市公司中，存在两种类型的董事会秘书：一种是仅单独做董事会秘书这一个高管职位；另一种是兼任其他高管的董事会秘书，例如，兼任企业的副总、董事或者财务总监等。董事会秘书兼任其他高管职位确保了其对公司重大事项的参与权、知情权和话语权，从而有助于其发挥公司治理的作用，体现在其履职上，即有助于其更好地进行信息披露和投资者关系管理。

已有研究在探讨高管兼任问题时，重点关注了董事长总经理的两职合一，学者们认为，当 CEO 兼任公司董事长时，CEO 获得了公司的绝对领导权，CEO 能够更加有效地调动资源、进行决策等，能够为总经理提供更广阔的创新空间，更有利于其为了公司目标而努力工作，达到股东利益和经理人员个人目标的双重实现（Donaldson 和 Davis，1991；Davis、Schoorman 和 Donaldson，1997）。近几年有学者探讨了董事会秘书兼任其他高管是否有助于企业信息披露。研究发现，当董事会秘书兼任副总、董事或财务总监时，更有助于其进行信息披露和投资者关系管理，从而有助于提升资本市场效率（高强和伍丽娜，2008；毛新述等，2013）。

因此，根据前文分析，本书认为，对于财务经历的高管董事会秘书而言，如果其兼任其他高管，例如是副总、董事或者财务总监时，拥有较高的履职权力，有助于缓解其与企业股东之间的代理问题，使其更加尽职履职，从而有助于企业信息披露质量的提升，进而有助于降低企业的信息不对称。我们将对这一预期进行检验。

采用董事会秘书是否兼任其他高管来度量董事会秘书的履职权力（Concu），当财务经历董事会秘书兼任副总、董事或者财务总监时，其进行有效信息披露与投资者关系管理的权力就越强，此时，Concu 取 1；相反，当财务经历董事会秘书不兼任其他高管时，Concu 取 0。同样地，在模型（4-3）的基础上，构件了交互项 NI×Concu，并将其放入回归模型，首先筛选出有财务经历的董事会秘书样本，并在模型（4-3）的基础上对其进行回归，交互项 NI×Concu 为关键变量，如果其回归系数显著为正，则说明财务经历的董事会秘书持股有助于增加企业的盈余信息含量，降低企业的信息不对称，反之则反；其他控制变量与模型（4-3）保持一致，具体回归结果如表 4-11 所示。

表 4-11　董事会秘书财务经历与企业信息不对称：考虑董事会秘书的履职权力

变量	（1） CAR	（3） CAR
NI	0.027*** （12.68）	0.098*** （3.60）

续表

变量	(1) CAR	(3) CAR
NI×Concu	0.008*** (2.59)	0.007** (2.46)
NI×MV		-0.003** (-2.47)
NI×Lev		0.007 (0.83)
NI×Q		-0.002 (-0.73)
NI×First		-0.000 (-1.04)
NI×Msh		0.003 (0.83)
NI×SOE		-0.002 (-0.65)
Intercept	0.158*** (2.66)	0.164*** (2.75)
Year	Yes	Yes
Industry	Yes	Yes
N	6227	6227
Adj. R^2	0.277	0.278

注：**、***分别表示在5%、1%的水平下显著。括号内是经过公司层面cluster调整后的t值。

表4-11的第（1）列首先仅对交互项NI×Concu进行了单变量回归，我们发现，在不考虑其他公司特征因素时，交互项NI×Concu的回归系数为0.008，且在1%的水平上显著为正，进一步地，在模型中加入公司的特征因素进行回归，回归结果如第（2）列所示，交互项NI×Concu的回归系数仍然显著为正，为0.007，且仍然在5%的水平显著。这一回归结果表明，当财务经历的董事会秘书兼任其他高管时，即履职权力更高时，其在提升盈余信息含量，降低企业信息不对称方面的作用就越大。

以上三个检验从财务经历董事会秘书的履职能力、履职动机以及履职权力分别进行了检验，结果发现，当财务经历董事会秘书履职能力更强、履职动机更大以及履职权力更高时，其发挥的作用更大，即在提升企业盈余信息含量，降低企业信息不对称方面的作用更大，这些检验相互印证，并且与主检验的结论保持一致，从而进一步验证了本书逻辑分析的合理性。

四、稳健性检验

1. 企业信息不对称指标

前文主要以盈余反应系数作为度量企业信息不对称的代理变量，本节进一步采用股价同步性，分析师跟踪以及分析师预测准确性和分析师预测偏差来度量企业的信息不对称，进行相应的稳健性检验。

就股价同步性的度量方法而言，借鉴 Roll（1988）以及李增泉（2005）等的研究，采用以下模型拟合的 R^2 度量股价同步性：

$$R_{it}=\alpha+\beta\times R_{mt}+\varepsilon \tag{4-5}$$

其中，R_{it} 和 R_{mt} 分别为第 t 个交易日的企业的股票收益率与整个市场（包括沪、深两市）的收益率。模型中 R^2 的经济含义是指样本公司的股票价格变动能被市场股价波动所解释的部分。因此，R^2 越大，说明企业股价同步性较大，即企业的信息不对称程度较高。

在计算股价同步性之后，考虑董事会秘书财务经历这一因素的影响，构建如下的模型：

$$SYN_{i,t}=\alpha+\beta_1 Finance_{i,t}+\beta Z_{i,t}+\varepsilon_i \tag{4-6}$$

其中，SYN 表示股价同步性，Finance 表示董事会秘书是否有财务背景的哑变量，向量组 Y 表示一系列的控制变量，包括企业规模、负债率、盈利能力、成长机会、第一大股东持股比例、是否两职合一以及股票流动性等，除此之外，还考虑了年度和行业因素对分析师跟踪数量的影响。根据模型（4-6）进行回归的结果如表 4-12 所示。

表 4-12　董事会秘书财务经历与企业信息不对称：以股价同步性度量信息不对称

变量	(1) SYN	(2) SYN
Finance	-0.035* (-1.84)	-0.049*** (-2.87)
SIZE		0.152*** (13.35)
Lev		-0.412*** (-8.83)

续表

变量	(1) SYN	(2) SYN
Q		-0.231*** (-18.16)
First		-0.002*** (-4.18)
Msh		-0.083*** (-4.60)
SOE		0.062*** (3.19)
Intercept	-0.860*** (-15.38)	-3.332*** (-14.19)
Year	Yes	Yes
Industry	Yes	Yes
N	19953	19953
Adj. R^2	0.230	0.277

注：*、***分别表示在10%、1%的水平下显著。括号内是经过公司层面 cluster 调整后的 t 值。

从表 4-12 的检验结果可以看出，仅关注 Finance 变量对股价同步性的影响时，其回归系数为-0.035，且在10%的水平上显著为负；当进一步考虑公司特征因素进行回归后，Finance 变量仍然显著为负，为-0.049，且在 1%的水平上显著。这一检验结果表明，当变更企业信息不对称的度量指标，采用股价同步性进行度量时，发现财务经历的董事会秘书有助于降低企业的股价同步性，从而间接说明财务经历的董事会秘书有助于降低企业的信息不对称。该结论与本书的主检验结论保持一致。

针对分析师跟踪数量的检验，借鉴 Brennan 和 Hughes（1991）、McNichols 和 O'Brien（1997）、Hope（2002）、Ackert 和 Athanassakos（2003）以及白晓宇（2009）等的研究，构建了如下模型：

$$Ln\ (1+Analyst)_{i,t}=\alpha+\beta_1 Finance_{i,t}+\beta\ Y_{i,t}+\varepsilon_i \qquad (4-7)$$

其中，Analyst 表示分析师跟踪数量①，Finance 表示董事会秘书是否有财务背景的哑变量，向量组 Y 表示企业分析师跟踪数量的一系列影响因素，包括公司

① 由于分析师跟踪数量的数据是从 2002 年开始的，因此在对分析师跟踪数量以及分析师预测的检验时，研究样本区间是 2002~2013 年。

规模、负债率、盈利能力、成长机会、第一大股东持股比例、是否两职合一以及股票流动性等，除此之外，还考虑了年度和行业因素的影响。

就分析师预测准确性与分歧度的检验而言，借鉴 Behn 等（2011）以及白晓宇（2009）等的研究，在原有模型的基础上，考虑董事会秘书财务背景这一因素的影响，构建如下模型：

$$ACC_{i,t}/Dip_{i,t}=\alpha+\beta_1 Finance_{i,t}+\beta Z_{i,t}+\varepsilon_i \tag{4-8}$$

其中，ACC 为分析师预测准确度[①]，具体计算方法为：（分析师预测每股盈余-公司实际每股盈余）/年末收盘价，该值越小，说明分析师预测越准确；Dip 为分析师预测分歧度，具体计算方法为分析师预测每股盈余的标准差，该值越大，说明分析师预测分歧度越大；Finance 为董事会秘书是否拥有财务经历的哑变量；向量组 Z 为实证模型中经常考虑的分析师预测准确性（分歧度）的决定因素，包括公司规模、负债率、成长机会、盈利能力、企业性质、是否四大审计、盈利波动性以及分析师跟踪人数，除此之外，还控制了年度与行业因素。

首先根据回归模型（4-7）对全样本进行回归，由于有相当一部分企业年度的分析师跟踪数量为 0，因此，本章在针对分析师跟踪数量的检验时，采用 Tobit 回归。为了降低统计上的“肥尾”影响（Skewness Effect），使用“分析师人数加 1 的自然对数”作为具体的衡量指标，即被解释变量为 Ln（Analyst+1），其中 Analyst 为分析师跟踪的数量。ACC 和 Dip 分别为分析师预测准确度和分析师预测分歧度，ACC 值越大，说明分析师预测准确度越低，Dip 值越大，说明分析师预测分歧度越大。在检验董事会秘书财务背景对两者影响时，借鉴已有研究做法，根据模型（4-8）采用 OLS 回归，相应的回归结果列式于表 4-13。

表 4-13　董事会秘书财务经历与企业信息不对称：以分析师相关指标度量信息不对称

变量	(1) Ln（Analysts+1）	(2) ACC	(3) Dip
Finance	0.060*** (2.65)	-0.002** (-2.00)	-0.001 (-1.30)
Size	0.413*** (29.47)	0.003*** (5.35)	0.002*** (6.06)
Lev	-0.411*** (-5.80)	-0.006* (-1.65)	0.004* (1.87)

① 在筛选分析师预测样本时，如果一个分析师是在一个公司年度进行多次预测的，取分析师最后一次的预测值；对于来自同一个券商的不同分析师做出的预测，取最后一次的预测值。

续表

变量	(1) Ln (Analysts+1)	(2) ACC	(3) Dip
Audit	0. 040 (0. 82)	-0. 001 (-0. 87)	0. 000 (0. 07)
Q	0. 144*** (12. 80)	0. 001** (2. 28)	0. 000 (0. 06)
Roa	5. 064*** (20. 86)	-0. 235*** (-7. 38)	-0. 029*** (-3. 09)
First	-0. 003*** (-3. 29)		
Liquidity	2. 912*** (4. 84)		
Dual	0. 144*** (5. 45)		
SOE		0. 000 (0. 03)	-0. 000 (-0. 89)
Svroe		0. 117*** (8. 39)	0. 034*** (4. 31)
Analyst		0. 000 (0. 80)	-0. 000*** (-3. 26)
Intercept	-8. 063*** (-26. 57)	-0. 054*** (-4. 02)	-0. 038*** (-4. 51)
Year	Yes	Yes	Yes
Industry	Yes	Yes	Yes
N	10325	8922	6807
Pseudo R^2/Adj. R^2	0. 217	0. 268	0. 072

注：*、**、***分别表示在10%、5%、1%的水平下显著。括号内是经过公司层面cluster调整后的t值。

从表4-13第（1）列的回归结果可以发现，关键变量Finance的回归系数显著为正，为0.060，且在1%的水平上显著，这一结果表明，在那些董事会秘书拥有财务背景的公司，分析师跟踪的人数相对较多。在表4-13的第（2）列和第（3）列，进一步考察董事会秘书的财务背景对分析师预测准确性和分析师预测分歧度的影响，我们发现，当被解释变量为分析师预测准确度时，Finance的回归系数为-0.002，且在5%的水平显著，这一回归结果表明，当企业的董事会秘书拥有财务背景时，跟踪该企业的分析师预测准确度更高。但是第（3）列针对分析师预测分歧度进行检验时，Finance 的回归系数为-0.001，方向符合预期，但是该回归系数 t 值为-1.30，在统计上并不显著。基于表 4-13 的回归结果，可以得出结论：董事会秘书的财务经历增加了分析师跟踪数量，提升了其预测准确度，从而降低了企业的信息不对称，这一结论也与前文的结论保持一致。

2. 累计超额收益（CAR）指标

已有关于价值相关性的文献，在计算累计超额回报率时，一般有两种做法：一种是使用第 t 年 4 月至第 t+1 年 5 月的累计超额回报率（王化成和佟岩，2006；李刚和夏冬林，2007；等等）；另一种是采用第 t 年度 12 个月的累积超额回报率（Dan 和 Reynolds，1994；Fan 和 Wong，2002；王俊秋和张奇峰，2007；等等）。

在具体到相关研究时，会根据研究主题的不同而选取相应的计算方法。在一些涉及盈余公告效应，例如，企业社会责任信息披露、审计质量等因素时，相应的研究选取了第 t 年 4 月至第 t+1 年 5 月来计算累计超额回报率，因为这些研究更倾向于关注该种信息在披露的时间段，对盈余信息含量的影响。而本章重点关注财务背景董事会秘书发挥的作用，而这种作用在企业的整个年度都存在，并不仅指在企业盈余信息披露的时间段。基于此，我们主要借鉴 Fan 和 Wong（2002）等的做法，采用第 t 年度 12 个月的累积超额回报率。但尽管如此，仍然使用第 t 年 4 月至第 t+1 年 5 月的累计超额回报率度量 CAR，进行相应的稳健性检验。相应的回归结果如表 4-14 所示。

表 4-14　董事会秘书财务经历与企业信息不对称：更换 CAR 计算方法

变量	(1) CAR	(2) CAR	(3) CAR
NI	0.017*** (24.94)	0.096*** (8.06)	0.097*** (8.12)
NI×Finance			0.003** (2.48)
NI×MV		-0.004*** (-6.68)	-0.004*** (-6.82)
NI×Lev		0.000 (0.03)	0.000 (0.06)
NI×Q		0.001 (0.70)	0.001 (0.72)

续表

变量	(1) CAR	(2) CAR	(3) CAR
NI×First		-0.000 (-0.29)	-0.000 (-0.35)
NI×Msh		0.004*** (2.84)	0.004*** (2.91)
NI×SOE		-0.004*** (-2.85)	-0.004*** (-2.79)
Intercept	-0.000 (-0.02)	-0.003 (-0.23)	-0.002 (-0.12)
Year	Yes	Yes	Yes
Industry	Yes	Yes	Yes
N	18895	18895	18895
Adj. R^2	0.177	0.181	0.181

注：**、***分别表示在5%、1%的水平下显著。括号内是经过公司层面cluster调整后的t值。

从表4-14的实证结果可以看出，当采用第t年度12个月的累积超额回报率度量CAR值，对已有的模型进行稳健性检验，结论仍然保持不变。

3. 变更回归模型

前文主检验中采用的是OLS回归，仅控制公司层面的cluster，没有年度的cluster，可能会导致t值高估。在该部分，对主回归模型采用固定效应模型。此外，也采用二维cluster，同时控制公司和年度，对已有的模型进行稳健性检验。具体检验结果如表4-15所示，其中，第（1）列为采用固定效应模型进行的回归；第（2）列为采用二维cluster，同时控制公司和年度进行的检验。检验结果如表4-15所示。

表4-15　董事会秘书财务经历与企业信息不对称：采用固定模型和二维cluster

变量	(1) CAR	(2) CAR
NI	0.107*** (4.81)	0.104** (2.23)
NI×Finance	0.004* (1.83)	0.005*** (2.69)

续表

变量	(1) CAR	(2) CAR
NI×MV	-0.003*** (-3.15)	-0.004* (-1.88)
NI×Lev	0.006 (0.99)	0.011 (0.78)
NI×Q	-0.009 (-6.57)***	-0.004 (-1.00)
NI×First	0.000 (0.49)	-0.000 (-0.48)
NI×Msh	0.004 (1.41)	0.004* (1.71)
NI×SOE	0.001 (0.27)	-0.002 (-1.21)
Intercept	0.032* (1.87)	-0.054 (-0.73)
Year	Yes	Yes
Industry	Yes	Yes
N	19980	19980
Adj. R^2	0.285	0.277

注：*、**、***分别表示在10%、5%、1%的水平下显著。括号内是经过公司层面 cluster 调整后的 t 值。

表4-15的实证结果表明，无论回归模型采用固定效应模型还是采用二维 cluster，同时控制公司和年度，对已有的模型进行稳健性检验，结论仍然保持不变。

4. 增加董事长、CEO等因素的控制变量

随着社会分工的细化，组织中不同职位的人开始负责不同的专项事务，每一个职位的存在几乎都是不可替代的。就董事会秘书而言，其作为上市公司的高管，是唯一被证监会认可负责企业信息披露等事务的高管。因此，董事会秘书对上市公司的重要作用是不容置疑的。然而，尽管董事会秘书会对企业信息披露产生影响，但董事长或CEO等高管对企业行为影响可能更为关键，基于此，为了保证结论的稳健性，我们试图在实证设计上缓解这一影响。具体来说：

在接下来的稳健性检验部分，在主回归模型中控制董事长以及CEO的特征，

具体包括董事长年龄（BoardAge）、董事长性别（BoardMale）[①]、董事长学历（BoardEdu）[②]、CEO 年龄（CEOAge）、CEO 性别（CEOMale）、CEO 学历（CEOEdu）以及 CEO 的财务背景（CEOFinance）[③]。具体检验结果如表 4-16 所示。

表 4-16　董事会秘书财务经历与企业信息不对称：考虑董事长与 CEO 的背景特征

变量	(1) CAR	(2) CAR	(3) CAR
NI	0.025*** (23.98)	0.104*** (6.52)	0.109*** (6.39)
NI×Finance	0.004** (2.50)	0.005*** (2.83)	0.005*** (2.76)
NI×MV		-0.004*** (-4.83)	-0.004*** (-5.21)
NI×Lev		0.011** (2.54)	0.012*** (2.78)
NI×Q		-0.004*** (-3.66)	-0.004*** (-3.66)
NI×First		-0.000 (-0.55)	-0.000 (-0.49)
NI×Msh		0.004** (2.34)	0.004** (2.30)
NI×SOE		-0.002 (-1.26)	-0.002 (-1.25)
NI×CEOFinance			-0.005** (-2.21)
NI×BoardEdu			0.002* (1.76)
NI×BoardMale			-0.001 (-0.23)
NI×CEOAge			0.001 (1.41)

① 如果董事长性别为男，则 BoardMale 取 1；否则取 0。CEOMale 的定义方法同理。

② 如果董事长学历为博士研究生，则 BoardEdu 取 5；如果学历为硕士，则 BoardEdu 取 4；如果学历为本科，则 BoardEdu 取 3；如果学历为大专及其他，则 BoardEdu 取 2。CEOEdu 的定义方法同理。

③ CEOFinance 的定义方法与本书中董秘财务经历的定义方法相同。

续表

变量	(1) CAR	(2) CAR	(3) CAR
NI×CEOMale			-0.010*** (-2.71)
NI×BoardAge			0.000 (1.42)
NI×CEOAge			0.000 (0.06)
Intercept	0.129*** (4.21)	0.138*** (4.62)	0.055** (2.17)
Year	Yes	Yes	Yes
Industry	Yes	Yes	Yes
N	19980	19980	19934
Adj. R^2	0.274	0.277	0.277

注：*、**、***分别表示在10%、5%、1%的水平下显著。括号内是经过公司层面 cluster 调整后的 t 值。

由表4-16的实证结果可知，在进一步控制董事长以及CEO的特征等相关因素，例如，董事长年龄（BoardAge）、董事长性别（BoardMale）、董事长学历（BoardEdu）、CEO年龄（CEOAge）、CEO性别（CEOMale）、CEO学历（CEO-Edu）以及CEO的财务背景（CEOFinance）等，核心结论仍然保持不变。也进一步说明了尽管董事长和CEO会对企业的行为产生重要的影响，然而董事会秘书这一高管对企业的影响仍然不容忽视。

第五节　本章小结

随着资本市场的不断发展，董事会秘书的作用开始逐渐受到重视，2005年新修订的《公司法》，第一次从法律层面界定了董事会秘书的高管地位，与此同时，董事会秘书的职权也在不断扩大。在董事会秘书日常工作中，首先是信息披露的重要性和花费的时间均占第一位，其次是处理公司与投资者之间的关系。近年来，董事会秘书对资本市场的影响愈发显著，作为连接上市公司与资本市场的“桥梁”，董事会秘书发挥的作用也已经得到监管部门、业界以及外部投资者的认可，并且还逐渐得到学者们和实务界的广泛关注。

然而，关于董事会秘书这方面的研究目前还较为缺乏。已有的研究重点关注了公司特征、信息媒介、制度环境以及税收政策等在降低企业内外部信息不对称、提升企业信息披露质量方面的作用，却很少关注信息发布者自身，即董事会秘书在信息传递过程中所发挥的作用。

有鉴于此，我们从企业信息不对称这一视角，去探讨董事会秘书在信息传递中的作用。以盈余信息含量作为企业信息不对称的代理变量，采用2000~2015年中国所有A股上市公司为研究对象。研究发现，财务经历的董事会秘书有助于降低企业的信息不对称（盈余反应系数更大）。在考虑内生性的影响之后，结论仍然保持不变。进一步地，为了验证分析逻辑，我们考虑董事会秘书的履职能力、履职动机以及履职权力是否会影响其职能的发挥，我们发现，当董事会秘书的财务专业能力越高、履职动机越强以及履职权力越大时，其在提升盈余信息含量、降低企业信息不对称方面的作用会更大。

此外，我们还进行了一系列的稳健性检验，首先，包括变更企业信息不对称的代理变量。我们采用股价同步性、分析师跟踪人数、分析师预测准确性以及分析师预测偏差。在采用这些代理变量进行检验后，结论基本保持不变。其次，改变CAR的计算方法，重新进行了检验，结论仍然保持不变。再次，变更的主检验回归模型，对主回归模型采用固定效应模型，以及采用二维cluster，同时控制公司和年度，对已有的模型进行稳健性检验。进行这些检验之后，本章的结论保持不变。最后，为了在一定程度上控制董事长或CEO等高管因素对结论的影响，我们在实证设计上进一步控制董事长年龄、董事长性别、董事长学历、CEO年龄、CEO性别、CEO学历以及CEO的财务背景等因素，在控制了这些因素之后，结论仍然保持不变。这些稳健性检验充分说明了本章结论的稳健性。

本章研究结论不仅丰富了企业信息不对称领域的文献，也丰富了高阶梯队理论；同时，也为董事会秘书在上市公司中发挥的作用提供了一定的经验证据，为政策制定者加强对董事会秘书任职条件审核以及上市公司聘用董事会秘书决策提供了理论依据，更为重要的是，对于当下如何降低信息不对称、提升中国资本市场的效率具有较为重要的启示意义。

第五章 董事会秘书财务经历与企业融资约束

第一节 引言

融资约束是国内外企业在经营与发展过程中普遍遇到的难题。以中国企业重要的融资渠道银行贷款为例，国务院发展研究中心中国企业家调查系统在 2011 年 4 月 8 日发布的调查报告表明，31.7%的国有独资企业和 38.5%的非国有独资企业的企业家认为，"银行贷款不能满足正常生产经营需要"；62.6%的国有独资企业和 72.2%的非国有独资企业的企业家认为，"银行贷款不能满足企业外部扩张的融资需要"；61.3%的国有控股公司、中央直属企业和 74.6%的民营企业和家族企业的企业家认为，"银行贷款不能满足企业外部扩张的融资需要"。中国企业面临的融资约束程度由此可见一斑。此外，融资约束还极大地阻碍了企业乃至国家经济的发展，这一现象也引起了政府部门的高度重视。例如，仅在 2014 年 7 月，国务院常务会议就四次提及"降低企业融资成本"的相关问题①，截止到 2014 年 11 月 19 日，李克强总理一年之内在国务院常务会议等重大会议上十次直接提出或要求缓解融资难、融资贵问题②。

大量的证据表明，融资约束阻碍了企业投资和企业成长。据中国企业家调查系统最新发布的 2013 年的调查结果显示，由于资金紧张、融资困难，20.3%的企业经营者针对企业的生产状况，回答"停产"或"半停产"，而其中小型企业和中型企业"停产"和"半停产"的比重达到 24.3%，大型企业的比重也达到 6%。在企业的正常生产都得不到资金的支持而出现"停产"和"半停产"的情况下，又何谈企业创新和发展？可见，融资约束极大地阻碍了我国企业的发展及宏观经济的增长，是企业乃至政府最亟须解决的瓶颈问题之一。因此，研究如何缓解企业融资约束不仅具有较强的理论意义，在当下的中国更具有极强的现实

---

① 四次会议的时间分别是 2014 年 7 月 2 日、14 日、16 日、23 日，由李克强总理主持召开。具体参见 http://finance.sina.com.cn/china/20140724/035919801424.shtml。

② 具体参见 http://money.163.com/14/1120/14/ABGJP1AG00253B0H.html。

意义。

在理论界，学者们普遍认为，企业与外部投资者之间的信息不对称是导致企业融资约束的重要原因之一（Fazarri 等，1988；Kaplan 和 Zingales，1997）。基于此，许多学者从如何降低企业的信息不对称这一视角来寻求缓解融资约束的途径。学者们普遍认为，高质量的信息披露以及分析师预测不仅能降低内部管理层和外部资金供给者的信息不对称（Cheng 等，2014），同时，也能促进投资者的有效监督，进而降低企业外部融资成本（曾颖和陆正飞，2006），缓解企业融资约束（Biddle 和 Hilary，2006；张纯和吕伟，2007）。然而，信息不对称的降低除了取决于企业所披露信息本身的质量以及信息中介的分析与解读之外，还取决于信息披露者自身的素质。根据资本市场信息传递的过程，企业的信息在生成之后，首先由信息发布者披露，其次经由相关的信息中介，如分析师、机构投资者等分析解读，最后传递给信息接收者，如资本市场上的投资者；抑或是由信息发布者直接传递给信息接收者。无论如何，信息发布者都会参与信息传递的过程。而已有研究重点关注信息中介在降低信息不对称方面的作用，却很少关注信息披露者自身在信息传递过程中的作用。

事实上，董事会秘书作为上市公司信息披露的“窗口”，在信息传递过程中发挥着重要的作用。目前实施的《股票上市规则》明确规定了董事会秘书的六大职责，其中，最为重要的两类是负责公司信息披露事务和协调公司与投资者之间的关系。《上市公司信息披露管理办法》① 第 45 条指出：“董事会秘书负责组织和协调公司信息披露事务，汇集上市公司应予披露的信息并报告董事会，持续关注媒体对公司的报道并主动求证报道的真实情况；董事会秘书负责办理上市公司信息对外公布等相关事宜；财务负责人应当配合董事会秘书在财务信息披露方面的相关工作。”上海证券交易所《上市公司董事会秘书管理办法》② 第一章第 3 条指出：“上市公司董事会秘书是上市公司与本所之间的指定联络人。本所仅接受董事会秘书或代行董事会秘书职责的人员以上市公司名义办理信息披露、公司治理、股权管理等其相关职责范围内的事务。”与此同时，上海上市公司协会发布的《上市公司董事会秘书制度研究与履职情况分析》发现，在董事会秘书日常工作中，首先是信息披露的重要性和花费的时间均占第一位，其次是处理公司与投资者之间的关系。具体来说，就信息披露事务而言，董事会秘书除了按照相

① 经 2006 年 12 月 13 日中国证券监督管理委员会第 196 次主席办公会议审议通过，自发布之日（2007 年 1 月 30 日）起施行。

② 2011 年 4 月 15 日修订。

关规定进行信息披露之外，还需要在合理的范围内尽量满足投资者的需求，而在实际操作中，如何掌握信息披露的尺寸，高效地进行信息披露，取决于董事会秘书的个人经验与专业素质①；就处理公司与投资者之间的关系而言，董事会秘书通过接待投资者来访，回答投资者咨询，向投资者提供公司披露的资料等方式，在一定程度上可以降低企业与外部投资者之间的信息不对称。

"高层梯队理论"认为，公司高管的背景特征，例如，教育、工作经历、年龄、性别、任期等会影响他们的行为决策，进而影响他们领导公司所采取的行动和公司绩效（Hambrick 和 Mason，1984；Hambrick 和 Fukutomi，1991）。进一步来讲，专业性的决策需要专业的知识和经历做支撑（姜付秀和黄继承，2013）。高管在某一领域长期的任职经历会使他们在该领域具有专业的知识和选择性认知，从而能更容易、更有效地关注和解读该领域的信息，并能做出合理的决策（Hitt 和 Tyler，1991）。因此，作为专职负责公司信息发布的高级管理人员，董事会秘书的任职经历可能会直接影响信息传递的过程及其决策效率。而拥有财务背景的董事会秘书，其能否利用较高的财务专业素养，更有效地传递信息、管理投资者关系，进而降低企业与外部投资者之间的信息不对称，缓解企业融资约束？

尽管信息披露对于降低信息不对称、缓解企业融资约束的作用被学者们所认可（Barry 和 Brown，1985；Diamond 和 Verricchia，1991；曾颖和陆正飞，2006；Biddle 等，2006；张纯和吕伟，2007a；Cheng 等，2014），然而，已有的研究重点关注信息中介在降低信息不对称方面的作用，例如，分析师跟踪、媒体关注、审计监督等（Dye，1993；Hong 等，2000；Bushman 和 Smith，2001；Graham 等，2005；Cheng 等，2014；王少飞等 2009；陈小林等，2013），却很少关注作为信息披露者的董事会秘书在信息处理与传递过程中的重要作用，本章试图从董事会秘书财务背景这一视角进行研究。

根据前文的结论，财务经历的董事会秘书有助于降低企业的信息不对称，那么，董事会秘书的财务经历使其在通过有效率的沟通降低企业与外界的信息不对称性后，对企业会带来怎样的影响？是否有助于缓解企业的融资约束？我们试图对这一问题进行相应的实证检验。具体地，从公司信息发布者的角度，首先探讨董事会秘书的财务经历是否有助于缓解企业融资约束。进一步地，为了验证分析逻辑，采用情境分析的角度考察董事会秘书财务经历对融资约束的影响是否通过降低企业的信息不对称来实现。

① 中国证监会网站，http：//www. csrc. gov. cn，《浅析上市公司董事会秘书在公司规范治理中起到的作用》。

主要贡献表现在以下三个方面：

首先，从董事会秘书财务经历这一崭新视角出发，探讨了其在降低信息不对称，缓解融资约束方面的作用，从而丰富和发展了融资约束领域的文献。已有的研究重点关注信息中介在降低信息不对称方面的作用，例如，分析师跟踪，媒体关注，审计监督等（Shores，1990；Dye，1993；Hong 等，2000；Bushman 和 Smith，2001；Graham 等，2005；Cheng 等，2014；王少飞等 2009；陈小林等，2013），却很少关注作为信息披露者在信息处理与传递过程中的重要作用。而本书从公司信息发布者的角度，发现董事会秘书的财务经历能够有效降低企业的信息不对称，缓解企业融资约束。

其次，从董事会秘书这一高管背景特征出发，探讨了董事会秘书的财务经历如何影响其职能发挥，从而丰富了高层梯队理论领域的文献。自从 Hambrick 和 Mason（1984）提出"高层梯队理论"以来，许多学者从高管的年龄、性别、学历以及任职经历等方面研究了其对企业行为和绩效的影响（Booth 和 Deli，1999；Frank 和 Goyal，2007；Boubakri，Cosset 和 Guedhami，2009；Custódio 和 Metzger，2014；Hu 和 Liu，2015；魏刚，肖泽忠和邹宏，2007；姜付秀和黄继承，2013），但这些研究主要集中在董事长、总经理以及董事等高管个人特征对企业行为与绩效的影响方面，而董事会秘书作为公司高管之一，其作用并没有受到相应的关注。同时，国内仅有的几篇关于董事会秘书的文献，主要考虑董事会秘书的年龄、任期、受教育水平、兼任情况，以及非正常离职等特征对企业行为与价值的影响（高强和伍利娜，2008；周开国、李涛和张燕，2011；杜兴强、冯文滔和裴红梅，2013；毛新述等，2013），而忽视了董事会秘书任职经历的影响。与以上研究不同，该部分从董事会秘书的财务经历入手，探讨了其在降低信息不对称、缓解企业融资约束方面的作用。

最后，研究结论还具有较为重要的政策含义。缓解企业融资约束不仅要重视信息中介以及董事会与经理层等这些高管的重要作用，也要重视并发挥董事会秘书制度的积极作用。另外，本书的结论也为政策制定者加强对董事会秘书任职条件审核以及上市公司聘用董事会秘书决策提供了理论依据。

本章余文安排如下，第二节介绍了研究设计和数据，包括数据的来源和样本的筛选、变量的界定、实证模型、描述性统计结果；第三节为本章的实证检验部门，包括对主检验，即董事会秘书财务经历与企业融资约束进行的检验，以及相应的内生性检验；第四节为了验证董事会秘书缓解融资约束是通过信息不对称这一机制，从三个信息不对称的情景进行检验，包括企业性质、分析师跟踪以及"四大"审计。

第二节 研究设计和数据

一、数据来源与样本筛选

该部分以中国沪、深证券市场 1999~2013 年的全部 A 股上市公司为初始研究样本。采用 CSMAR 数据库手工收集了这些样本公司所有董事会秘书的背景资料，如果董事会秘书的简历信息缺失，我们进一步通过新浪财经网站查询予以补充。财务数据来自 CSMAR 数据库以及 Wind 数据库。

借鉴已有研究，采用以下标准对样本进行筛选与处理：①剔除金融、保险业的上市公司；②剔除净资产小于 0 的样本；③剔除相关数据缺失的样本；④为消除极端值影响，对主要连续变量在 1%和 99%的水平上缩尾处理。

二、变量界定

1. 董事会秘书财务经历

与前文分析一致，该部分将财务经历的董事会秘书界定为曾担任过以下职务的董事会秘书：财务负责人、财务（副）总监、首席财务官、（副）总会计师、财务主管、财务处（副）处长、财务科长、财务科（副）科长、财务部（副）部长、财务部（副）经理、基金经理、投资经理、投资研究员、证券研究员、证券投资部部长、资本运作主管、投资总监、投资部经理、投行部高级经理、行业分析师等财务投资类职务。由于从事投资职业往往需要较为扎实的财务基础，并且其工作内容也与企业财务状况、资本运作以及企业风险等信息密切相关，所以将该类经历也划归财务经历的范畴。

2. 融资约束

Fazarri 等（1988）依据信息不对称理论，最先提出融资约束假说，他们认为，在不完美的资本市场上，内外部融资成本的差异将导致企业的投资支出显著依赖其内部现金流量。因此，他们认为，投资—现金流敏感度可以在一定程度上衡量企业的融资约束。后续的许多学者直接把投资—现金流敏感性作为衡量融资约束的指标（Hoshi 等，1990；Biddle 和 Hilary，2006；Almeida 和 Campello，2007；Beatty 等，2010；马国臣等，2008；刘志远和张西征，2010）。基于此，主要采用投资—现金流敏感度来衡量企业的融资约束。

需要说明的是，为保持结论稳健性，进一步更换融资约束的度量指标，采用 KZ 指数和 SA 指数予以度量，进行稳健性检验。首先借鉴 Baker 等（2002）的思想，并参考谭跃和夏芳（2011）的做法，构建了符合中国情景的 KZ 指数来衡量融资约束。其计算方法①为：

$$KZ\ index=-10.72\times Cash\ flow-2.47\times Dividends-7.59\times Cash-0.86\times Leverage+0.69\times Q$$

其中，Cash flow 表示折旧、摊销以及息税前的盈余（EBITDA）；Dividends 表示指公司发放的现金股利；Cash 表示企业年末的现金及现金等价物余额比重；Leverage 表示有息负债除以年初总资产；Q 表示衡量企业成长机会。KZ 表示指数越高说明企业融资约束越严重。此外，还借鉴 Hadlock 和 Pierce（2010）以及鞠晓生等（2013）的做法，构建了 SA 指数②进一步度量融资约束。其计算方法为：

$$SA\ index=-0.737\times Size+0.043\times Size^2-0.040\times ListAge$$

其中，Size 表示企业规模的自然对数，ListAge 表示企业的上市年限，计算方法为样本年度-上市年度+1。SA 指数的值越小，说明融资约束程度越严重。

三、实证模型

为了检验财务经历的董事会秘书是否能够降低企业的投资-现金流敏感度，借鉴 Güner 等（2008）、Custódio 和 Metzger（2014）、Hu 和 Liu（2015）、靳庆鲁等（2012）以及喻坤等（2014）的研究设计，构建实证模型如式（5-1）所示：

$$Inv_{i,t}=\beta_0+\beta_1 Finance_t+\beta_2 Finance_t\times CF_{t-1}+\beta_3 CF_{t-1}+\alpha Controls_{t-1}+\gamma\ Controls_{t-1}\times CF_{t-1}+\varepsilon \quad (5-1)$$

其中，被解释变量$Inv_{i,t}$为投资，采用资本支出来度量，并用总资产进行标准化（Custódio 和 Metzger，2014；喻坤等，2014），具体来说，计算方法为资本支出/总资产③。Finance 为核心变量，用来度量董事会秘书的财务经历，如果董事会秘书拥有上述提及的财务经历，则 Finance 取 1，否则取 0；现金流 CF 为经营性现金，自然对数来度量；资本结构（负债率）Lev 为总负债/总资产；采用销售收入增长率 Growth 来衡量投资机会④，计算方法为主营业务收入/总资产；

---

① KZ 指数构建方法：首先，根据公司每年度是否发放现金股利（若没发放，KZ1=1）、持有现金/总资产（若低于中位数，KZ2=1）、经营现金流/总资产（若低于中位数，KZ3=1）和资产负债率（若低于中位数，KZ4=1）将公司分类；其次，计算 KZ（KZ=KZ1+KZ2+KZ3+KZ4）；最后，采用 ordered logit 模型对公司持有的现金/总资产、经营现金流/总资产、资产负债率和 Q 进行回归，估计各个特征的系数，并用这些系数构建 KZ 指数。

② 因为其他衡量融资约束的方法所依赖的财务指标可能存在内生性，而 SA 指数的构建只需要企业规模与上市年限这两个变量，两者并不存在内生性；其次 SA 易于计算且相对稳健。

③ 资本支出的计算方法为经营租赁所支付的现金+购建固定资产、无形资产和其他长期资产所支付的现金-处置固定资产、无形资产和其他长期资产而收回的现金净额。

④ 为了保持结果的稳健，我们同时还采用托宾 Q（年末流通市值+非流通股份占净资产的金额+长期负债合计+短期负债合计）/总资产）来衡量投资机会，实证结果基本保持不变。

First 为第一大股东持股比例；Board 为董事会规模；Msh 为管理层持股的哑变量，如果管理层持股则取 1，否则取 0。

为了在一定程度上减少内生性的影响，借鉴 Custódio 和 Metzger（2014）以及靳庆鲁等（2012）等的文章，对除 Finance 以外的解释变量采用滞后处理。同时，为避免公司层面的聚集效应对标准误的影响，当回归时在公司层面进行了 cluster 处理。

另外，在采用 KZ 指数和 SA 指数度量融资约束进行稳健性检验时，采用如下模型进行回归：

$$KZ_{i,t}(SA_{i,t}) = \beta_0 + \beta_1 Finance_t + \beta_2 CF_{t-1} + \alpha Controls_{t-1} \quad (5-2)$$

其中，控制变量及其定义与模型（4-1）保持一致。

四、描述性统计

对本章涉及的主要变量进行了描述性统计，具体结果如表 5-1 所示。Panel A 是全样本的描述性统计，Panel B 根据董事会秘书有无财务背景划分样本，以初步观察董事会秘书有财务经历和没有财务经历的企业在特征上的差异，结果如表5-1中的 Panel B 所示①。

从表 5-1 的 Panel A 可以看出，董事会秘书有财务经历的样本占总样本的 32.10%；投资水平(Inv）的平均值（中位数）为 0.053（0.038）；现金流（CF）的均值（中位数）为 0.047（0.046）；Size 的均值（中位数）为 21.491（21.344）；Growth 的平均值（中位数）为 0.231（0.142）；Lev 的平均值（中位数）为 0.474（0.483）；第一大股东持股比例的均值（中位数）为 0.383（0.362）；SOE 的均值为 0.529，说明该部分的研究样本有 52.9%为国有控股公司。其余变量的基本情况不再赘述。

表 5-1　描述性统计

Panel A：全样本						
变量	Mean	Median	Std	Min	Max	Obs
Inv	0.053	0.038	0.055	-0.056	0.256	17576
Finance	0.321	0	0.467	0	1	17576
CF	0.047	0.046	0.079	-0.195	0.269	17576

① Panel B 中，变量 Soe、Analysts 和 Kz 在 Non-Finance 组的样本量分别为 11880、11474 和 10538，在 Finance 组的样本量分别为 5611、5414 和 5290。其他变量在两组的样本量均为 17576 和 5638，在 Panel B 中，我们以绝大多数变量的样本量列示。

续表

Panel A：全样本						
变量	Mean	Median	Std	Min	Max	Obs
Size	21. 491	21. 344	1. 148	19. 167	25. 142	17576
Lev	0. 474	0. 483	0. 200	0. 054	0. 937	17576
Growth	0. 231	0. 142	0. 550	-0. 651	3. 775	17576
First	0. 383	0. 362	0. 163	0. 020	0. 894	17576
SOE	0. 529	1	0. 499	0	1	17491
KZ	1. 193	1. 435	1. 254	-3. 301	3. 457	16888
SA	3. 882	3. 684	1. 332	1. 232	8. 434	17576
Audit	0. 057	0	0. 232	0	1	17571
Analysts	9. 899	2	18. 095	0	196	15828

Panel B：区分董事会秘书是否有财务经历					
变量	Finance		Non-Finance		Diff.
	Mean	Std.	Mean	Std.	Mean
Inv	0. 053	0. 056	0. 053	0. 056	0. 000
CF	0. 047	0. 080	0. 048	0. 078	-0. 001
Size	21. 585	1. 202	21. 447	1. 119	0. 138***
Lev	0. 475	0. 201	0. 473	0. 199	0. 002**
Growth	0. 243	0. 562	0. 226	0. 545	0. 017**
First	0. 384	0. 160	0. 382	0. 165	0. 002
Soe	0. 488	0. 500	0. 549	0. 498	-0. 061***
KZ	1. 176	1. 250	1. 201	1. 257	-0. 025*
SA	3. 999	1. 402	3. 826	1. 292	0. 173***
Obs	5638		11938		

注：*、**、***分别表示在 10%、5%、1%的水平下显著。

本章以董事会秘书是否拥有财务经历为标准对样本进行划分，分别对各组的企业特征变量进行了描述性统计，具体结果如表 5-1 的 Panel B 所示。

从表 5-1 的 Panel B 我们发现，相比 Non-Finance 组样本，Finance 组的样本公司规模更大、负债率更高、成长机会更多、国有股比例则相对较低。不仅如此，Finance 组样本公司的 KZ 指数更低、SA 指数更高。由于 KZ 指数越大，表示融资约束程度更高，而 SA 指数越大，则表示融资约束程度更低。因此，从单变量分析，可以初步得出，当董事会秘书拥有财务经历时，企业的融资约束程度相对较低。

第三节　实证检验

首先，检验财务经历的董事会秘书对投资—现金流敏感性的影响；其次，进行一系列的稳健性检验，包括采用 KZ 和 SA 指数衡量融资约束以及相应的内生性检验；最后，检验董事会秘书从事财务工作的时间和专业素质对融资约束缓解的作用，从而为本章的观点提供进一步的证据。

一、财务经历的董事会秘书与融资约束：基本结果

首先根据模型（5-1）对全样本进行回归，为了保证结果的稳健性，我们借鉴 Custódio 和 Metzger（2014）的做法，同时采用固定效应模型对模型（5-1）进行回归，以消除那些不随时间的推移而变化的不可观测因素给模型估计带来的影响。在此基础上，进一步考虑了董事会秘书个人特征变量，例如，董事会秘书年龄、董事会秘书性别以及董事会秘书学历等对回归结果的影响，其中，Agexcf 为董事会秘书的年龄；Gender 为董事会秘书的性别，如果为男性则为 1，否则为 0；Edu 为董事会秘书学历，如果学历为高中及以下，则取 1，如果学历为专科，则取 2，如果学历为本科，则取 3，如果学历为硕士，则取 4，如学历为博士及以上，则取 5。具体回归结果如表 5-2 所示，表 5-2 的第（1）和第（2）列为分别采用 OLS 和固定效应模型进行的回归，第（3）和第（4）列为考虑董事会秘书个人特征变量后进行的相应回归。相应的回归结果见表 5-2。

表 5-2　董事会秘书财务经历与投资-现金流敏感度

变量	OLS Inv	固定效应 Inv	OLS Inv	固定效应 Inv
Finance	0.002 (1.33)	0.003* (1.74)	0.002 (1.24)	0.003* (1.83)
Finance×CF	-0.034** (-2.35)	-0.027** (-2.12)	-0.034** (-2.32)	-0.028** (-2.20)
CF	-0.468*** (-3.20)	-0.080 (-0.59)	-0.494*** (-3.37)	-0.091 (-0.67)
Size	0.004*** (6.27)	0.000 (0.18)	0.005*** (6.58)	0.000 (0.18)

续表

变量	OLS Inv	固定效应 Inv	OLS Inv	固定效应 Inv
Size×CF	0. 024*** (3. 28)	0. 003 (0. 41)	0. 023*** (3. 10)	0. 002 (0. 29)
Growth	0. 005*** (6. 67)	0. 004*** (5. 60)	0. 005*** (6. 59)	0. 004*** (5. 64)
Growth×CF	0. 001 (0. 08)	0. 007 (0. 81)	0. 001 (0. 12)	0. 006 (0. 77)
Lev	-0. 042*** (-11. 30)	-0. 052*** (-10. 80)	-0. 042*** (-11. 39)	-0. 052*** (-10. 82)
Lev×CF	0. 018 (0. 50)	0. 005 (0. 14)	0. 016 (0. 46)	0. 004 (0. 12)
First	0. 003 (0. 68)	0. 010 (1. 32)	0. 003 (0. 71)	0. 010 (1. 34)
First×CF	-0. 038 (-0. 85)	0. 064* (1. 71)	-0. 039 (-0. 85)	0. 065* (1. 72)
Board	0. 001** (2. 13)	0. 000 (0. 82)	0. 001** (2. 35)	0. 000 (0. 79)
Board×CF	0. 007* (1. 95)	0. 003 (1. 03)	0. 006* (1. 82)	0. 003 (1. 01)
Msh	0. 002 (1. 60)	-0. 003* (-1. 83)	0. 002 (1. 62)	-0. 003* (-1. 88)
Msh×CF	-0. 020 (-1. 30)	0. 001 (0. 08)	-0. 020 (-1. 29)	0. 002 (0. 16)
LnAge			-0. 009** (-2. 26)	0. 003 (0. 69)
Age×CF			0. 001 (1. 05)	-0. 000 (-0. 26)
Gender			0. 002 (1. 07)	-0. 001 (-0. 33)
Gender×CF			0. 001 (0. 06)	0. 004 (0. 26)
Edu			-0. 002** (-2. 14)	0. 000 (0. 39)

续表

变量	OLS Inv	固定效应 Inv	OLS Inv	固定效应 Inv
Edu×CF			0. 009 (0. 99)	0. 009 (1. 18)
Constant	-0. 033** (-2. 27)	0. 065*** (2. 70)	-0. 002 (-0. 10)	0. 051* (1. 65)
N	16933	16933	16933	16933
Year Dummies	Yes	Yes	Yes	Yes
Year Dummies×CF	Yes	Yes	Yes	Yes
Ind Dummies	Yes	No	Yes	No
Ind Dummies×CF	Yes	Yes	Yes	Yes
Adj. R^2	0. 148	0. 053	0. 149	0. 053

注：*、**、***分别表示在1%、5%、10%的水平下显著。括号内是经过公司层面cluster调整后的t值。

从表5-2的第（1）和第（2）列可以看出，无论是采用OLS还是固定效应模型回归，交互项Finance×CF均显著为负，回归系数分别为-0. 034和-0. 027，且两者均在5%的水平上显著。当进一步考虑董事会秘书的个人特征因素（年龄、性别和受教育水平）后，结果并没有较大的差异，交互项Finance×CF仍显著为负，回归系数分别为-0. 034和-0. 028，且两者均在5%的水平上显著。以上的回归结果说明，财务经历的董事会秘书能够显著降低企业的投资—现金流敏感度，即能够缓解企业的融资约束。

就控制变量而言，在第（1）和第（3）列，Size的回归系数显著为正，说明规模越大的企业进行了更多的投资。Size×CF的系数显著为正，说明企业规模越大，投资—现金流敏感度越大。这一结果与Custódio和Metzger（2014）的结论保持一致。Growth的回归系数显著为正，说明企业投资机会越多，会进行更多的投资，但是Growth×CF的回归系数却不显著，这一结果与Güner等（2008）的发现一致。其他控制变量这里不再赘述。

为了增强本书结论的稳健性，我们变更董事会秘书的度量指标，采用KZ指数和SA指数重新检验，根据模型（5-2）重新进行相应的回归。检验结果如表5-3所示，其中，第（1）和第（3）列分别采用KZ和SA指数进行的OLS回归，第（2）与第（4）列是分别采用KZ和SA指数进行的固定效应模型回归。

表 5-3 董事会秘书财务经历与 KZ/SA 指数

变量	OLS KZ	固定效应 KZ	OLS SA	固定效应 SA
Finance	-0.052** (-1.98)	-0.050* (-1.75)	0.023** (2.52)	0.031*** (2.66)
CF	-2.756*** (-19.22)	-1.101*** (-11.23)	0.063 (1.22)	0.077 (1.63)
Size	-0.112*** (-8.77)	0.201*** (7.54)	1.115*** (163.29)	0.942*** (74.42)
Growth	-0.065*** (-4.56)	-0.052*** (-3.79)	0.048*** (7.21)	0.010* (1.73)
Lev	4.195*** (62.08)	2.712*** (28.46)	-0.216*** (-7.61)	-0.051 (-1.26)
First	-0.750*** (-9.43)	-1.329*** (-7.95)	0.376*** (10.28)	0.779*** (9.01)
Board	-0.017*** (-3.16)	-0.016** (-2.16)	0.011*** (4.85)	0.011*** (4.05)
Msh	-0.093*** (-3.92)	0.018 (0.64)	0.006 (0.64)	0.020 (1.40)
Constant	2.240*** (8.69)	-3.610*** (-7.03)	-20.050*** (-154.23)	-16.660*** (-70.32)
N	16264	16264	16933	16933
Year Dummies	Yes	Yes	Yes	Yes
Ind Dummies	Yes	No	Yes	No
Adj. R^2	0.518	0.260	0.930	0.789

注：*、**、***分别表示在 10%、5%、1%的水平下显著。括号内是 t 值经过公司层面 cluster 调整后的 t 值。

表 5-3 的检验结果表明，在采用 KZ 和 SA 指数衡量融资约束时，得到了与表 5-2 同样的结论，即财务经历的董事会秘书 Finance 缓解了融资约束。具体来说，当采用 OLS 回归时，KZ 与 Finance 的回归系数为-0.052，且在 5%的水平显著，SA 与 Finance 的回归系数为 0.023，且在 5%的水平下显著；当采用固定效应模型回归时，KZ 和 SA 与 Finance 的回归系数分别为-0.050 和 0.031，且分别在 10%和 1%的水平显著。由于 KZ 指数越大，融资约束越大，而 SA 指数越大，融资约束则更小。所以，上述回归结果均一致表明财务经历的董事会秘书显著地

缓解了企业的融资约束。

限于篇幅，在接下来的研究中，采用投资—现金流敏感度来衡量融资约束，进行相应的检验。

二、内生性检验

董事会秘书财务经历和企业融资约束之间的关系可能是内生的。例如，融资约束严重的企业可能会倾向于选择有财务经历的人员担任董事会秘书，以帮助企业降低信息不对称，缓解融资约束问题。因此，为了控制两者之间关系的内生性，采用双重差分模型（Differece in Differece，DID）的方法来估计董事会秘书的财务经历对企业融资约束所产生的影响。具体模型如下：

$$Inv_{i,t}=\beta_0+\beta_1 Change_t+\beta_2 Change_t\times CF_{t-1}+\beta_3 Change_t\times Treat_t\times CF_{t-1}+\beta_4 Change_t\times Treat_t+\beta_5 Treat_t\times CF_{t-1}+\beta_6 Treat_t+\alpha Controls_{t-1}+\gamma\ Controls_{t-1}\times CF_{t-1}+\varepsilon \quad (5-3)$$

其中，因变量为投资变量，其界定如模型（5-1）所示，Treat 为处理组的哑变量，如果董事会秘书由不具有财务经历者变更为具有财务经历者，则 Treat 取 1，为处理组；如果董事会秘书变更前后都不具有财务经历，当 Treat 取 0 时，此时定义为控制组。Change 为时间虚拟变量，当 Change=1 时表示董事会秘书变更后的年度，当 Change=0 时，为董事会秘书变更前的年度。控制变量的界定与模型（5-1）保持一致。Change×Treat×CF 为 Change、Treat 和 CF 三者的交互项，该项回归系数是考察的核心。如果 β_3显著为负，那么说明财务经历的董事会秘书缓解了公司的融资约束，反之则反。此外，借鉴姜付秀和黄继承（2013）的研究，本书选取变更前后三年为事件窗口。相应的检验结果见表 5-4。

表 5-4　董事会秘书财务经历与企业融资约束：DID 检验

变量	处理组 CAR	控制组 CAR	全样本 CAR
Change×CF	-0.031** (-2.02)	-0.009 (-0.21)	-0.025* (-1.83)
Change	-0.007 (-1.41)	-0.006 (-0.18)	-0.004 (-1.01)
Change×treat×CF			-0.018** (-2.04)

续表

变量	处理组 CAR	控制组 CAR	全样本 CAR
Treat×CF			0.060** (2.07)
Change×Treat			-0.003 (-0.70)
Treat			-0.003 (-0.71)
CF	0.131*** (5.93)	0.619*** (3.68)	0.065*** (3.69)
Size	0.004** (2.02)	0.008** (4.13)	0.006*** (4.34)
Size×CF	0.008 (0.92)	0.002 (0.20)	0.007 (1.32)
Growth	0.003 (1.52)	0.005* (1.95)	0.003** (2.29)
Growth×CF	0.034 (1.32)	-0.023 (-0.97)	0.014 (0.72)
Lev	-0.030*** (-2.76)	-0.032*** (-3.20)	-0.031*** (-4.22)
Lev×CF	0.031 (0.24)	0.094 (0.98)	0.048 (0.63)
First	0.002 (0.32)	0.007 (1.38)	0.004 (0.54)
First×CF	0.105 (0.32)	-0.197 (-1.53)	-0.023 (-0.34)
Board	0.001* (1.90)	0.000 (0.24)	0.001 (1.64)
Board×CF	0.006 (0.89)	0.007 (0.78)	0.006 (1.15)
Msh	-0.002 (-0.73)	0.003 (0.66)	-0.001 (-0.17)
Msh×CF	0.019 (0.73)	-0.067 (-1.43)	-0.011 (-0.46)

续表

变量	处理组 CAR	控制组 CAR	全样本 CAR
Constant	-0.064 (-1.64)	-0.98** (-2.42)	-0.80*** (-2.86)
Year Dummies	Yes	Yes	Yes
Year Dummies×CF	Yes	Yes	Yes
Ind Dummies	Yes	Yes	Yes
Ind Dummies×CF	Yes	Yes	Yes
N	1505	1559	3064
Adj. R^2	0.256	0.232	0.221

注：*、**、***分别表示在10%、5%、1%的水平下显著。括号内t值经过公司层面cluster调整后的t值。

在表5-4中，首先对处理组和控制组的样本进行回归，检验结果表明，在处理组，当董事会秘书由无财务经历变更为有财务经历者时，企业的融资约束得到缓解（Change×CF的回归系数为-0.031，且在5%的水平显著），而当董事会秘书变更前后均无财务经历时，这种变更对企业的投资—现金流敏感度并没有显著的影响。从利用全样本进行的回归结果来看，关键变量Change×Treat×CF的回归系数显著为负，为-0.018，且在5%的水平显著，该结果表明，相对于控制组，处理组董事会秘书的变更对投资—现金流敏感性的净影响显著为负，即财务经历的董事会秘书显著降低了企业的融资约束。

第四节　进一步证据

以上研究结果表明，财务经历的董事会秘书有利于缓解企业融资约束。我们的分析逻辑是财务经历的董事会秘书有利于降低企业和外部资本提供者的信息不对称，如果我们的分析逻辑成立，那么可以合理预期，在信息不对称程度更严重的情况下，财务经历的董事会秘书缓解融资约束的作用将会更大。为此，我们考虑以下三种信息不对称情景，即企业性质、分析师跟踪以及是否“四大”审计，来检验本书的分析逻辑是否成立，这些检验也为财务经历的董事会秘书缓解企业融资约束的作用机理提供进一步的证据支持。

一、企业性质、董事会秘书财务经历与融资约束

已有研究表明，相比国有企业，非国有企业面临更严重的信息不对称。一方面，与国有企业相比，非国有企业的发展历史较短，规模较小，经营透明性与制度规范性较低，且缺乏可抵押的资产，因此信息不对称程度更高（Whited，1992；卢峰和姚洋，2004；林毅夫和孙希芳，2005）；另一方面，相比国有企业，非国有企业受市场的关注度较低。由于国有企业规模大、实力强，能够吸引到更多的信息中介，例如，较多的分析师跟踪，较高的媒体关注等（Graham 等，2005；熊艳等，2011）。因此，在该部分区分了企业性质，分别考察了在国有企业和非国有企业中，董事会秘书的财务经历在降低信息不对称，缓解融资约束方面的作用差异。我们认为，在信息不对称程度更高的非国有企业，财务经历的董事会秘书在缓解融资约束上会发挥更大的作用。

根据模型 5-1 对国有企业样本和非国有企业的样本进行分样本回归。其中，企业性质（SOE）是根据上市公司实际控制人性质划分，如果实际控制人为国有股则取 1，否则取 0。具体回归结果如表 5-5 所示。

表 5-5 企业性质、董事会秘书财务经历与融资约束

变量	OLS		固定效应	
	SOE	Non-SOE	SOE	Non-SOE
Finance	0.002 (1.12)	0.001 (1.10)	0.002 (0.67)	0.005* (1.89)
CF	-0.265 (-1.57)	-0.320* (-1.84)	-0.153* (-0.70)	-0.233 (-1.14)
Finance×CF	-0.028* (-1.72)	-0.041*** (-2.72)	-0.019 (-1.05)	-0.039** (-2.35)
Diff（P-value）	0.064*		0.058*	
N	8718	8130	8718	8130
Adj. R^2	0.160	0.153	0.027	0.079

注：①*、**、***分别表示在 10%、5%、1%的水平下显著；括号内为 t 值；标准误差经过公司层面的 cluster 调整。②控制变量与模型（4-1）以及表 5-2 的控制变量保持一致，为节省篇幅，我们在文中仅列示几个主要变量的回归结果。

在表 5-5 前两列，对 SOE 和 Non-SOE 两组样本采用 OLS 回归发现，在 Non-SOE组，Finance×CF 的回归系数显著为负（-0.041），且在 1%的水平显著，而在 SOE 组中，该变量的回归系数为-0.028，且在 10%的水平上显著。我们进一步检验了这两组间 Finance×CF 的回归系数的差异性，发现两者在 10%的水平上存在显著差异。当进一步对两组样本采用固定效应模型进行回归时，发现在 Non-SOE 组，Finance×CF 的回归系数仍显著为负（-0.039），而在 SOE 组，该系数不显著，但两组间 Finance×CF 的系数仍存在显著性差异（p 值为 0.058）。这些结果均表明，财务经历的董事会秘书在非国有企业中发挥了更大的作用，即财务经历的董事会秘书在非国有企业中更好地缓解了企业的融资约束。

二、分析师跟踪、董事会秘书财务经历与融资约束

较多的分析师跟踪意味着企业信息不对称程度更低（Shores，1990），而较少的分析师跟踪表明企业信息不对称程度相对较高。分析师作为证券市场中的专业分析人员，能够通过对企业信息的发掘和解读，降低企业的信息不对称。一方面，分析师通过搜集繁杂的公开信息，并加工成便于理解的简单形式；另一方面，通过实地调研等契机，分析师可以挖掘公司私有信息（Chang 等，2006）。这些信息搜寻活动使分析师能够提供企业层面的私有信息，从而提高股票价格的信息含量（Liu，2011）。已有研究发现，随着分析师跟踪人数的增多，公司股票具有更高的透明度（Hong 等，2000）。因此，根据分析师跟踪数量将样本划分为两组，考察财务经历的董事会秘书在不同的分析师跟踪数量下对融资约束的影响。我们认为，相比分析师跟踪数量较多的企业，在分析师跟踪数量少的企业，财务经历的董事会秘书在降低信息不对称进而缓解融资约束上可能会发挥更大的作用。

已有研究往往将分析师跟踪数量认为是私有信息获取的主要代理变量，较多的分析师跟踪意味着企业的信息不对称程度更低（Shores，1990）；相反，较少的分析跟踪表明企业的信息不对称程度相对较高。因此，将样本根据分析师跟踪数量①划分为两组，划分标准为：如果样本公司的分析师跟踪数量高于该年度所有公司分析师跟踪数量的中位数，则该样本划分为分析师跟踪数量高组；反之，则划分为分析师跟踪数量低组。具体回归结果如表 5-6 所示。

① 由于分析师的数据我们只能追溯到 2002 年，因此，在分析师变量的描述性统计以及讨论分析师跟踪的分检验部分我们的样本区间为 2002~2013 年。

表 5-6　分析师跟踪数量、董事会秘书财务经历与融资约束

变量	OLS		固定效应模型	
	分析师跟踪数量低组	分析师跟踪数量高组	分析师跟踪数量低组	分析师跟踪数量高组
Finance	0.002* (1.72)	−0.001 (−0.58)	0.002 (1.15)	0.005 (2.21)
CF	−0.546 (−0.76)	−0.727 (−1.30)	−0.157 (−0.23)	−0.101 (−0.20)
Finance×CF	−0.032** (−2.08)	−0.015 (−0.92)	−0.030* (−1.90)	−0.019 (−1.10)
Diff (P-value)	0.048**		0.086*	
N	7841	7858	7841	7858
Adj. R^2	0.128	0.140	0.085	0.023

注：①*、**、***分别表示在10%、5%、1%的水平下显著；括号内为t值；标准误差经过公司层面的cluster调整。②控制变量与模型（4-1）以及表5-2的控制变量保持一致，为节省篇幅，我们在文中仅列示几个主要变量的回归结果。

与表5-5类似，表5-6也仅列示了几个主要变量的回归结果。前两列为采用OLS分别对分析师跟踪数量较高与较低两组进行回归，后两列为采用固定效应模型对两个样本组进行的回归。在分析师跟踪数量相对较低组，无论是采用OLS回归还是采用固定效应模型回归，Finance×CF的回归系数均显著为负，分别为−0.032和−0.030，且分别在5%和10%的水平显著；而在分析师跟踪数量相对较高组，Finance×CF的回归系数在统计上均不显著。但是，不论采用OLS回归还是固定效应模型回归，样本组间Finance×CF的回归系数均存在显著差异（p值分别为0.048和0.086）。这一发现表明，对于分析师跟踪数量相对较少的企业，财务经历的董事会秘书发挥了更大的作用，在更大程度上降低了企业的信息不对称程度，缓解了企业的融资约束。

三、"四大"审计、董事会秘书财务经历与融资约束

相比聘用大规模审计机构的公司，聘用小规模审计机构的公司与外部投资者之间的信息不对称程度相对更高（Bushman和Smith，2001；王少飞等，2009；陈小林等，2013）。作为独立监督的第三方，审计机构对企业信息不对称的影响主要通过信息鉴证作用实现。已有研究认为，为了维护品牌和声誉，规模较大的

审计机构会保持较强的独立性，提供优质的审计服务（DeAngelo，1981；Malone 等，1993），因此，他们有动机、也有能力发现企业财务报表中没有及时披露或没有公允报告的信息，并将其更为精确地反映，从而通过对披露信息的鉴证降低了信息不对称程度（Dye，1993）。

此外，根据信号传递理论，大规模审计机构的高质量服务还能够向市场传递企业"质优"的信号，帮助企业降低信息不对称程度（Beatty，1989；Holl 和 Horton，1993）。因此，根据企业是否聘请"四大"审计对样本进行划分，以考察董事会秘书财务经历在不同样本中发挥作用的差异。我们认为，相比聘用大规模审计机构的公司，在聘请小规模审计机构的公司中，财务经历的董事会秘书能更好地缓解融资约束。在此，我们采用"四大"审计来度量大规模的审计机构，并将样本分为两组，即通过"四大"审计组与非"四大"审计组来检验在不同的样本组，财务经历的董事会秘书对融资约束的影响。具体回归结果如表 5-7 所示。

表 5-7　"四大"审计、董事会秘书财务经历与融资约束

变量	OLS		固定效应模型	
	"四大"组	非"四大"组	"四大"组	非"四大"组
Finance	-0.001 (-0.17)	0.002 (1.45)	0.015 (1.48)	0.003 (1.59)
Finance×CF	0.008 (0.14)	-0.039*** (-2.69)	-0.049 (-0.77)	-0.032** (-2.45)
CF	-0.406 (-0.58)	-0.419*** (-2.74)	0.294 (0.34)	-0.071* (-0.51)
Diff（P-value）	0.007***		0.019**	
N	996	15937	996	15937
Adj. R^2	0.219	0.142	0.092	0.051

注：①*、**、***分别表示在 10%、5%、1%的水平下显著；括号内为 t 值；标准误差经过公司层面的 cluster 调整。②控制变量与模型（4-1）以及表 5-2 的控制变量保持一致，为节省篇幅，我们在文中仅列示几个主要变量的回归结果。

同样，在表 5-7 中仅列示了几个关键变量的回归结果。从表 5-7 的回归结果可以发现，当采用 OLS 回归时，非"四大"审计样本中 Finance×CF 的回归系数显著为负，回归系数为-0.039，且在 1%的水平显著，而在"四大"审计组中，该变量的回归系数在统计上并不显著，进一步检验了两组间 Finance×CF 的回归系数的差异性，发现两者在1%的水平上存在显著差异（p值为0.007）。在采用固定效应模型回归时，得到了类似的结果，即非“四大”审计样本中Finance×CF的回归系数显著为负（-0.032），而在“四大”审计组该系数并不显著，但两组的Finance×CF回归系数仍存在显著差异（p值为0.019）。以上这些结果表明，对于非“四大”审计的企业，财务经历的董事会秘书发挥了更大的作用，即在由小规模审计机构审计的企业中，财务经历的董事会秘书显著地降低了企业的融资约束水平。

四、考虑董事会秘书财务工作时间及专业素质

笔者认为，由于专业性决策需要专业知识和专业经历做支撑，因此，作为专业性很强、以公司财务信息为主的信息披露工作，财务经历的董秘可能会更加胜任，从而有利于缓解企业的融资约束。我们的检验结果基本支持这一假设。进一步地，如果董事会秘书的财务经历有利于缓解企业面临的融资约束，而且这一作用确实是因为财务经历，那么，我们可以合理预期，董事会秘书从事财务工作的时间越长其专业素质越高，其对融资约束缓解的作用越大。

在本书，衡量董事会秘书从事财务工作时间（Time）的方法是其年龄Age-22；一般情况下，本科毕业生的年龄为22岁。假定财务人员开始工作时间为本科毕业，其中，有的可能是在硕士甚至博士毕业后才开始正式进入社会参加工作，但是，研究经历在一定程度上也可以认同为工作经历。当然，这里只是一个略微粗略的检验。我们直接以董事会秘书年龄进行检验的结果与此基本一致。同时参考姜付秀和黄继承（2013）的做法，将财务专业素质较高的董事会秘书（Top）定义为曾担任过以下职务的董事会秘书：财务负责人、财务总监、财务主管、总会计师和首席财务官。在模型（1）的基础上，构建了交互项Time×CF和Top×CF，并对有财务经历的董事会秘书样本（Finance=1）进行回归，控制变量与基础回归模型中的控制变量保持一致。具体结果如表5-8所示。

表5-8　董事会秘书的财务经历与融资约束：考虑董事会秘书财务工作时间及专业素质

变量	OLS Inv	固定效应 Inv	OLS Inv	固定效应 Inv
Time	-0.008** (-2.38)	-0.006* (-1.67)		

续表

变量	OLS Inv	固定效应 Inv	OLS Inv	固定效应 Inv
Time×CF	**-0.002 *** **(-1.84)**	**-0.002 *** **(-1.78)**		
Top			0.005 ** (2.08)	0.003 (0.83)
Top×CF			**-0.058 **** **(-2.24)**	**-0.039 *** **(-1.79)**
CF	-0.846 *** (-3.62)	-0.335 * (-1.71)	-0.740 *** (-2.58)	-0.336 (-1.18)
N	5494	5494	5494	5494
Adj. R^2	0.135	0.192	0.165	0.211

注：①*、**、***分别表示在10%、5%、1%的水平下显著；括号内为t值；标准误差经过公司层面的cluster调整。②控制变量与模型（4-1）以及表5-2的控制变量保持一致，为节省篇幅，我们在文中仅列示几个主要变量的回归结果。

从表5-8的回归结果可以看出，无论是采用OLS回归还是固定效应回归，Time×CF的回归系数均显著为负（-0.002），且均在10%的水平显著。这一结果说明，对于有财务经历的董事会秘书，其财务工作时间越长，对融资约束的缓解作用也越大。当我们考虑董事会秘书专业素质水平后发现，在OLS和固定效应回归中，Top×CF的系数分别为-0.058和-0.039，且分别在5%和10%的水平显著。这一回归结果说明，对于那些有财务经历的董事会秘书，其专业素质水平较高，缓解融资约束的作用就越大。

总之，以上检验结果进一步支持了我们的结论，即董事会秘书的财务经历有助于缓解企业融资约束。

第五节　本章小结

融资约束作为企业生产经营过程中遇到的普遍难题，已经引起了学者们的广泛关注。已有关于融资约束领域的文献重点关注公司信息披露、信息中介在降低信息不对称方面的作用，却很少关注负责信息披露工作的董事会秘书自身在信息传递过程中的积极作用。同时，关于董事会秘书方面的文献并没有探讨董事会秘书的任职经历是否能够通过提升信息披露质量，降低信息不对称，进而缓解融资约束。基于这一现状，本书以中国沪深证券市场 1999~2013 年 A 股上市公司为研究对象，检验了董事会秘书的财务经历对企业融资约束的影响。

该部分的实证检验结果表明：当董事会秘书拥有财务经历时，企业的投资—现金流敏感度更低，即融资约束水平更低；以 KZ 指数和 SA 指数衡量融资约束，以及控制内生性问题等稳健性检验所得结果与此一致。进一步地检验发现，在非国有企业、分析师跟踪数量较少以及非“四大”审计三种信息不对称程度更严重的情景下，财务经历的董事会秘书发挥的作用更大，从而表明财务经历的董事会秘书是通过缓解信息不对称降低了企业的融资约束。

本书的研究结论丰富了融资约束理论和高阶梯队理论；同时，为董事会秘书在上市公司中发挥的作用提供了一定的经验证据，为政策制定者加强对董事会秘书任职条件审核以及上市公司聘用董事会秘书决策提供了理论依据，更为重要的是，对于当下如何缓解中国企业融资约束具有较为重要的启示意义。

第六章 董事会秘书财务经历与履职绩效

第一节 引言

如果前几章的分析是基于董事会秘书的财务背景优势有助于其更好地履职，那么如何对这一分析进行验证，即如何对财务经历董事会秘书的履职有效性进行验证？本书认为，财务经历董事会秘书是通过利用其财务专业素养更好地开展工作，更好地进行信息披露以及投资者关系管理，如果这种分析逻辑成立，我们应该会预期到相比非财务经历的董事会秘书，财务经历的董事会秘书获得的外部评价会更高。

近年来，随着资本市场的不断发展，董事会秘书在提升企业信息披露方面的作用开始逐渐引起各方面的关注。2005 年新修订的《公司法》，第一次从法律的层面界定了董事会秘书的高管地位，与此同时，董事会秘书的职权也在不断扩大。《公司法》关于董事会秘书的规定引起了全社会的关注。与此同时，为了对上市公司的信息披露工作进行监管和考核，深圳证券交易所于 2001 年 5 月颁布了《深圳证券交易所上市公司信息披露工作考核办法》。根据上市公司日常信息披露的及时性、准确性、完整性和合法性四个方面，深证证券交易所结合企业受到的奖惩情况以及与监管机构的工作配合情况等（这些事务均直接由董事会秘书负责），最后形成四个等级的考评结果，即 A（优秀）、B（良好）、C（及格）、D（不及格）四个等级，并将考评结果对外公布，该考核结果受到资本市场多方关注，包括证监会、投资者、分析师、机构投资者、媒体等，许多机构部门和一些学者甚至直接将该考核结果用以度量企业信息质量的好坏。大家普遍认为，该信息披露评级与公司综合信息披露质量水平呈正比例关系，其考评内容除了包括企业的年报之外，还包括企业的日常信息披露状况，不仅关注质量，也关注企业信息披露的数量，即完整性。

同样地，上海证券交易所于 2008 年底发布了《上海证券交易所上市公司董事会秘书考核办法》（以下简称考核办法），也开始对董事会秘书的工作情况进行考核。该办法主要针对董事会秘书日常的工作内容进行考核，此外，《考核办法》还将董事会秘书工作的诚信情况作为除了基本职责外最重要的考核内容。具体来说，考核内容分为以下四个方面：

（1）诚信情况。由于信息披露的最核心原则是客观、真实，因此，“诚信”也是贯穿董事会秘书日常工作最根本也是最重要的素质，所以《考核办法》对董事会秘书工作的诚信情况赋予了最高的权重，为25%。

（2）信息披露事务工作情况。该项职责是董事会秘书最基本的职责，这项工作不仅包括企业例行的信息披露，如季报、半年报以及年报等，还包括企业日常的信息披露，包括企业重大项目进展情况，融资使用计划，兼并收购事务，重大经营决策，高管选聘等，这些日常的信息披露对降低企业的信息不对称、提升投资者的决策效率具有重要的价值。因此，这项职责与上述的诚信工作情况一样，均被赋予了25%的最高权重。

（3）投资者关系管理工作情况。该项职责是指除信息披露之外最重要的职责，在董事会秘书的日常工作中，仅仅单方面的主动披露信息并不能满足所有利益相关者的需求，此时，董事会秘书就需要有针对性地对不同的投资者或相关机构提供不同的信息。在日常工作中，董事会秘书会花费大量的时间进行投资者关系管理，例如接待分析师的实地调研、投资者的电话咨询、及时回复网络互动平台投资者的提问等，这些事务对于满足投资者的信息需求，降低企业与外部投资者的信息不对称具有直观重要的作用。因此，该项工作内容被赋予了15%的权重。

（4）协助董事、监事和其他高级管理人员合规工作的情况。董事会秘书作为连接企业与外部的“桥梁”，不仅要做好最基本的信息披露工作以及投资者关系管理事务，还需要协助企业的高管合规工作，及时将证监会传达的精神传递给企业的高管，同时，对企业高管的行为予以监督，在高管行为出现偏颇时应及时提醒，以保证企业的运营合规，披露的信息真实。该项事务对企业的发展有较为重要的作用，因此，该项事务也被赋予15%的权重。此外，除了这些比较重要的事务之外，董事的职责还包括股权管理工作和股东大会、董事会会议筹备组织工作的程序化的事务性工作，由于这两项职责的重要性次之，因此，《考核办法》将董事会秘书的两项工作情况均赋予了10%的比重。

《考核办法》采用的打分方式是将董事会秘书的上述各项工作内容进行打分，最后加权平均，形成一个综合评分，并进一步将该评分分为四个等级，分别为优秀、良好、合格、不合格。对于未参与考核的董事会秘书，证监会会予以批评，并给出不合格的评级。

如第三章、第四章所述，财务经历的董事会秘书有助于降低企业的信息不对称，并且有助于缓解企业的融资约束。然而，这两个结论的分析是基于董事会秘书的财务背景优势有助于其更好地履职，那么，如何对这一分析进行验证，即如何对财务经历董事会秘书的履职有效性进行验证?

根据前文的分析，本书认为，具有财务经历的董事会秘书是通过利用其财务专业素养更好地开展工作，更好地进行信息披露以及投资者关系管理，如果这种分析逻辑成立，我们应该会预期到，相比非财务经历的董事会秘书，财务经历的董事会秘书获得的外部评价会更高，在该部分，我们从两个角度对此进行验证，分别是董事会秘书工作考核评级以及企业信息披露考核评级。具体地，我们充分利用证监会对董事会秘书工作质量的考评评级以及证监会对上市公司信息披露质量考评评级的数据，去检验财务经历的董事会秘书是否更容易获得更高的考评评级，以及是否有助于企业获取更高的信息披露质量的考评评级，从而验证前文的分析逻辑。

第二节　董事会秘书财务经历与董事会秘书年度考核评级

根据本书的研究设计，如果财务背景的董事会秘书能够较好地开展工作，例如，更好地进行投资者关系管理、更专业地进行信息披露等，那么其工作质量应该会更高，对应地，其也会获得更高的外部工作考核评级，反之，考评等级会更低。在该部分，首先对这一预期进行检验，以进一步验证我们的分析机制。

一、研究设计

1. 数据来源

鉴于数据的可获得性，该部分研究样本为上海证券交易所 2012~2013[①] 年的全部 A 股上市公司。通过 CSMAR 数据库手工收集了这些样本公司所有董事会秘书的背景资料，如果董事会秘书的简历信息缺失，我们进一步通过新浪财经网站查询予以补充。董事会秘书年度考核评级的数据来自上海证券交易所的网站。本书所使用的财务数据均来自于 CSMAR 数据库以及 Wind 数据库。

借鉴已有文献，采用以下标准对样本进行筛选与处理：①剔除金融、保险业

① 由于只有上交所对董秘的履职情况进行考核，因此，在该部分我们以上交所的上市公司为研究对象。此外，尽管上海证券交易所是从 2009 年开始对董秘进行年度考核评级，但是上海证券交易所的网站仅公布了 2012 年和 2013 年的董秘年度考核数据。

的上市公司；②剔除净资产小于0的样本；③剔除被ST的样本；④剔除相关数据缺失的样本；⑤剔除董事会秘书变更当年的公司样本；⑥为消除极端值的影响，对涉及的连续变量进行了1%和99%的缩尾处理。

2. 变量界定

介绍董事会秘书考核评级指标的量化方法。证监会将董事会秘书最终的考核结果分为四个等级，即优秀、良好、合格、不合格，在这里，我们借鉴已有的研究（洪金明等，2011；李志军和王善平，2011）①，将该考评结果（rank）进行两分，即“优秀”和“良好”的定义为1，“及格”和“不及格”定义为0。此外，为了保证结论的稳健性，还采用了其他两种方式对董事会秘书考核评级进行量化，一种是将“优秀”定义为4，“良好”定义为3；“合格”定义为2；“不合格”定义为1；另一种是将“优秀”定义为5，“良好”定义为3；“合格”定义为1；“不合格”定义为0。

此外，财务经历董事会秘书这一变量的界定与前文第三章实证部分保持一致。

3. 实证模型

为了检验财务经历的董事会秘书是否能够获取更好的考评结果，采用如下模型进行检验：

$$Rank_{i,t}=\alpha+\beta_1 Finance_{i,t}+\beta Z_{i,t}+\varepsilon_i \quad (6-1)$$

其中，Rank为董事会秘书考评结果，当Rank取1时，说明董事会秘书的工作质量相对较好，当其取0时，说明董事会秘书的工作质量相对较差。其中，Z是影响董事会秘书履职的一系列控制变量，具体包括企业规模、负债率、盈利水平、成长机会、第一大股东持股比例、董事会规模、管理层是否持股以及两权分离度，除此之外，还控制了年度与行业因素。

二、描述性分析

在该部分，首先简要观察在2012年和2013年董事会秘书的考评结果状况，具体情况如图6-1所示。据统计，在2012年，共有953家上市公司的董事会秘书参与考核，其中，有194名董事会秘书获得“优秀”的等级，占当年总样本的20.36%（即优秀率为20.36%）；获得“良好”等级的董事会秘书人数为673人，

---

① 洪金明等（2011）以及李志军和王善平（2011）的研究将深圳上市公司的四个信息披露考核等级优秀、良好、合格与不合格分别量化为：优秀和良好为1，合格与不合格为0。该部分是对董秘的考核评级进行量化，两者较为类似，我们则借鉴他们的做法对董秘的考核评级进行量化。

占当年总样本的70.62%；获得“合格”等级的董事会秘书人数为84人，占当年总样本的8.81%；而获得“不合格”等级的董事会秘书人数为2人，占当年总样本的0.21%。在2013年，共有959名董事会秘书参与考核，相较于2012年，人数增加了6人。在该年度，有207位董事会秘书获得“优秀”的评级，占当年总样本的21.58%，即优秀率为21.58%，该比率相较于2012年的优秀率有小幅增长；该年度获得“良好”等级的董事会秘书人数为678人，占当年总样本的70.70%，较2012年也有小幅增加；该年度获得“合格”等级的董事会秘书人数为70人，占当年总样本的7.30%，该比率较2012年有小幅下降趋势；该年度获得“不合格”等级的董事会秘书人数为2人，占该年度总样本比率为0.209%，该比率较2012年也有小幅下降。

通过对2012年和2013年董事会秘书考评结果的对比分析可以发现，董事会秘书“优秀”和“良好”的比率在上升，获得“合格”和“不合格”的比率在下降，从而也能在一定程度上说明董事会秘书的工作质量在2013年相较于2012年有小幅度的提升。

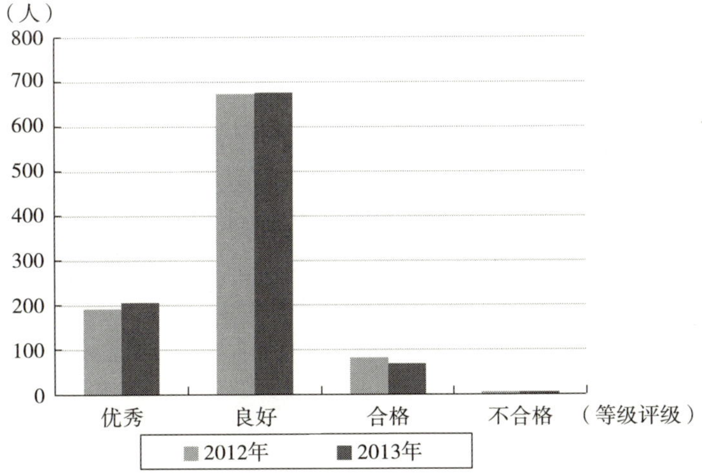

图6-1　董事会秘书考评结果在各年度的分布

进一步地，我们考虑董事会秘书的财务经历这一因素，根据董事会秘书是否拥有财务经历对样本进行分组，以观察在每组董事会秘书获得各等级评级的差异状况。具体情况如表6-1所示。

由表6-1所示，在将2012~2013年的样本进行分组后，拥有财务经历的董事会秘书样本量为612个，不具有财务经历的董事会秘书样本量为1087个。据统计，在董事会秘书拥有财务经历的样本中，获得"优秀"等级评级的董事会秘书样本有 134 个，占该组总样本的 21. 90%，即在拥有财务经历的董事会秘书一组，董事会秘书优秀率为 21. 90%；获得"良好"等级评级的样本为 439 个，占该组样本的 71. 73% ；获得"合格"等级评级的样本为 39 个，占该组样本的 6. 37%；在该组，获得"不合格"评级的样本量为 0，即在拥有财务经历的董事会秘书一组，董事会秘书不合格率为 0。

表 6-1　财务经历董事会秘书获取各等级评级的分布情况

	优秀（率）	良好（率）	合格（率）	不合格（率）	N
Finance = 1	134（21. 90%）	439（71. 73%）	39（6. 37%）	0	612
Finance = 0	217（19. 96%）	775（71. 30%）	92（8. 46%）	3（0. 276%）	1087

而在另一组，即董事会秘书不具有财务经历组，获得"优秀"等级评级的董事会秘书样本有 217 个，占该组总样本的 19. 96%，即在不具有财务经历的董事会秘书一组，董事会秘书优秀率为 19. 96%；相比财务经历董事会秘书组，该比率较低。同样，获得"良好"等级评级的董事会秘书样本有 775 个，占该组总样本的 71. 30%，该比例相比具有财务经历董事会秘书组仍然略低；获得"合格"等级评级的样本为 92 个，占该组样本的 8. 46%，该比率相比具有财务经历的董事会秘书组相对较高；在该组，获得"不合格"评级的样本为 3 个，即在不具有财务经历的董事会秘书一组，董事会秘书不合格率为 0. 276%。

通过对财务经历的董事会秘书组和非财务经历的董事会秘书组进行对比，我们发现，相比在非财务经历的董事会秘书组，在财务经历的董事会秘书组，董事会秘书"优秀"和"良好"的比率较高，获得"合格"和"不合格"的比率较低，从而也能在一定程度上初步说明，董事会秘书的财务经历有助于提升其工作质量。

三、实证分析

借鉴已有的研究（洪金明等，2011；李志军和王善平，2011），将董事会秘书考评结果（Rank）进行两分，即"优秀"和"良好"的定义为 1，"及格"和"不及格"定义为 0。当 Rank 为 1 时，说明董事会秘书的考评结果较好；当 Rank 为 0 时，则说明董事会秘书的考评结果相对较差。在此基础上，进一步进行实证检验和分析。首先进行单变量的差异性分析，其次进一步进行多变量的回归分析。

1. 单变量分析

首先，对董事会秘书考评结果 Rank 变量进行单变量差异性分析，以观察在财务经历董事会秘书组（Finance = 1）与非财务经历董事会秘书组（Finance = 0），董事会秘书考评结果（Rank 变量）在统计上是否有显著差异。我们进行的差异性检验结果如表 6-2 所示。

其次，从表 6-2 的统计分析可以看出，在财务经历董事会秘书组（Finance = 1）与非财务经历董事会秘书组（Finance = 0），董事会秘书考评结果（Rank 变量）在统计上具有显著差异，且在 10%的水平显著。这一统计结果也初步说明，相较于非财务经历董事会秘书组（Finance = 0），财务经历董事会秘书组（Finance = 1）的董事会秘书考评结果较好。

最后，为了保证该检验的稳健性，采用其他两种方式对董事会秘书考评结果的 Rank 变量进行重新定义，重新进行差异性检验。第一种度量方式（变量为 Rank1）具体为：评级为"优秀"时 Rank1 取 4；评级为"良好"时 Rank1 取 3；评级为"合格"时 Rank1 取 2；评级为"不合格"时 Rank1 取 1。第二种度量方式（变量为 Rank2）为：评级为"优秀"时 Rank2 取 5；评级为"良好"时 Rank2 取 3；评级为"合格"时 Rank2 取 1；评级为"不合格"时 Rank2 取 0。相应的检验结果列式见表 6-2 的最后两行。

表 6-2　董事会秘书考评结果在财务经历组和非财务经历组的差异性分析

	Finance = 1	Finance = 0	T 检验
Rank	0. 935	0. 913	0. 022 *
Rank1	3. 150	3. 109	0. 041 *
Rank2	3. 305	3. 222	0. 083 *

注：* 表示在 10%的水平下显著。

我们发现，当我们采用另外两种方式度量董事会秘书考评结果时，检验的结果仍然保持不变，即相较于非财务经历董事会秘书组（Finance = 0），财务经历董事会秘书组（Finance = 1）的董事会秘书考评结果较好。

2. 进一步证据

进一步地，为了保证前文结论的稳健性以及验证前文的分析逻辑，我们重新定义了财务经历董事会秘书这一关键变量。该章之前的实证检验采用的均是本书

第四章第三节部分董事会秘书财务经历的界定方法。在此，采用另外两种方法界定财务经历的董事会秘书。

第一种是在前文第四章第三节定义的基础上，剔除仅具备投资经历而非财务经历的样本。在前文的定义中，由于投资经历与财务经历往往都需要较为扎实的财务基础，并且其工作内容也与企业财务状况、资本运作以及企业风险等信息密切相关，所以本书的检验都将投资经历纳入财务经历的范畴，在此，为了保证结论的稳健性，在前文界定的基础上，剔除仅具有投资经历的样本，将剩余的样本界定为财务经历的董事会秘书变量（Finance1）。

界定财务经历的董事会秘书的第二种方法是借鉴姜付秀和黄继承（2013）的做法，将具有较高财务经验的董事会秘书（Finance2）定义为曾担任过以下职务的董事会秘书：财务负责人、财务总监、财务主管、总会计师和首席财务官。

我们采用以上两种度量财务经历董事会秘书的方法重新进行上述的差异性检验，检验的结果如表 6-3 所示。

表 6-3　董事会秘书考评结果在是否财务经历组的差异性分析：重新界定财务经历变量

Rank	Finance = 1 0. 935	Finance = 0 0. 913	T 检验 0. 022 *
Rank	Finance1 = 1 0. 953	Finance1 = 0 0. 913	T 检验 0. 040 ***
Rank	Finance2 = 1 0. 949	Finance2 = 0 0. 916	T 检验 0. 032 **

注：*、**、***分别表示在 10%、5%、1%的水平下显著。

由表 6-3 的检验结果可知，无论我们采用哪种方式度量财务经历的董事会秘书，检验结果仍然保持不变，即当采用 Finance1 和 Finance2 两种方式度量财务经历的董事会秘书时，在财务经历董事会秘书组与非财务经历董事会秘书组，董事会秘书考评结果差异性分别达到在 1%和 5%的水平显著。

3. *多元回归分析*

在进行了单变量的分析之后，进一步考虑其他影响董事会秘书考评的因素，进行多元回归分析。我们根据模型（6-1）进行多元回归，以董事会秘书考评结果（Rank）为因变量，以财务经历的董事会秘书（Finance）为我们的关键解释变量，Finance 的回归系数表明董事会秘书财务经历对其考核评级的解释力度。具体的检验结果如表 6-4 所示。

表 6-4 的第（1）列采用 Finance 变量对 Rank 变量的单变量回归，我们发现，仅考虑董事会秘书财务经历（Finance）这一因素时，Finance 的回归系数显著为正，为 0.025，且在 10%的水平显著。进一步地，当我们控制了公司特征因素之后，Finance 的回归系数仍然显著为正，且并没有较大的变化，仍然保持 10%水平的显著。这一回归结果表明，当董事会秘书拥有财务经历时，其能获得更高的考核评级。

表 6-4　董事会秘书财务经历与董事会秘书考核评级

变量	(1) Rank	(2) Rank
Finance	0.025* (1.87)	0.025* (1.88)
Size		0.008 (1.12)
Lev		-0.102** (-2.40)
Q		-0.016* (-1.67)
First		0.000 (0.45)
Msh		0.008 (0.51)
Roe		0.158** (2.45)
Sep		-0.000 (-0.32)
Board		0.009** (2.56)
Intercept	1.000*** (118.20)	0.761*** (4.60)
Year	Yes	Yes
Industry	Yes	Yes
N	1700	1610
Adj. R^2	0.003	0.026

注：*、**、***分别表示在 10%、5%、1%的水平下显著。括号内是经过公司层面 cluster 调整后的 t 值。

就控制变量而言，Lev 的回归系数显著为负，且在 5%的水平显著，说明当企业的负债率较低时，有助于董事会秘书获得较高的考核评级；Q 的回归系数显著为负，为-0.016，且在 10%的水平显著，说明当企业的发展机会较小时，有助于董事会秘书获得更高的考核评级；Roe 的回归系数显著为正，为 0.158，且在 5%的水平上显著，这一结果说明当企业的盈利水平较高时，有助于董事会秘书获得更高的考核评级。Board 的回归系数显著为正，为 0.009，且在 5%的水平上显著，说明董事会规模越大，董事会秘书获得的考核评级越高。其他控制变量对董事会秘书的考核评级在统计上并未有显著的影响。

进一步地，为了保证上述结论的稳健性。我们变更董事会秘书考评结果（Rank）的度量方法，采用如前文所述的其他两种度量方法，即 Rank1 和 Rank2，重新进行了上述的检验。检验的结果如表 6-5 所示。

表 6-5　董事会秘书财务经历与董事会秘书考核评级：变更董事会秘书考评结果指标

变量	(1) Rank1	(2) Rank2
Finance	0.059** (2.25)	0.120** (2.34)
Size	0.117*** (8.48)	0.237*** (8.63)
Lev	-0.255*** (-3.71)	-0.506*** (-3.70)
Q	0.018 (1.15)	0.035 (1.15)
First	-0.001 (-0.73)	-0.001 (-0.85)
Msh	0.024 (0.89)	0.046 (0.87)
Roe	0.339*** (4.12)	0.678*** (4.14)
Sep	-0.001 (-0.36)	-0.001 (-0.29)
Board	0.006 (0.82)	0.012 (0.87)

续表

变量	(1) Rank1	(2) Rank2
Intercept	0.562* (1.80)	-1.932*** (-3.12)
Year	Yes	Yes
Industry	Yes	Yes
N	1610	1610
Adj. R^2	0.107	0.111

注：*、**、***分别表示在10%、5%、1%的水平下显著。括号内是经过公司层面 cluster 调整后的 t 值。

表 6-5 第（1）列的因变量为 Rank1，第（2）列的因变量为 Rank2。回归结果表明，无论采用 Rank1 还是 Rank2 来度量董事会秘书的考核结果，Finance 的回归系数均显著为正，分别为 0.059 和 0.120，且均在 5%的水平显著，均表明财务经历的董事会秘书有助于提升董事会秘书的考核评级。这也说明表 6-4 的结论具有一定的稳健性。

与上文类似，为了保证前文结论的稳健性以及验证前文的分析逻辑，我们采用另外两种方法界定财务经历的董事会秘书。第一种是在前文第六章第三节定义的基础上，剔除仅具备投资经历而非财务经历的样本，变量名为 Finance1。界定财务经历的董事会秘书的第二种方法是借鉴姜付秀和黄继承（2013）的做法，将具有较高财务经验的董事会秘书（Finance2）定义为曾担任过以下职务的董事会秘书：财务负责人、财务总监、财务主管、总会计师和首席财务官，变量名为 Finance2。我们采用变更后的财务经历董事会秘书的指标重新进行检验，检验结果如表 6-6 所示。

表 6-6　董事会秘书财务经历与董事会秘书考核评级：变更董事会秘书财务经历指标

变量	(1) Rank1	(2) Rank2
Finance1	0.046*** (3.24)	
Finance2		0.036** (2.19)

续表

变量	(1) Rank1	(2) Rank2
Size	0.008 (1.13)	0.008 (1.12)
Lev	-0.104** (-2.43)	-0.104** (-2.42)
Q	-0.016* (-1.68)	-0.016* (-1.70)
First	0.000 (0.35)	0.000 (0.36)
Msh	0.008 (0.51)	0.007 (0.47)
Roe	0.157** (2.42)	0.157** (2.42)
Sep	-0.000 (-0.28)	-0.000 (-0.32)
Board	0.009** (2.56)	0.009*** (2.65)
Intercept	0.768*** (4.69)	0.772*** (4.71)
Year	Yes	Yes
Industry	Yes	Yes
N	1610	1610
Adj. R^2	0.107	0.111

注：*、**、***分别表示在10%、5%、1%的水平下显著。括号内是经过公司层面 cluster 调整后的 t 值。

表6-6第（1）列的检验是采用 Finance1 度量董事会秘书财务经历，第（2）列的检验是采用 Finance2 度量董事会秘书财务经历。当采用 Finance1 进行检验时，Finance1 的回归系数在1%的水平显著；类似地，采用 Finance2 检验时，Finance2 的回归系数在5%的水平显著，为0.036。这些检验结果均表明，无论是采用 Finance1 还是 Finance2 进行检验，财务经历的董事会秘书均有助于董事会秘书获取更高的考核评级，也说明上文的结论具有较好的稳健性。

同样地，相比 Finance，Finance1 界定的财务经历更精确，Finance2 界定的财务经历的专业程度更高。与此同时，对表 6-6 中两列与表 6-5 第（2）列进行差异性检验，发现当采用 Finance1 和 Finance2 度量财务经历的董事会秘书时，回归系数更加显著。因此，表 6-6 的检验结果进一步说明，相比财务专业程度较低的董事会秘书，当董事会秘书的财务专业程度更高时，其获取的考核评级会更高。这一结果也验证了前文的分析逻辑，即董事会秘书的财务经历确实有助于提升其工作质量。

第三节　董事会秘书财务经历与企业信息披露考核

资本市场最根本的功能是通过资源的有效配置，推动经济的进步，然而，资本市场功能的有效发挥却离不开信息的充分流动，因为资本市场是信息驱动的市场，信息的充分流动能够降低交易成本，提升交易效率，从而保证市场机制的有效发挥。因此，在普遍存在信息不对称的情况下，高质量的信息披露不仅能够帮助企业降低融资成本，缓解企业融资约束（Biddle 和 Hilary，2006；张纯和吕伟，2007），改善投资决策以及提升估值，而且也能够提升整个资本市场效率（林钟高和吴利娟，2004）以及促进一个国家的经济发展。尽管提升信息质量具有诸多好处，在发展中国家上市公司信息披露质量普遍偏低（Morck 等，2000；Khanna 和 Thomas，2009）。因此，围绕着如何提升企业的信息披露质量，不仅学术界进行了多方位的探讨，政府部门也采取了一系列的措施，例如，完善相关法律法规，规范上市公司的内部治理，加强对企业信息披露的监管。

根据前文的分析，我们认为财务经历的董事会秘书拥有较高的财务素养，能够更有效地履职，从而提升企业的信息披露质量。一方面，由于财务会计信息在企业信息披露中占据核心地位，并且也是投资者最为关注、咨询最多的信息（王跃堂等，2008；毛新述等，2013），而财务信息具有一定的专业性和复杂性，这就要求董事会秘书有相应的专业知识和专业经历给予投资者以解答；另一方面，由于财务经历的董事会秘书对财务信息和资本市场运行有着较为深刻的了解（Graham 等，2013；姜付秀等，2012），因此，他们的财务经历也使其熟悉信息披露的基本原则与技巧，从而能够更好地保证信息披露的及时性、准确性、完整性以及合法性。

此外，高阶梯队领域的文献也指出，决策者的特质影响了他们的决策（Hambrick 和 Mason，1984）。专业性的决策需要专业的知识和专业的经历做支撑（姜付秀和黄继承，2013），在某一领域长期的任职经历会使高管在该领域具有专业的知识和选择性认知，从而能更容易、更有效地关注和解读该领域的信息，并能做出合理的决策。因此，作为专职负责公司信息发布的高级管理人员，董事会秘书的任职经历理应会直接影响信息传递的过程及其信息披露的质量，从而影响资本市场的效率。

因此，我们从外部评价的视角，检验财务经历的董事会秘书是否通过有效地履职提升了企业的信息披露质量。

一、研究设计

1. 数据来源

鉴于数据的可获得性①，该部分研究样本为深圳证券交易所 2001~2013 年的全部 A 股上市公司。我们通过 CSMAR 数据库手工收集了样本公司所有董事会秘书的背景资料，如果董事会秘书的简历信息缺失，进一步通过新浪财经网站查询予以补充。企业信息披露等级的数据来自深圳证券交易所网站。所使用的财务数据来自 CSMAR 以及 Wind 数据库。

采用以下标准对样本进行筛选与处理：①剔除金融、保险业的上市公司；②剔除净资产小于 0 的样本；③剔除相关数据缺失的样本；④为消除极端值影响，对本书所涉及的主要连续变量，在 1%和 99%的水平进行 Winsorize 处理。

2. 变量界定

介绍企业信息披露评级这一指标的界定方法。自 2001 年以来，深圳证券交易所对上市公司的信息披露工作进行考评，最终形成四个考核等级，即优秀、良好、及格和不及格，该考核等级在一定程度上度量了企业的信息披露质量。本书参照已有的研究（洪金明等，2011；李志军和王善平，2011），将该考评结果（Quality）进行划分，即“优秀”和“良好”的定义为 1，为高质量的信息披露组；“及格”和“不及格”定义为 0，为高质量的信息披露组。

财务经历董事会秘书的变量 Finance 采用前文第三章第三节中的界定方法。

3. 实证模型

为了检验财务经历的董事会秘书是否能够提升企业的信息披露质量。采用如下模型进行检验：

$$Quality_{i,t}=\alpha+\beta_1 Finance_{i,t}+\beta Z_{i,t}+\varepsilon_i \qquad (6-2)$$

其中，Quality 表示企业信息披露考核质量，当 Quality 取 1 时，说明企业的

① 深圳证券交易所从 2001 年开始对上市公司信息披露的考评等级，因此，本书的研究区间以 2001 年开始，研究对象是深圳证券交易所所有 A 股上市公司。

信息披露质量相对较好；当其取 0 时，说明企业的信息披露质量相对较差。其中，Z 是影响企业信息披露质量的一系列控制变量，具体包括企业规模、负债率、盈利水平、成长机会、第一大股东持股比例、董事会规模、是否两职合一、是否是“四大”审计、是否国企、管理层是否持股，除此之外，还控制了年度与行业因素。

二、描述性分析

在本部分，首先简要观察在 2001~2013 年董事会秘书的考评结果状况，表 6-7列示了 2001~2013 年深圳证券交易所上市公司在各年的信息披露考评结果。

表 6-7 深圳证券交易所对上市公司信息披露考评的年度统计

年份	深交所考评等级									
	优秀		良好		及格		不及格		合计	
	N	比率（%）	N	比率（%）	N	比率（%）	N	比率（%）	N	比率（%）
2001	30	5.80	201	38.88	251	48.55	35	6.77	517	100
2002	40	7.86	239	46.95	197	38.70	33	6.48	509	100
2003	41	8.09	268	52.86	173	34.12	25	4.93	507	100
2004	30	5.98	303	60.36	147	29.28	22	4.38	502	100
2005	55	10.05	308	56.31	149	27.24	35	6.40	547	100
2006	59	9.97	313	52.87	188	31.76	32	5.41	592	100
2007	66	9.57	363	52.61	234	33.91	27	3.91	690	100
2008	80	10.54	454	59.82	206	27.14	19	2.50	759	100
2009	97	11.95	550	67.73	147	18.10	18	2.22	812	100
2010	155	13.27	806	69.01	191	16.35	16	1.37	1168	100
2011	233	16.51	985	69.81	169	11.98	24	1.70	1411	100
2012	243	15.81	1082	70.40	193	12.56	19	1.24	1537	100
2013	296	19.27	1064	69.27	159	10.35	17	1.11	1536	100

从表 6-7 的数据统计结果可以发现，2001~2013 年，企业的信息披露质量明显呈上升趋势。其中，“优秀”等级和“良好”等级在样本区间呈上升趋势，而“及格”等级与“不合格”等级在样本区间则呈下降趋势。

具体来说，“优秀”等级在样本区间内大体呈上升的趋势，从 2001 年的 5.80%上升到 2005 年的 10.05%，再到 2010 年的 13.27%上升到 2013 年的

19.27%，在样本区间该比例一共上升了13.47%，该比例平均年升幅为1.12%；“良好”等级在样本区间也呈现出上升趋势，2001年，“良好”等级的比例为38.88%，在2005年该比例为56.31%，而在2013年该比例进一步上升为69.27%，在样本区间“良好”等级的比例上升了30.39%，该比例平均年升幅为2.53%。

与此同时，“及格”等级与“不合格”等级在样本区间则呈下降趋势，“及格”等级的比例从2001年的48.55%下降到2013年的10.35%，该比例在样本区间下降了38.20%，平均年降幅为3.18%。同样地，“不合格”等级的比例从2001年的6.77%下降到2013年的1.11%。

从以上数据可以看出，在样本区间，上市公司的信息披露质量有了一定幅度的提升。

从信息披露质量高低的角度，参照已有的研究（洪金明等，2011；李志军和王善平，2011），将“优秀”和“良好”两个等级划分为信息披露质量较高组，将“及格”与“不及格”等级划分为信息披露质量较低组，在2001年，高质量信息披露组公司占当年所有参评公司的比例为44.68%，低质量信息披露组公司占当年所有参评公司的比例为55.32%，说明在2001年，信息披露质量较低的公司数量（286个）超过信息披露质量较高的公司数（231个），也说明在该年，大多数企业的信息披露质量较差。而在2013年，高质量信息披露组公司占当年所有参评公司的比例为88.54%，低质量信息披露组公司占当年所有参评公司的比例为11.46%，说明在2013年，高质量信息披露的公司数量（1360个）已经远超过低质量信息披露的公司数（176个），企业的信息披露质量相较于2001年已经有了大幅度的提升。

进一步地，考虑董事会秘书的财务经历这一因素，根据董事会秘书是否拥有财务经历对样本进行分组，以观察在每组企业信息披露质量的差异状况。具体情况如表6-8所示。

由表6-8可以看出，在将2001~2013年的样本进行分组后，拥有财务经历的董事会秘书样本量为3041个，不具有财务经历的董事会秘书样本量为6259个。据统计，在董事会秘书拥有财务经历的样本中，信息披露获得“优秀”等级评级的公司样本有474个，占该组总样本的15.59%，即在拥有财务经历的董事会秘书一组，上市公司信息披露质量的优秀率为15.59%；获得“良好”等级评级的样本为1906个，占该组样本的62.68%；获得“及格”等级评级的样本为592个，占该组样本的19.47%；在该组，获得“不及格”评级的样本量为69个，占该组样本的2.27%，即在拥有财务经历的董事会秘书一组，董事会秘书不及格率为2.27%。

表6-8 上市公司信息披露质量各等级评级的分布情况

	优秀（率）	良好（率）	及格（率）	不及格（率）	N（个）
Finance=1	474（15.59%）	1906（62.68%）	592（19.47%）	69（2.27%）	3041
Finance=0	845（13.50%）	3822（61.06%）	1406（22.46%）	186（2.97%）	6259

而在另一样本组，即董事会秘书不具有财务经历组，信息披露获得“优秀”等级评级的企业样本有845个，占该组总样本的13.50%，即在拥有财务经历的董事会秘书一组，董事会秘书优秀率为13.50%；相比财务经历董事会秘书组，该比率较低。同样，信息披露获得“良好”等级评级的企业样本有3822个，占该组总样本的61.06%，该比例相比具有财务经历董事会秘书组仍然略低；获得“及格”等级评级的样本为1406个，占该组样本的22.46%，该比率相比具有财务经历的董事会秘书组相对较高；获得“不及格”评级的样本量为186个，即在不具有财务经历的董事会秘书一组，董事会秘书不合格率为2.97%。

通过对财务经历的董事会秘书组和非财务经历的董事会秘书组进行对比发现，相比在非财务经历的董事会秘书组，在财务经历的董事会秘书组企业信息披露质量获“优秀”和“良好”的比率较高，获得“及格”和“不及格”的比率较低，从而也能在一定程度上初步说明，财务经历的董事会秘书有助于企业提升信息披露质量。

三、实证分析

借鉴已有的研究（洪金明等，2011；李志军和王善平，2011），将企业信息披露质量（Quality）进行划分，即“优秀”和“良好”的定义为1；“及格”和“不及格”定义为0。当Quality为1时，说明企业信息披露质量较高；当Quality为0时，则说明企业信息披露质量较差。在此基础上，进一步进行实证检验和分析。首先进行单变量的差异性分析，然后进一步进行多变量的回归分析。

1. 单变量分析

首先，对企业信息披露质量Quality变量进行单变量差异性分析，以观察在财务经历董事会秘书组（Finance=1）与非财务经历董事会秘书组（Finance=0），企业信息披露质量（Quality变量）在统计上是否有显著差异。进行的差异性检验结果如表6-9所示。

从表6-9的统计分析可以看出，在财务经历董事会秘书组（Finance=1）与非财务经历董事会秘书组（Finance=0），企业信息披露质量（Quality变量）在统计上具有显著差异，且在1%的水平显著。这一统计结果也初步说明，相较于非财务经历董事会秘书组（Finance=0），财务经历董事会秘书组（Finance=1）的企业信息披露质量较好。

此外，为了保证该检验的稳健性，借鉴上文的做法，还采用其他两种方式对企业信息披露质量的Quality变量进行重新定义，重新进行差异性检验；第一种度量方式采用变量Quality1，其度量方式同前文的Rank1；第二种度量方式采用变量Quality2，其度量方式同前文的Rank2；相应的差异性检验结果列示于表6-9的最后两行。

表6-9 企业信息披露评级在财务经历组和非财务经历组的差异性分析

	Finance=1	Finance=0	T检验
Quality	0.783	0.746	0.037***
Quality1	2.916	2.851	0.065***
Quality2	2.854	2.732	0.123***

注：***表示在1%的水平下显著。

我们发现，当采用另外两种方式度量企业的信息披露质量时，检验的结果仍然保持不变，即相较于非财务经历董事会秘书组（Finance=0），财务经历董事会秘书组（Finance=1）的企业信息披露质量更高。

2. 进一步证据

同样地，为了保证前文结论的稳健性以及验证前文的分析逻辑，采用另外两种方法重新定义了财务经历董事会秘书这一关键变量。第一种方法是在前文所述的董事会秘书财务经历变量Finance1；第二种方法是前文所述的董事会秘书财务经历变量Finance1。采用以上两种度量财务经历董事会秘书的方法重新进行上述的差异性检验，检验的结果如表6-10所示。

表6-10 企业信息披露在是否财务经历董事会秘书组的差异性分析：重新界定财务经历

Quality	Finance=1 0.783	Finance=0 0.746	T检验 0.037***
Quality	Finance1=1 0.805	Finance1=0 0.746	T检验 0.058***

续表

Quality	Finance2=1	Finance2=0	T检验
	0.826	0.745	0.081***

注：***表示在1%的水平下显著。

由表6-10的检验结果可知，无论采用哪种方式度量董事会秘书财务经历，检验结果仍然保持不变，即当采用Finance1和Finance2两种方式度量财务经历的董事会秘书时，在财务经历董事会秘书组与非财务经历董事会秘书组，企业信息披露质量的差异性均在1%的水平显著，均说明财务经历的董事会秘书有助于提升企业的信息披露质量。

3. 多元回归分析

在进行了单变量的分析之后，进一步考虑其他影响企业信息披露质量的因素，进行多元回归分析，以检验当董事会秘书具有财务经历时，企业的信息披露考评结果是否更好。根据模型（6-2）进行多元回归，以企业信息披露质量（Quality）为因变量，以财务经历的董事会秘书（Finance）为关键解释变量，Finance的回归系数表明董事会秘书财务经历对企业信息披露质量的解释力度。在进行检验前，为了避免公司特征（如规模与盈利）对结论的影响，首先根据公司规模和盈利对财务经历董事会秘书的企业样本进行一对一配对，进而采用配对样本进行检验。具体的检验结果如表6-11所示。

表6-11的第（1）列采用Finance变量对Quality变量的单变量进行固定效应回归发现，仅考虑董事会秘书财务经历（Finance）这一因素时，Finance的回归系数显著为正，为0.069，且在1%的水平下显著。进一步地，当控制了公司特征因素之后，Finance的回归系数仍然显著为正，为0.060，且保持在5%的水平显著。这一回归结果表明，当董事会秘书拥有财务经历时，企业的信息披露质量更高，该结果进一步验证了我们的预期。

表6-11　董事会秘书财务经历与企业信息披露评级

变量	(1) Quality	(2) Quality
Finance	0.069*** (2.59)	0.060** (2.47)
Size		-0.004 (-0.19)

续表

变量	(1) Quality	(2) Quality
Lev		-0.178** (-2.38)
Roe		0.224*** (3.84)
Q		-0.012 (-1.00)
First		0.002 (1.37)
Board		-0.002 (-0.29)
Dual		-0.040 (-1.54)
Audit		-0.059 (-0.92)
Soe		-0.042* (-1.80)
Msh		0.020 (0.69)
Intercept	0.771*** (54.58)	0.699 (1.63)
Year	Yes	Yes
Industry	Yes	Yes
N	4896	4896
Adj. R^2	0.003	0.056

注：*、**、***分别表示在10%、5%、1%的水平下显著。括号内是经过公司层面cluster调整后的t值。

就控制变量而言，Lev的回归系数显著为负，且在5%的水平显著，说明当企业的负债率较低时，企业的信息披露质量更高；Roe的回归系数显著为正，为0.224，且在1%的水平上显著，这一结果说明当企业的盈利水平较高时，企业的信息披露质量更高。Soe的回归系数显著为-0.042，且在10%的水平上显著，说明对非国有企业来说，企业的信息披露质量更高。其他控制变量对企业的信息披露考核评级在统计上并未有显著的影响。

与上文类似，为了保证前文结论的稳健性，采用另外两种方法重新定义了财务经历董事会秘书这一关键变量。第一种方法是在前文所述的董事会秘书财务经历变量 Finance1；第二种方法是前文所述的董事会秘书财务经历变量 Finance2。采用变更后的财务经历董事会秘书的指标重新进行检验①，检验结果如表 6-12 所示。

表 6-12　董事会秘书财务经历与董事会秘书考核评级：变更董事会秘书财务经历指标

变量	(1) Quality	(2) Quality
Finance	0.068*** (2.77)	
Finance2		0.065** (2.50)
Size	-0.004 (-0.21)	-0.003 (-0.15)
Lev	-0.172** (-2.30)	-0.173** (-2.31)
Roe	0.225*** (3.86)	0.222*** (3.78)
Q	-0.012 (-1.04)	-0.012 (-1.04)
First	0.002 (1.30)	0.002 (1.24)
Board	-0.002 (-0.32)	-0.002 (-0.29)
Dual	-0.042 (-1.61)	-0.042 (-1.60)
Audit	-0.060 (-0.93)	-0.061 (-0.93)

① 值得一提的是，在该部分，仍然采用配对后的样本进行检验，并且同上文类似，采用固定效应模型进行检验。

续表

变量	(1) Quality	(2) Quality
Soe	-0.042* (-1.80)	-0.043* (-1.87)
Msh	0.020 (0.70)	0.020 (0.69)
Intercept	0.719* (1.71)	0.704* (1.67)
Year	Yes	Yes
Industry	Yes	Yes
N	4896	4896
Adj. R^2	0.056	0.056

注：*、**、***分别表示在10%、5%、1%的水平下显著。括号内是经过公司层面cluster调整后的t值。

表6-12第（1）列的检验是采用Finance1度量董事会秘书财务经历，第（2）列的检验是采用Finance2度量董事会秘书财务经历。当采用Finance1进行检验时，Finance1的回归系数为0.068，且在1%的水平下显著；当采用Finance2进行检验时，Finance2的回归系数为0.065，且在5%的水平下显著。这些检验结果均表明，无论是采用Finance1还是Finance2进行检验，我们均发现，财务经历的董事会秘书均有助于提升企业的信息披露质量，也说明上文的结论具有较好的稳健性。

第四节　本章小结

在第三章，本书发现，财务经历的董事会秘书有助于降低企业的信息不对称。在该部分，我们进一步探索财务经历董事会秘书作用于企业信息不对称的机制。根据前文分析，我们认为，财务经历的董事会秘书是通过其财务工作经历发挥作用，通过充分利用其财务专业素养进行更专业、更有效率的信息披露和信息沟通来提升其工作效率，从而提升了企业的信息披露质量以及提升了投资者关系管理，降低了企业与外部投资者之间的信息不对称。如果财务经历的董事会秘书确实是通过其财务专业素养发挥作用，我们应当会发现，对于那些具有财务经历的董事会秘书，其工作质量会更高，工作表现会更好，其也更容易获得更高的考评评级，企业的信息披露质量也会更高。在该部分，我们对此进行了检验。

为了对上市公司的信息披露工作进行监管和考核，深圳证券交易所于2001年颁布了《深圳证券交易所上市公司信息披露工作考核办法》。证监会将每年的考核结果分为四个等级，即“优秀”“良好”“合格”与“不合格”。该考评结果在一定程度上度量的企业信息披露质量状况，一直受到资本市场各方面的关注。与此同时，上海证券交易所于2008年底发布的《上海证券交易所上市公司董事会秘书考核办法》（以下简称《考核办法》）。《考核办法》主要是针对董事会秘书个人的工作状况进行考评，最终也形成了四个考核等级，也是“优秀”“良好”“合格”与“不合格”。该指标在一定程度上度量了董事会秘书的工作质量，具有较高的权威性。

以上证监会对企业信息披露考核以及对董事会秘书的履职进行考核的数据，为我们检验财务经历董事会秘书发挥作用机制提供了数据基础和可能的途径。因此，在该部分，我们充分利用证监会对董事会秘书工作质量的考评评级以及对上市公司信息披露质量的考评评级的数据，我们发现，当董事会秘书具备财务经历时，其更容易获得更高的考评评级，企业的信息披露质量的考评评级也会更好，经过一系列的稳健性检验之后，该部分的结论仍然保持不变，充分验证了我们的预期，验证了财务经历董事会秘书影响企业信息不对称的途径或机制，即财务经历的董事会秘书通过其财务素养提升了其工作质量和工作效率，提升了企业的信息披露质量，从而降低了企业与外部投资者的信息不对称。

该部分的结论对我们理解财务经历的董事会秘书如何发挥作用具有重要的启示意义，对企业如何进行董事会秘书的聘用、培训以及政策制定者如何进行董事会秘书监管具有重要的实践意义。

第七章 董事会秘书财务经历与企业股价崩盘风险

第一节 引言

前文的研究基本验证了董事会秘书财务经历有助于降低企业的信息不对称，缓解企业的融资约束，并且有助于董事会秘书获得更高的考核评级，也有助于提升企业披露的信息质量。既然有财务背景的董事会秘书确定在降低企业信息不对称上具有优势，那么，其是否有助于进一步降低企业的股价崩盘风险？本书认为，如果财务经历董事会秘书确实通过利用其财务专业素养可以更好地开展工作，更好地进行信息披露以及投资者关系管理，降低企业的信息不对称，那么我们应该会预期到相比非财务经历的董事会秘书，财务经历的董事会秘书同样也会有助于降低企业的股价崩盘风险。因此，该章拟从企业股价崩盘风险的视角，探讨董事会秘书财务经历的价值以及经济后果。

相对于欧美等发达国家，以我国为代表的新兴市场的股价崩盘风险更高（Jin 和 Myers，2006；Piotroski 和 Wong，2012；Piotroski 等，2015）。造成这种现象的一个重要原因就是发展中国家上市公司的内部人为了掩盖其侵占上市公司利益的行为而降低了信息披露质量（Boubaker 等，2014；王超恩和张瑞君，2015；谢德仁等，2016）。大量研究发现，在英美之外，大多数国家的股权结构都是高度集中的。一个公司的控制权大多掌握在一个大股东手中。控股股东利用手中的投票权通过控制董事会，派出自己的直接代表或自己本人担任公司董事长或首席执行官，从而掌握了公司资源支配权。为了最大化控制私有收益，控股股东通过各种手段来侵害中小股东利益。为了掩盖对中小股东的利益侵占行为，控股股东常常通过操纵财务信息的生成和披露来隐瞒坏消息（Leuz 等，2003；Haw 等，2004；Kim 和 Yi，2006；Gopalan 和 Jayaraman，2011）。由于信息披露质量的低下，控股股东隐藏的坏消息往往无法被外部中小投资者知晓，导致股价被高估，直至超过某个临界点，短时间集中释放到市场中，造成股价崩盘，给中小投资者带来了巨大的损失（Piotroski 和 Wong，2012；Boubaker 等，2014；Piotroski 等，2015；王超恩和张瑞君，2015；谢德仁等，2016）。

围绕着如何减少控股股东机会主义所引起的股价崩盘风险，少数学者从投资者保护（王化成等，2014）、控股股东持股比例（王化成等，2015）、规范上市公司的内部治理结构（梁权熙和曾海舰，2016）、完善相关法律法规（林乐和郑登津，2016）等方面进行了一系列的探讨。然而综观已有研究，作为企业最有影响力的决策者——控股股东，其性质特征对集中股权结构下控股股东与中小股东代理冲突所引发的股价崩盘风险的影响却没有得到相应的关注。

根据“高阶梯队理论”，高管背景特征是决策者最重要的异质性之一，并且是决定个体行为的决定性因素。根据“高层梯队理论”，公司高管的背景特征，例如，教育、工作经历、年龄、性别、任期等会影响他们的行为决策，并进而影响他们领导公司所采取的行动和公司绩效（Hambrick 和 Mason，1984；Hambrick 和 Fukutomi，1991；Tihanyi 等，2000）。相关研究表明，管理者的行为确实受到其工作经历的影响（Tyler 和 Steensma，1998；Barker 和 Mueller，2002；Jensen 和 Zajac，2004）。因此，研究企业行为必须考虑高管的背景特征。进一步来说，专业性的决策需要专业的知识和专业的经历做支撑（姜付秀和黄继承，2013）。在某一领域长期的任职经历会使高管在该领域具有专业的知识和选择性认知，从而能更容易、更有效地关注和解读该领域的信息，并能做出合理的决策。由于财务会计信息在企业信息披露中占据核心地位，并且也是投资者最为关注、咨询最多的信息（王跃堂等，2008；毛新述等，2013），因此，作为专职负责公司信息发布的高级管理人员，董事会秘书的财务任职经历理应会直接影响信息传递的过程及其决策效率。

尽管现有研究中也有从高管背景特征出发，研究其对公司股价崩盘风险的影响（李小荣和刘行，2012），但这些研究尚未关注董事会秘书财务经历这一背景特征，且已有研究仍然是基于西方发达资本市场制度背景下的股东与经理人的代理问题来探讨股价崩盘风险，缺少基于中国制度背景下控股股东与中小投资者之间代理问题的研究和探讨。

有鉴于此，本章选用沪、深 A 股非金融类上市公司为研究对象，实证分析了董事会秘书财务经历对企业股价崩盘风险的影响。实证检验结果表明，相比于董事会秘书无财务经历的企业，财务经历董事会秘书所在的企业股价崩盘风险更小。在控制内生性的影响后，本书的研究结论仍然成立。此外，本书研究还发现，在不存在股权质押的情形下，董事会秘书财务经历对股价崩盘风险的影响更加明显。

本章的贡献在于以下三点：

第一，从董事会秘书财务经历的角度，丰富了高阶梯队理论。自 Hambrick

和 Mason（1984）提出“高层梯队理论”以来，许多学者研究了高管个人特征对企业行为和绩效的影响，但这些研究主要集中在总经理以及董事等高管个人特征对企业行为与绩效的影响上。与已有研究不同，本书关注董事会秘书这一特殊的高管群体，选取沪、深 A 股上市企业样本，在对董事会秘书财务经历与控股股东代理冲突之间的关系进行相应理论分析基础上，实证检验董事会秘书财务经历对股价崩盘的影响，从而丰富和发展了高层梯队理论。

第二，从董事会秘书财务经历的角度，丰富了股价崩盘影响因素的相关研究。尽管由高管特征所引起的股价崩盘风险已经受到学者们的关注，但作为企业信息披露和信息传递最重要的高管——董事会秘书，其背景特征对股价崩盘风险的影响却没有得到相应的关注。与已有研究不同，本书在对董事会秘书财务经历与控股股东代理冲突之间的关系进行相应理论分析的基础上，实证检验董事会秘书财务经历对股价崩盘的影响，从而丰富和发展了股价崩盘影响因素的相关研究。

第三，本章结论为制度背景影响企业行为提供了新的经验证据。现有研究关注了高管其他特征，例如，性别、年龄、受教育水平、任期等在公司治理方面所产生的作用。然而已有研究仍然是基于西方发达资本市场制度背景下的股东与经理人的代理问题。本章基于中国制度背景下控股股东与中小投资者之间代理问题，研究了董事会秘书财务经历对企业股价崩盘的影响，为制度背景影响企业行为提供了新的经验证据。

本章的后续内容安排如下：第二部分是理论分析与研究假设；第三部分是研究设计及描述性统计，包括数据来源与样本分布、关键变量与控制变量界定、实证模型与描述性统计；第四部分是实证检验结果，包括主成分回归分析和稳健性检验；第五部分是进一步研究；第六部分是本章小结。

第二节　理论分析与研究假设

从现有文献来看，代理问题是造成股价崩盘风险的主要原因。在所有权和经营权两权分离的情形下，管理者基于获得高额薪酬和股权激励、维持职位的稳定以及构建企业帝国等原因存在着隐藏企业负面消息的动机。随着时间的推移，隐藏的负面消息将导致股票价格被严重高估从而产生泡沫。但坏消息的累积是存在上限的，一旦超过可承受的临界值坏消息就会突然全部释放到市场，导致股价泡沫破裂，股价暴跌随即发生（Jin 和 Myers，2006；Hutton 等，2009）。后续学者均从股东与经理人的代理冲突出发，研究了避税行为（Kim 等，2011a；江轩宇和伊志宏，2013）、股权激励（Kim 等，2011b）、高管超额薪酬（Xu 等，2014）、过度自信（Kim 等，2015）、过度投资（江轩宇和许年行，2015）、CEO 性别（李小荣和刘行，2012）、高管在职消费（Xu 等，2014）、外部监督（An 和 Zhang，2013；Callen 和 Fang，2013；Robin 和 Zang，2015；Callen 和 Fang，2016）、提升财务报告质量（Hutton 等，2009；Kim 等，2016）、提高会计稳健性（Kim 和 Zhang，2010）、提升会计准则标准（Defond 等，2014）等角度研究了如何降低股价崩盘风险。

由于持有较多的股权，大股东受公司股价崩盘风险影响最大，因此，随着研究的进展，大股东对股价崩盘风险的影响也逐渐受到学者们的关注。一般而言，持股较多的大股东，能够克服在股权分散下，小股东在监督经理人问题上存在的“搭便车”问题（Grossman 和 Hart，1980），因而发挥积极的公司治理作用，从而降低管理层的机会主义行为，进而降低企业股价崩盘风险（王化成等，2015；谢德仁等，2016）。但是，由于在大部分国家法律法规不完善，大股东在获得企业控制权成为控股股东后，为了获取控制权私有收益，在一定程度上隐藏和操纵企业的信息披露（La Porta 等，1998；Fan 和 Wong，2002；Leuz 等，2003）。这导致外部监管者和投资者无法评价企业的真实经营和财务状况，也就无法及时发现并采取有力措施纠正控股股东的不当行为。而控股股东通过操纵信息披露隐藏的负面消息无法被市场上投资者所识别，随着时间的推移，在股价中不断累积，股价泡沫由此产生。当控股股东隐藏的负面消息累积至股价可承受的上限无力为继时，会突然集中释放到市场，导致股价泡沫破裂，股价暴跌随即发生（Boubaker 等，2014；王超恩和张瑞君，2015；谢德仁等，2016）。

由以上分析可以看出，现有关于控股股东对股价崩盘风险的影响研究，缺乏对董事会秘书这一高管背景特质的关注。根据高阶梯队理论，决策者的特质，例如，种族、性别、教育背景等，决定了他们的管理风格和工作偏好，进而对他们的决策产生重要影响。因而，作为负责企业信息披露的首要负责人——董事会秘书，其背景特征毫无疑问会影响到企业信息披露的质量，从而降低企业的信息不对称，进而影响企业的股价崩盘风险。

一方面，根据姜付秀等（2016）的观点，董事会秘书的财务背景使其拥有较高的财务素养，能够更有效地披露、传递信息，从而降低企业的信息不对称。财务会计信息在企业信息披露中占据核心地位，并且也是投资者最为关注、咨询最多的信息（王跃堂等，2008；毛新述等，2013），而会计信息的核心则是盈余信息。由于盈余信息具有一定的专业性和复杂性，例如，可能涉及会计准则的解读、税收政策、会计方法的选择、合并报表、关联交易等专业性较强的问题，这就要求董事会秘书有相应的专业知识和专业经历给予投资者以解答。同时，基于“财务技能观”（Financial Skills View），Custódio 和 Metzger（2014）发现，具有财务经历的高管在其职业生涯中接受过较多的财务理论知识，长期的实践使他们对财务理论有较高的理解能力和应用能力，因此，在处理财务问题时他们往往具有较高的专业素养，并且对资本市场环境以及税收政策等的变化也更加敏感。除此之外，Graham 等（2013）、姜付秀等（2012）以及毛新述等（2013）的研究也发现，财务经历的高管更加熟悉企业财务状况，对公司的财务政策有更深刻的理解。因此，我们认为，董事会秘书的财务经历使其能够更加深入地与投资者以及分析师等沟通公司的相关盈余信息，并且深入分析盈余数据背后所隐含的经济含义，确保信息披露的完整性和信息解释的专业性、可信性和可理解性（毛新述等，2013），从而降低企业的信息不对称。因此，相对于非财务经历的董事会秘书，财务经历董事会秘书所在的企业累积的有关公司的负面消息较少，从而企业的股价崩盘风险也较小。

另一方面，由于高管的财务经历使其对财务信息和资本市场运行有着较为深刻的了解（Graham 等，2013；姜付秀等，2012，2016），因此，作为上市公司高管的董事会秘书，他们的财务经历也使其熟悉信息披露的基本原则与技巧。由于盈余信息的披露会对市场带来较大的影响，稍有不慎甚至可能会给企业带来负面影响。因此，董事会秘书必须要把握信息披露的时机与尺度。事实上，并非公司所有涉及盈余的信息都应对外披露，过量的信息披露不仅增加了企业信息披露的成本，还不利于投资者获取关键信息，而过少的信息披露又无法满足投资者的需求。因此，如何进行信息的筛选、整合以及披露就显得尤为重要。已有研究发现，在涉及资本市场相关问题时，财务经历的高管是更好的信息沟通者（Custódio 和 Metzger，2014），因为他们能更好地了解投资者需求，更好地掌握信息披露的尺寸，从而能够有效地进行信息披露。因此，董事会秘书的财务经历使其更能充分发挥其专业优势，提升企业的信息披露质量，从而更好地降低企业与外部投资者之间的信息不对称，减少企业的股价崩盘风险。

综上所述，在我国资本市场中，由于财务经历董事会秘书具有更好的专业背景，更能有效地与投资者沟通，提供更好的信息披露质量，从而降低企业与外部投资者之间的信息不对称，会减少对坏消息的隐藏，降低股价泡沫，进而降低企业的股价崩盘风险。为此，本章提出以下假设：

假设 1：财务经历的董事会秘书所在的企业股价崩盘风险更低。

第三节　研究设计及描述性统计

一、样本筛选

按照已有研究惯例和本书的研究特点，按以下标准对样本进行筛选：①由于在经营模式、资产结构以及财务报表编制要求与其他行业存在较大差异，本书剔除了金融行业的样本；②由于所有解释变量均滞后一期，剔除了企业上市当年的样本；③剔除年度各周个股价收益少于 30 个观测值的样本；④剔除计算信息不透明度年度行业观测值少于 15 个的样本；⑤剔除相关数据缺失的样本；⑥为了消除极端值对回归结果的影响，对所有财务特征以及公司治理的连续变量在 1%和 99%的分位上进行了缩尾（Winsorize）处理。最后共得到 13507 个观测值。

二、关键变量界定

董事会秘书财务经历：借鉴姜付秀等（2016）的做法，将财务经历的董事会秘书界定为曾担任过以下职务的董事会秘书：财务负责人、财务（副）总监、首席财务官、（副）总会计师、财务主管、财务处（副）处长、财务科长、财务科（副）科长、财务部（副）部长、财务部（副）经理、基金经理、投资经理、投资研究员、证券研究员、证券投资部部长、资本运作主管、投资总监、投资部经理、投行部高级经理、行业分析师等财务投资类职务。由于从事投资职业往往需要较为扎实的财务基础，并且其工作内容也与企业财务状况、资本运作以及企业风险等信息密切相关，所以将该类经历也划归财务经历的范畴①。

股价崩盘风险的度量：借鉴 Kim 等（2011a，2011b）、Kim 和 Zhang（2014a，2014b）、Xu 等（2014）、李小荣和刘行（2012）、王化成等（2015）以及谢德仁等（2016）等的研究，计算了以下两个股价崩盘风险指标。具体算法如下：

首先，通过模型（7-1）将个股收益中的市场因素予以去除。回归所得到的残差 $\varepsilon_{i,t}$表示个股收益中与市场无关的部分。随后将残差 $\varepsilon_{i,t}$加 1 并取对数得到公司特定周收益率 $W_{i,t}=\ln(1+\varepsilon_{i,t})$。在模型（7-1）中，$r_{i,t}$表示公司 i 的股票在第 t 周的收益率，$r_{M,t}$表示市场在第 t 周的加权平均收益率。

$$r_{i,t}=\alpha_i+\beta_1 r_{M,t-2}+\beta_2 r_{M,t-1}+\beta_3 r_{M,t}+\beta_4 r_{M,t+1}+\beta_5 r_{M,t+2}+\varepsilon_{i,t} \tag{7-1}$$

① 为了保证结论的稳健性，在稳健性检验部分重新定义董秘的财务经历（不包括投资类经历）。

第一个衡量股价崩盘风险的指标为负收益偏态系数（Negative Coefficient of Skewness，NCSKEW），计算方法如式（7-1）所示。其中，n 表示股票 i 在第 t 年中交易的周数。负收益偏态系数（NCSKEW）为正指标，其值越大，说明偏态系数负的程度越高，股价崩盘风险越大。

$$NCSKEW_{i,t}=-\left[n(n-1)^{3/2}\sum W_{i,t}^{3}\right]/\left[(n-1)(n-2)\left(\sum W_{i,t}^{2}\right)^{3/2}\right] \quad (7-2)$$

第二个衡量股价崩盘风险的指标为股票收益上下波动的比率（Down-to-up Volatility，DUVOL），算法如式（7-3）所示。

$$DUVOL=\log\left\{\left[(n_u-1)\sum_{Down}W_{i,t}^{2}\right]/\left[(n_d-1)\sum_{Up}W_{i,t}^{2}\right]\right\} \quad (7-3)$$

其中，n_u（n_d）表示股票 i 的周回报率高于（低于）当年回报率均值的周数。股票收益上下波动的比率（DUVOL）也是一个正指标，其值越大，表示收益率左偏的程度越大，股价崩盘风险越高。

三、控制变量

除了实际控制人性别之外，还有一些公司特征变量会影响控股股价崩盘风险，借鉴 Kim 等（2011a，b）、Xu 等（2014）、Kim 和 Zhang（2014a，2014b）、李小荣和刘行（2012）、许年行等（2012）、王化成等（2015）以及谢德仁等（2016）等相关研究，控制了前期的负收益偏态系数（NCSKEW）、公司规模（Size）、盈利能力（EBIT）、市账比（MB）、有形资产比例（Tang）、企业有息负债率（Leverage）、上市年限（Age）、股票年度平均周收益率（Ret）、公司年度周收益率的标准差（Sigma）、平均超额换手率（Dturn）信息不透明度（AbsACC）、控股股东持股比例（Top1）、董事会规模（Board Size）、独立董事比例（Independence）以及 CEO 持股比例（CEO Ownership）等变量。同时，还控制行业和年度效应。

这里特别需要说明信息不透明度用修正后琼斯模型计算出的操控性应计绝对值（AbsACC）进行度量，其计算方法为利用模型（7-4），即琼斯模型（Jones，1991）分年度分行业回归，得到模型的回归系数如下所示。

$$\frac{TA_{j,t}}{A_{j,t-1}}=\beta_1\frac{1}{A_{j,t-1}}+\beta_2\frac{\Delta REV_{j,t}}{A_{j,t-1}}+\beta_3\frac{PPE_{j,t}}{A_{j,t-1}}+\varepsilon_{j,t} \quad (7-4)$$

其中，$TA_{j,t}=(\Delta CA_{i,t}-\Delta Cash_{i,t})-(\Delta CL_{i,t}-\Delta STD_{i,t})-DEP_{j,t}$，$\Delta CA_{i,t}$表示流动资产增加额，$\Delta Cash_{i,t}$表示现金及现金等价物增加额，$\Delta CL_{i,t}$表示流动负债增加额，$\Delta STD_{i,t}$表示流动负债中有息债务增加额，$DEP_{j,t}$表示折旧和摊销；$A_{j,t-1}$表示上年度总资产，$\Delta REV_{j,t}$表示销售收入增加额，$PPE_{j,t}$表示固定资产。

式（7-4）回归的预测值就是总应计项目（TA）中的非操控性应计（NTA），回归的残差部分则为操控性应计利润 DisACC。然而，Dechow 等（1995）认为，在计算非操控性应计利润时，应当考虑应收账款变化的影响。因此，将式（7-4）回归所得到的系数代入式（7-5）中，计算得到非操控性应计利润。

$$\frac{TA_{j,t}}{A_{j,t-1}}=\beta_1\frac{1}{A_{j,t-1}}+\beta_2\frac{\Delta REV_{j,t}-\Delta REC_{j,t}}{A_{j,t-1}}+\beta_3\frac{PPE_{j,t}}{A_{j,t-1}}+\varepsilon_{j,t} \tag{7-5}$$

其中，$\Delta REC_{j,t}$表示应收账款增加额，$\hat{\beta}_i$为式（7-4）回归所得到的系数。操控性应计为总应计利润减去式（7-5）计算的操控性应计利润，取其绝对值后得到调整后的操控性应计绝对值（AbsACC）

各变量的具体界定见表 7-1。

表 7-1　变量定义

变量名称	变量含义	计算方法
NCSKEW	负收益偏态系数	计算方法参见式（5-2）
DUVOL	收益上下波动的比率	计算方法参见式（5-3）
Finance	董事会秘书财务经历	财务经历的董事会秘书定义为 1，否则为 0
Size	公司规模	总资产的自然对数
EBIT	盈利能力	息税前利润/总资产
MB	市账比	(年末流通市值+非流通股份占净资产的金额/权益
Tang	资产有形性	有形资产/总资产
Leverage	有息负债率	有息负债总额/总资产，其中，有息负债=短期贷款+应付票据+一年内到期的非流动负债+应付短期债券+长期借款+应付债券
Age	上市年限	当年年份-上市年份
Ret	平均周收益率	股票在一年中的平均周收益率
Sigmat	收益的波动	股票在一年中周收益率的标准差
Dturn	平均超额换手率	当年月平均换手率与前一年股票的月平均换手率之差
AbsACC	信息不透明度	为修正 Jones 模型残差的绝对值
Top1	控股股东持股比例	合并一致行动人的控股股东持股比例
Board Size	董事会规模	董事会人数之和
Indepenence	董事会独立性	董事会中独立董事的比例
CEO Ownership	CEO 持股比例	CEO 持股比例

四、实证模型

为了实证分析财务经历的董事会秘书对企业股价崩盘的影响，借鉴李小荣和刘行（2012）、王化成等（2015）以及谢德仁等（2016）的相关研究，采用如下模型进行检验：

$$CrashRisk_{i,t}=\alpha_0+\beta\times Finance_{i,t-1}+\gamma\times Control+\varepsilon_{i,t} \tag{7-6}$$

其中，因变量 CrashRisk 为股价崩盘风险，为第 t 期的由模型（7-2）和(7-3)计算出的两个股价崩盘风险指标 NCSKEW 和 DUVOL；Finance 为检验的核心变量，即董事会秘书财务经历，当董事会秘书拥有财务经历时定义为 1，否则为 0，当 β 为负说明财务经历董事会秘书所在企业的股价崩盘风险更低；如果为正则说明财务经历董事会秘书所在企业的股价崩盘风险更高。Control 为控制变量组，包括前期的负收益偏态系数（NCSKEW）、公司规模（Size）、盈利能力(EBIT)、市账比（MB)、有形资产比例（Tang)、企业有息负债率（Leverage)、上市年限（Age)、股票年度平均周收益率（Ret)、公司年度周收益率的标准差(Sigma)、平均超额换手率（Dturn)、信息不透明度（AbsACC)、控股股东持股比例（Top1)、董事会规模（Board Size)、独立董事比例（Independence)、CEO 持股比例（CEO Ownership）以及行业和年度哑变量等。为了在一定程度上缓解董事会秘书财务经历和股价崩盘风险的内生性问题，董事会秘书财务经历变量和公司特征指标均滞后一期。

五、描述性统计

对主要变量进行描述性统计和相关系数检验。其中，表 7-2 对研究中的主要变量进行了描述性统计。从表 7-2 可以看出，董事会秘书财务经历的样本占总样本的 6.2%；负收益偏态系数（NCSKEW）和股票收益上下波动的比率(DUVOL）的平均值（中位数）分别为-0.198（-0.162）和-0.128（-0.125），并且两者标准差分别为 0.649 和 0.456，说明样本公司的股价崩盘风险存在较大差异；Size 为企业规模，其均值（中位数）为 21.336（21.242）；息税前利润（EBIT）的均值（中位数）为 0.044（0.042）；市账比（MB）的平均值（中位数）为 3.040（2.147）；资产有形性（Tang）的平均值（中位数）为 0.217（0.194）；有息负债率（Leverage）的平均值（中位数）为 0.185（0.167）；企业的上市期限(Age）的均值（中位数）为 7.055（5）；平均周收益率（Ret）的均值（中位数）为-0.065（-0.055）；收益波动（Sigma）的均值（中位数）为 0.049（0.047）；平均超额换手率（Dturn）的均值（中位数）为-0.099（-0.032）；信息不透明度

(AbsACC) 的均值 (中位数) 为0.088 (0.063); 第一大股东持股比例 (Top1) 的均值 (中位数) 为0.330 (0.300); 董事会规模 (Board Size) 的均值 (中位数) 为8.538 (9.000); 独立董事比例 (Independence) 的均值 (中位数) 为0.370 (0.333); CEO 持股比例 (CEO Ownership) 的均值 (中位数) 为0.059 (0.000)。

表 7-2　描述性统计

变量	N	Mean	S. D.	P5	P25	P50	P75	P95
$Finance_{t-1}$	13507	0.331	0.241	0.000	0.000	0.000	1.000	1.000
$NCSKEW_t$	13507	-0.198	0.649	-1.362	-0.546	-0.162	0.193	0.827
$DUVOL_t$	13507	-0.128	0.456	-0.905	-0.432	-0.125	0.176	0.621
$NCSKEW_{t-1}$	13507	-0.191	0.658	-1.387	-0.539	-0.153	0.205	0.840
$Size_{t-1}$	13507	21.336	0.993	19.872	20.669	21.242	21.943	23.078
$EBIT_{t-1}$	13507	0.044	0.065	-0.053	0.014	0.042	0.075	0.145
MB_{t-1}	13507	3.040	2.902	1.113	1.507	2.147	3.373	7.783
$Tang_{t-1}$	13507	0.217	0.145	0.018	0.103	0.194	0.308	0.496
$Leverage_{t-1}$	13507	0.185	0.157	0.000	0.033	0.167	0.298	0.459
Age_{t-1}	13507	7.055	5.548	1	3	5	11	17
Ret_{t-1}	13507	-0.065	0.042	-0.152	-0.083	-0.055	-0.035	-0.018
$Sigma_{t-1}$	13507	0.049	0.016	0.027	0.038	0.047	0.058	0.080
$Dturn_{t-1}$	13507	-0.099	0.434	-0.985	-0.284	-0.032	0.137	0.559
$AbsACC_{t-1}$	13507	0.088	0.085	0.005	0.029	0.063	0.116	0.261
$Top1_{t-1}$	13507	0.330	0.142	0.142	0.225	0.300	0.419	0.605
$BoardSize_{t-1}$	13507	8.538	1.618	6.000	7.000	9.000	9.000	11.000
$Independence_{t-1}$	13507	0.370	0.051	0.333	0.333	0.333	0.417	0.444
$CEOOwnership_{t-1}$	13507	0.059	0.123	0.000	0.000	0.000	0.036	0.369

表7-3给出了公司特征变量的相关系数，从中可以发现董事会秘书财务经历 (Finance) 与负收益偏态系数 (NCSKEW) 和股票收益上下波动比率 (DUVOL) 显著负相关，初步支持了董事会秘书财务经历所在的企业股价崩盘风险更低的

表 7-3 主要变量相关系数

变量	$NCSKEW_t$	$DUVOL_t$	$NCSKEW_{t-1}$	$Finance_{t-1}$	$Size_{t-1}$	$EBIT_{t-1}$	MB_{t-1}	$Tang_{t-1}$	$Leverage_{t-1}$	Age_{t-1}	Ret_{t-1}	$Sigma1_{t-1}$	$Dturn_{t-1}$	$ABSACC_{t-1}$	$Top1_{t-1}$	Board $Size_{t-1}$	Indepen dencet-1	CEO Owner $ship_{t-1}$
$NCSKEW_t$	1																	
$DUVOL_t$	0. 877 ***	1																
$NCSKEW_{t-1}$	0. 048 ***	0. 044 ***	1															
$Finance_{t-1}$	-0. 023 *	-0. 024 **	-0. 017	1														
$Size_{t-1}$	-0. 041 ***	-0. 063 ***	-0. 055 ***	-0. 073 ***	1													
$EBIT_{t-1}$	0. 054 ***	0. 048 ***	0. 011	-0. 006	0. 157 ***	1												
MB_{t-1}	0. 081 ***	0. 072 ***	-0. 007	0. 078 ***	-0. 312 ***	-0. 081 ***	1											
$Tang_{t-1}$	-0. 039 ***	-0. 038 ***	-0. 032 ***	-0. 017	-0. 053 ***	-0. 135 ***	-0. 017	1										
$Leverage_{t-1}$	-0. 051 ***	-0. 069 ***	-0. 038 ***	-0. 012	0. 307 ***	-0. 317 ***	-0. 008	0. 245 ***	1									
Age_{t-1}	-0. 072 ***	-0. 089 ***	-0. 077 ***	0. 038 ***	0. 161 ***	-0. 157 ***	0. 295 ***	0. 016	0. 289 ***	1								
Ret_{t-1}	-0. 050 ***	-0. 045 ***	0. 190 ***	-0. 017	0. 194 ***	0. 015	-0. 222 ***	0. 078 ***	0. 067 ***	0. 025 **	1							
$Sigma_{t-1}$	0. 066 ***	0. 059 ***	-0. 166 ***	0. 016	-0. 216 ***	-0. 024 *	0. 238 ***	-0. 085 ***	-0. 072 ***	-0. 027 **	-0. 974 ***	1						
$Dturn_{t-1}$	0. 035 ***	0. 040 ***	-0. 118 ***	0	0. 038 ***	-0. 088 ***	0. 090 ***	0. 058 ***	0. 103 ***	0. 318 ***	-0. 229 ***	0. 223 ***	1					
$AbsACC_{t-1}$	0. 022 *	0. 026 **	-0. 016	0. 030 **	0	-0. 044 ***	0. 110 ***	-0. 131 ***	0. 094 ***	0. 129 ***	-0. 138 ***	0. 134 ***	0. 042 ***	1				
$Top1_{t-1}$	-0. 037 ***	-0. 029 **	-0. 034 ***	-0. 001	0. 187 ***	0. 159 ***	-0. 154 ***	-0. 061 ***	0. 019	-0. 188 ***	0. 008	-0. 017	-0. 081 ***	0. 011	1			
Board $Size_{t-1}$	-0. 019	-0. 029 **	-0. 005	0. 017	0. 149 ***	0. 040 ***	-0. 047 ***	0. 130 ***	0. 108 ***	0. 0200	0. 063 ***	-0. 071 ***	0. 0150	-0. 031 **	-0. 100 ***	1		
Indepen $dence_{t-1}$	0. 004	0. 020	-0. 001	0. 031 **	-0. 037 ***	0. 001	0. 042 ***	-0. 088 ***	-0. 061 ***	-0. 031 **	-0. 040 ***	0. 047 ***	-0. 00900	0. 016	0. 050 ***	-0. 491 ***	1	
CEO Owne $rship_{t-1}$	0. 039 ***	0. 054 ***	0. 022 *	-0. 009	-0. 092 ***	0. 087 ***	-0. 102 ***	-0. 080 ***	-0. 198 ***	-0. 388 ***	-0. 057 ***	0. 062 ***	-0. 129 ***	-0. 048 ***	0. 090 ***	-0. 107 ***	0. 136 ***	1

注：*、**、*** 分别表示在 10%、5%、1%的水平下显著。

假设。此外，负收益偏态系数（NCSKEW）和股票收益上下波动的比率（DUVOL）与企业息税前利润（EBIT）、市账比（MB）、收益的波动（Sigma）、平均超额换手率（Dturn）、信息不透明度（AbsACC）、CEO 持股比例（CEO Ownership）正相关、与企业规模（Size）、资产有形性（Tang）、有息负债率（Leverage）、企业的上市期限（Age）、平均周收益率（Ret）以及第一大股东持股比例（Top1）负相关。最后由表 7-3 可知，解释变量之间的相关系数较小，不存在多重共线性问题。

第四节　实证检验结果

首先，对董事会秘书财务经历与股价崩盘风险的关系进行了单变量检验；其次，通过多元回归的方法检验董事会秘书财务经历对企业股价崩盘风险的影响，然后进行相应的内生性检验。

一、董事会秘书财务经历与股价崩盘风险：单变量检验

在此，根据财务经历将样本划分为两组，进行董事会秘书财务经历与股价崩盘风险的单变量检验。由表 7-4 可知，财务经历董事会秘书所在企业的负收益偏态系数（NCSKEW）和股票收益上下波动的比率（DUVOL）平均值分别为-0. 257和-0. 171，而非财务经历董事会秘书所在企业的负收益偏态系数（NCSKEW）和股票收益上下波动比率（DUVOL）的平均值分别为-0. 195 和-0. 150，两组样本的均值存在显著差异。基于中位数的检验也得到了同样的结论。以上结果进一步说明了董事会秘书财务经历所在企业的股价崩盘风险更低，支持了本书的假设。

表 7-4　董事会秘书财务经历与股价崩盘风险：单变量检验

变量	董事会秘书财务经历		董事会秘书非财务经历		差异检验（财务经历-非财务经历）	
	平均值	中位数	平均值	中位数	t-stat.	z-stat.
$NCSKEW_t$	-0. 257	-0. 210	-0. 195	-0. 159	-1. 89*	-1. 68*
$DUVOL_t$	-0. 171	0. 0710	-0. 150	-0. 122	-1. 97**	-1. 68*
N	4470		9037			

注：*、**、***分别表示在 10%、5%、1%的水平下显著。

二、董事会秘书财务经历与股价崩盘风险：多元回归分析

基于前文相关系数检验和单变量检验的结果，初步得到了董事会秘书财务经历能够降低股价崩盘风险的结果。在此，运用多元回归进一步检验董事会秘书财务经历对股价崩盘风险的影响。表 7-5 的前三列报告了以负收益偏态系数（NCSKEW）作为股价崩盘风险代理变量的回归结果，表 7-5 的后三列报告了以股票收益上下波动比率（DUVOL）作为股价崩盘风险代理变量的回归结果。为了保证结果的稳健性，表 7-5 的第（1）列和第（4）列只控制了年度和行业哑变量。在此基础上，在表 7-5 的第（2）列和第（5）列进一步添加了公司财务特征的变量。最后，在表 7-5 的第（3）列和第（6）列进一步控制了公司治理变量。回归结果如表 7-5 所示。

表 7-5　董事会秘书财务经历与股价崩盘风险：多元回归分析

变量	(1) NCSKEW	(2) NCSKEW	(3) NCSKEW	(4) DUVOL	(5) DUVOL	(6) DUVOL
Finance	-0. 0678** (-2. 07)	-0. 0759** (-2. 33)	-0. 0691** (-2. 12)	-0. 0522** (-2. 27)	-0. 0597*** (-2. 61)	-0. 0564** (-2. 47)
$NCSKEW_{t-1}$		0. 0464*** (3. 72)	0. 0440*** (3. 53)		0. 0305*** (3. 48)	0. 0293*** (3. 35)
$Size_{t-1}$		0. 0162 (1. 56)	0. 0247** (2. 29)		-0. 0024 (-0. 33)	0. 0035 (0. 46)
$EBIT_{t-1}$		0. 3672*** (2. 68)	0. 4030*** (2. 90)		0. 2260** (2. 35)	0. 2540*** (2. 60)
MB_{t-1}		0. 0168*** (5. 03)	0. 0172*** (5. 12)		0. 0093*** (3. 95)	0. 0095*** (4. 03)
$Tang_{t-1}$		-0. 1555** (-2. 42)	-0. 1523** (-2. 36)		-0. 0749* (-1. 66)	-0. 0702 (-1. 55)
$Leverage_{t-1}$		-0. 0512 (-0. 79)	-0. 0388 (-0. 60)		-0. 0526 (-1. 15)	-0. 0499 (-1. 09)
Age_{t-1}		-0. 0741*** (-5. 12)	-0. 0752*** (-4. 53)		-0. 0552*** (-5. 44)	-0. 0580*** (-4. 97)
Ret_{t-1}		3. 8116*** (4. 38)	3. 7570*** (4. 32)		2. 3466*** (3. 84)	2. 3237*** (3. 81)
$Sigma_{t-1}$		12. 6301*** (5. 45)	12. 4815*** (5. 39)		7. 7308*** (4. 76)	7. 6816*** (4. 72)

续表

变量	(1) NCSKEW	(2) NCSKEW	(3) NCSKEW	(4) DUVOL	(5) DUVOL	(6) DUVOL
$Dturn_{t-1}$		-0.0081 (-0.34)	-0.0074 (-0.31)		0.0046 (0.28)	0.0041 (0.25)
$ABSACC_{t-1}$		0.1222 (1.29)	0.1189 (1.25)		0.1496** (2.25)	0.1502** (2.25)
$Top1_{t-1}$			-0.1783** (-2.57)			-0.1172** (-2.41)
$Board\ Size_{t-1}$			-0.0123** (-2.14)			-0.0072* (-1.79)
$Independence_{t-1}$			-0.1956 (-1.11)			-0.0112 (-0.09)
$CEO\ Ownership_{t-1}$			0.0397 (0.56)			0.0467 (0.94)
Interception	0.0657 (0.83)	-0.4420* (-1.87)	-0.3962 (-1.59)	0.0587 (1.06)	0.0189 (0.11)	0.0086 (0.05)
Year Dummies	Yes	Yes	Yes	Yes	Yes	Yes
Ind Dummies	Yes	Yes	Yes	Yes	Yes	Yes
N	13507	13507	13507	13507	13507	13507
Adj. R^2	0.041	0.063	0.065	0.043	0.063	0.065

注：*、**、***分别表示在10%、5%、1%的水平下显著。括号内为经过公司层面聚类调整后的t值。

从表7-5的第（1）列可以看出，使用负收益偏态系数（NCSKEW）作为股价崩盘风险代理变量，只控制了年度与行业效应后，董事会秘书财务经历（Finance）的系数为-0.0678，t值为-2.07，在5%水平下显著；由表7-6的第（2）列和第（3）列可以发现在控制了企业财务特征以及公司治理特征后，董事会秘书财务经历（Finance）的回归系数仍然显著为正且在5%的水平显著，这说明董事会秘书财务经历降低了股价崩盘风险。在表7-6的第（4）、第（5）和第（6）列中，股价崩盘风险指标换为股票收益上下波动比率（DUVOL），得到的结论不变。综上，在控制其他因素后，董事会秘书财务经历显著降低了企业未来的股价崩盘风险，支持了本书的假设。

三、内生性检验

董事会秘书财务经历和股价崩盘风险的负相关关系之间可能受到内生性的干

扰，例如，财务经历董事会秘书和非财务经历董事会秘书所在的企业在一些可观测的公司特征上存在显著差异从而受到样本选择偏差的影响，又或者财务经历董事会秘书和股价崩盘的关系受到自选择的影响，例如，财务经历的董事会秘书更愿意控制股价崩盘风险低的企业，又或者是财务经历董事会秘书在其他特征上与非财务经历董事会秘书存在差异，如财务经历董事会秘书更保守，等等。以上种种均会导致财务经历董事会秘书和股价崩盘风险呈现出伪相关关系，从而降低研究结论的可信度。因此，为了排除内生性对本书研究结论的干扰，在此部分将使用 PSM 配对，Heckman 两阶段回归以及进一步控制财务经历董事会秘书其他特征因素等方法来控制内生性对本书研究结论的影响。

1. 样本选择偏差

为了避免财务经历董事会秘书和非财务经历董事会秘书企业在一些可观测的公司特征上存在显著差异而导致的样本选择偏差对本书研究结论的影响，首先根据模型 7-4 中包含的控制变量对两类企业的样本进行配对，再采用配对样本进行检验。在此，采用 Rosenbaum 和 Rubin（1983）提出的倾向得分匹配法进行配对。相比于仅通过少数几个公司特征（如公司规模、盈利能力等）进行配对，倾向得分匹配可以将多个维度的公司特征通过降维的方法合成为一个单一指标——倾向得分值，从而增加了配对公司在各个维度上的相似性，增加了配对精度。在倾向得分匹配法的第一阶段中，首先进行一个 Probit 回归，回归的因变量为是否为财务经历的董事会秘书，控制变量为模型 7-4 中包含的所有控制变量。在回归后即可得到是否为财务经历董事会秘书的预测值，即倾向得分。最后再根据观测值的倾向得分，对财务经历董事会秘书的样本进行配对。为了保证结果的稳健，选择使用最近邻匹配、半径匹配以及核匹配三种方法来进行检验。

从表 7-6 可以看出，无论采用何种匹配方法，作为相对于非财务经历董事会秘书，财务经历董事会秘书所在企业的股价崩盘风险更低。这些回归结果表明，本书的实证结果并不受样本选择偏差的影响。

表 7-6 董事会秘书财务经历与股价崩盘风险：PSM 配对

匹配方法		样本	董事会秘书财务经历组	董事会秘书非财务经历组	ATT	标准误	t 值
最近邻匹配	$NCSKEW_t$	匹配前	-0.257	-0.195	-0.062	0.033	-1.88*
		匹配后	-0.257	-0.132	-0.124	0.047	-2.66***
	$DUVOL_t$	匹配前	-0.170	-0.125	-0.045	0.023	-1.96**
		匹配后	-0.171	-0.085	-0.085	0.033	-2.57**

续表

匹配方法		样本	董事会秘书财务经历组	董事会秘书非财务经历组	ATT	标准误	t 值
半径匹配	$NCSKEW_t$	匹配前	-0.257	-0.195	-0.062	0.033	-1.88*
		匹配后	-0.257	-0.192	-0.065	0.035	-1.84*
	$DUVOL_t$	匹配前	-0.170	-0.125	-0.045	0.023	-1.96**
		匹配后	-0.171	-0.119	-0.052	0.025	-2.07**
核匹配	$NCSKEW_t$	匹配前	-0.257	-0.195	-0.062	0.033	-1.88*
		匹配后	-0.257	-0.193	-0.064	0.035	-1.86*
	$DUVOL_t$	匹配前	-0.170	-0.125	-0.045	0.023	-1.96**
		匹配后	-0.171	-0.120	-0.051	0.025	-2.07**

注：*、**、***分别表示在10%、5%、1%的水平下显著。

2. 自选择效应

本书之前的结果显示，财务经历董事会秘书的企业股价崩盘风险更小。然而，这一关系可能会受自选择效应的影响。例如，财务经历董事会秘书更有可能选择股价崩盘小的企业就职。为此，采用 Heckman 两阶段法，将样本选择偏差的调整项加入到模型（7-4）中，以控制自选择效应带来的偏误。

在 Heckman 两阶段法的第一阶段中，将公司是否聘请财务经历的董事会秘书变量 Finance 作为因变量，有可能影响此决定的因素作为自变量进行 Probit 回归。在该部分，参考黄海杰等（2016）、姜付秀等（2016）的做法，在第一阶段采用公司总部所在地城市是否有“985”高校、国家重点会计学科高校或前八大会计师事务所（IV）这一虚拟变量作为工具变量放入回归。一般来说，出于节省成本、地缘优势等因素，公司更倾向于聘请公司总部所在地附近的人员作为董事会秘书。如果公司总部有“985”高校、国家重点会计学科高校或前八大会计师事务所，显然会影响公司聘请财务经历董事会秘书的决定，但是公司总部有“985”高校、国家重点会计学科高校或前八大会计师事务所这一因素与公司股价崩盘风险并没有直接的影响。

在对第一阶段进行回归后，通过计算得到包含自选择信息的逆米尔斯比率（下文用 Lambda 表示），并将其代入模型（7-6）重新进行回归已检验前文的回归结果是否受到自选择的影响。第一阶段模型如下：

$$Finance_{i,t}=\alpha_0+\beta\times IV_{i,t}+\gamma\times Control+\varepsilon_{i,t} \quad (7-7)$$

其中，Fiannce 表示是否女性实际控制人的虚拟变量，如果为女性则为 1，否则为0。IV表示外生工具变量，即公司总部所在地城市是否有“985”高校、国家重点会计学科高校或前八大会计师事务所。Control表示控制变量组，包括前期的负收益偏态系数（NCSKEW），公司规模（Size）、盈利能力（EBIT）、市账比（MB）、有形资产比例（Tang）、企业有息负债率（Leverage）、上市年限（Age）、股票年度平均周收益率（Ret）、公司年度周收益率的标准差（Sigma）、平均超额换手率（Dturn）、信息不透明度（AbsACC）、控股股东持股比例（Top1）、董事会规模（Board Size）、董事会独立性（Independence）、CEO持股比例（CEO Ownership）以及行业和年度哑变量等。

表7-7报告了控制自选择效应的回归结果。表7-7的第（1）列报告了Heckman两阶段发第一阶段的回归结果，从中可以看出，当公司总部所在地城市是否有“985”高校、国家重点会计学科高校或前八大会计师事务所时，企业越倾向于聘请财务经历的董事会秘书，符合本书的预期。此外还发现，规模小、有形资产少、上市年限长、持股多、董事会规模大、独立董事比例高的企业更容易出现财务经历的董事会秘书。表7-8的第（2）列和第（3）列报告了Heckman两阶段下第二阶段的回归结果，从中可以看出，自选择信息的逆米尔斯比率（Lambda）不显著，说明不存在自选择偏差。最为关键的是核心变量董事会秘书财务经历（Finance）的系数仍然显著为负，这说明自选择偏差不影响本书的研究结论。

表7-7 董事会秘书财务经历与股价崩盘风险：Heckman两阶段

变量	（1）第一阶段	（2）第二阶段 $NCSKEW_t$	（3）第二阶段 $DUVOL_t$
$Finance_{t-1}$		-0.3132** (-2.02)	-0.2439** (-2.12)
$NCSKEW_{t-1}$	-0.0645 (-1.58)	0.0435*** (3.41)	0.0290*** (3.23)
$Size_{t-1}$	-0.1938*** (-5.31)	0.0180 (1.45)	-0.0016 (-0.18)
$EBIT_{t-1}$	0.5171 (1.09)	0.4814*** (3.17)	0.3121*** (2.93)
MB_{t-1}	0.0231** (2.47)	0.0182*** (5.02)	0.0102*** (4.01)
$Tang_{t-1}$	-0.3086 (-1.48)	-0.1552** (-2.36)	-0.0689 (-1.49)

续表

变量	(1) 第一阶段	(2) 第二阶段 $NCSKEW_t$	(3) 第二阶段 $DUVOL_t$
$Leverage_{t-1}$	0.2399 (1.16)	-0.0282 (-0.42)	-0.0488 (-1.05)
Age_{t-1}	0.0842 (1.53)	-0.0721*** (-4.23)	-0.0552*** (-4.61)
Ret_{t-1}	-2.8932 (-1.04)	3.7419*** (4.26)	2.2670*** (3.68)
$Sigma_{t-1}$	-7.9249 (-1.05)	12.4367*** (5.32)	7.5068*** (4.57)
$Dturn_{t-1}$	-0.0891 (-1.17)	-0.0078 (-0.33)	0.0053 (0.31)
$AbsACC_{t-1}$	0.5182* (1.74)	0.1451 (1.49)	0.1736** (2.54)
$Top1_{t-1}$	0.5716** (2.47)	-0.1694** (-2.34)	-0.1084** (-2.13)
Board $Size_{t-1}$	0.0703*** (4.00)	-0.0097 (-1.54)	-0.0056 (-1.26)
$Independence_{t-1}$	2.2042*** (3.94)	-0.1293 (-0.67)	0.0326 (0.24)
CEO $Ownership_{t-1}$	0.0241 (0.10)	0.0349 (0.49)	0.0384 (0.77)
IV_{t-1}	4.1672*** (3.07)		
$Lambda_{t-1}$		0.1202 (0.88)	0.0923 (0.96)
Interception	0.0406 (0.04)	-0.3113 (-1.19)	0.0771 (0.42)
Year Dummies	Yes	Yes	Yes
Ind Dummies	Yes	Yes	Yes
N	13507	13507	13507
Adj. R^2	0.041	0.065	0.065

注：*、**、***分别表示在10%、5%、1%的水平下显著。括号内为经过公司层面聚类调整后的t值。

3. 控制董事会秘书其他个人特征

为缓解遗漏董事会秘书其他特征变量导致的内生性问题，进一步控制了董事会秘书年龄（Uage）、董事会秘书政治关联（PC）、董事会秘书性别（Gender）、董事会秘书学历（Edu）等特征。如表 7-8 所示。

表 7-8　董事会秘书财务经历与股价崩盘风险：控制董事会秘书其他特征

变量	（1）$NCSKEW_t$	（2）$DUVOL_t$
$Finance_{t-1}$	-0.0744** (-2.15)	-0.0592** (-2.43)
PC_{t-1}	0.0075 (0.44)	-0.0022 (-0.19)
$Uage_{t-1}$	-0.1077** (-1.98)	-0.0674* (-1.77)
$Gender_{t-1}$	0.0221 (1.06)	0.0144 (0.99)
$NCSKEW_{t-1}$	-0.0197 (-1.15)	-0.0166 (-1.39)
Edu_{t-1}	-0.0440*** (-3.47)	-0.0297*** (-3.33)
$Size_{t-1}$	0.0261** (2.34)	0.0052 (0.67)
$EBIT_{t-1}$	0.5153*** (3.35)	0.3407*** (3.16)
MB_{t-1}	0.0172*** (4.91)	0.0090*** (3.65)
$Tang_{t-1}$	-0.1236* (-1.85)	-0.0467 (-0.99)
$Leverage_{t-1}$	-0.0353 (-0.52)	-0.0451 (-0.95)
Age_{t-1}	-0.0855*** (-4.93)	-0.0644*** (-5.30)
Ret_{t-1}	4.0374*** (4.59)	2.5067*** (4.06)

续表

变量	（1）$NCSKEW_t$	（2）$DUVOL_t$
$Sigma_{t-1}$	13.0641*** （5.56）	8.0647*** （4.90）
$Dturn_{t-1}$	-0.0010 （-0.04）	0.0080 （0.48）
$AbsACC_{t-1}$	0.0921 （0.95）	0.1342** （1.97）
$Top1_{t-1}$	-0.2093*** （-2.90）	-0.1366*** （-2.70）
$Board\ Size_{t-1}$	-0.0145** （-2.44）	-0.0083** （-2.01）
$Independence_{t-1}$	-0.2084 （-1.15）	-0.0149 （-0.12）
$CEO\ Ownership_{t-1}$	0.0570 （0.75）	0.0562 （1.05）
Interception	-0.0500 （-0.15）	0.2069 （0.89）
Year Dummies	Yes	Yes
Ind Dummies	Yes	Yes
N	13507	13507
Adj. R^2	0.065	0.065

注：*、**、***分别表示在10%、5%、1%的水平下显著。括号内为经过公司层面聚类调整后的t值。

从表7-8可以看出，在加入变量后，核心变量董事会秘书财务经历（Finance）仍然显著为负，这说明结果不受董事会秘书其他个人特征的影响。

第五节　进一步研究

一、多个大股东，董事会秘书财务经历与股价崩盘风险

前文分析表明，董事会秘书财务经历所在的企业股价崩盘风险更低。而控股

股东的利益侵占行为受到内部公司治理机制的影响。当公司存在一个持股较高的其他大股东时，对控股进行一定的监督、制衡，这种监督和制衡能够降低控股股东的代理冲突（Bennedsen 和 Wolfenzon，2000；Edmans 和 Manso，2009），进而能够降低控股股东代理问题所引发的股价崩盘风险。在这种情况下，董事会秘书财务经历对股价崩盘风险的影响则较为有限。相反，在缺乏其他大股东对控股股东有效监督机制的情况下，控股股东寻租较为容易，则更有可能进行机会主义行为。在这种情况下，董事会秘书财务经历对股价崩盘风险的影响就会更加明显。因此，本书认为，在不存在其他大股东的公司中，董事会秘书财务经历对股价崩盘风险的影响更加明显。

从表 7-9 的结果可以看出，在公司存在其他大股东的样本中，董事会秘书财务经历（Finance）的回归系数不显著，而在公司不存在其他大股东的样本中，董事会秘书财务经历（Finance）的回归系数显著为负。这说明董事会秘书财务经历对股价崩盘风险的影响主要集中在无其他大股东的公司，支持了本书的观点。

表 7-9　多个大股东，董事会秘书财务经历与股价崩盘风险

变量	公司存在其他大股东		公司不存在其他大股东	
	(1) NCSKEWt	(2) DUVOLt	(3) NCSKEWt	(4) DUVOLt
$Finance_{t-1}$	-0.0045 (-0.06)	0.0084 (0.16)	-0.0853** (-2.31)	-0.0729*** (-2.82)
$NCSKEW_{t-1}$	0.0222 (0.93)	0.0160 (0.95)	0.0463*** (3.15)	0.0311*** (3.02)
$Size_{t-1}$	0.0221 (0.98)	0.0037 (0.23)	0.0237* (1.86)	0.0024 (0.27)
$EBIT_{t-1}$	0.5964** (2.21)	0.2924 (1.53)	0.3879** (2.11)	0.2962** (2.30)
MB_{t-1}	0.0122* (1.68)	0.0043 (0.84)	0.0191*** (4.87)	0.0113*** (4.11)
$Tang_{t-1}$	-0.0935 (-0.76)	-0.0114 (-0.13)	-0.1847** (-2.39)	-0.0949* (-1.75)
$Leverage_{t-1}$	-0.2055 (-1.61)	-0.1381 (-1.53)	0.0402 (0.52)	-0.0093 (-0.17)

续表

变量	公司存在其他大股东		公司不存在其他大股东	
	（1）NCSKEWt	（2）DUVOLt	（3）NCSKEWt	（4）DUVOLt
Age_{t-1}	-0.0062 (-0.19)	-0.0275 (-1.21)	-0.0992*** (-4.91)	-0.0707*** (-5.00)
Ret_{t-1}	3.4729** (2.21)	2.1875* (1.96)	4.0053*** (3.82)	2.5274*** (3.44)
$Sigma_{t-1}$	13.7169*** (3.21)	8.3479*** (2.76)	12.4867*** (4.50)	7.8436*** (4.04)
$Dturn_{t-1}$	-0.0947** (-2.20)	-0.0631** (-2.07)	0.0350 (1.23)	0.0356* (1.79)
$AbsACC_{t-1}$	0.1841 (1.05)	0.2229* (1.80)	0.0580 (0.51)	0.1047 (1.31)
$Top1_{t-1}$	0.0267 (0.13)	-0.0063 (-0.04)	-0.2130*** (-2.80)	-0.1360** (-2.55)
Board $Size_{t-1}$	-0.0123 (-1.14)	-0.0079 (-1.03)	-0.0136** (-1.97)	-0.0080* (-1.66)
$Independence_{t-1}$	-0.4050 (-1.20)	-0.2719 (-1.13)	-0.1823 (-0.86)	0.0536 (0.36)
CEO $Ownership_{t-1}$	-0.1446 (-0.94)	-0.0753 (-0.69)	0.0933 (1.15)	0.0793 (1.40)
Interception	-0.6677 (-1.29)	-0.0858 (-0.23)	-0.3206 (-1.09)	0.0449 (0.22)
Year Dummies	Yes	Yes	Yes	Yes
Ind Dummies	Yes	Yes	Yes	Yes
N	4052	4052	9455	9455
Adj. R^2	0.075	0.075	0.074	0.075

注：*、**、***分别表示在10%、5%、1%的水平下显著。括号内为经过公司层面聚类调整后的t值。

二、股权质押，董事会秘书财务经历与股价崩盘风险

由于我国上市公司股权结构高度集中且投资者保护较弱，控股股东能够享有较高的控制权私有收益，控股股东往往将控制权看作是“命根子”，即使面临较大的资金缺口，他们几乎也总是不愿将所持股权出售。在这种情形下，当有较大的资金需求时，在控股股东常常将其持有的股权质押进行融资，而控股股东这样

做的一个显著经济后果就是影响了股价崩盘风险。谢德仁等（2016）研究发现，控股股东进行股权质押后，公司的股价崩盘风险显著降低了。这是因为控股股东股权质押虽然缓解了控股股东的融资约束，但也使其面临较大的失去控制权的风险。一旦股价触碰平仓警戒线，被质权方抛售，控股股东将丧失企业的控制权。因此，作为控股股东，在进行股权质押后，有能力更有动机通过市值管理等方式维持股价的稳定，降低公司股价崩盘风险。

而控股股东股权质押后的市值管理动机也会影响董事会秘书财务经历与股价崩盘风险的关系。当控股股东进行股权质押后，为了最大限度地降低控制权丧失风险，无论董事会秘书是否具有财务经历都会积极地进行市值管理，进而降低企业的股价崩盘风险，在这种情况下，董事会秘书财务经历对股价崩盘风险的影响则较为有限。相反，在控股股东没有进行股权质押的情况下，控股股东缺乏维护股价稳定的动机下降，在这种情况下，董事会秘书财务经历对股价崩盘风险的影响就会更加明显。因此，本书认为，董事会秘书财务经历对股价崩盘风险的影响主要集中在无股权质押的公司。

从表 7-10 的结果可以看出，在有股东质押的样本中，董事会秘书财务经历（Finance）的回归系数为负，但不显著，而在无股东质押的样本中，董事会秘书财务经历（Finance）的回归系数显著为负。这说明董事会秘书财务经历对股价崩盘风险的影响主要集中在无股权质押的公司，支持了本书的观点。

表 7-10　股权质押，董事会秘书财务经历与股价崩盘风险

变量	有股权质押		无股权质押	
	(1) $NCSKEW_t$	(2) $DUVOL_t$	(3) $NCSKEW_t$	(4) $DUVOL_t$
$Finance_{t-1}$	-0.0177 (-0.34)	-0.0105 (-0.29)	-0.0873** (-2.06)	-0.0795*** (-2.65)
$NCSKEW_{t-1}$	0.0312* (1.68)	0.0220* (1.70)	0.0495*** (2.93)	0.0322*** (2.70)
$Size_{t-1}$	0.0234 (1.46)	0.0060 (0.54)	0.0228 (1.55)	-0.0006 (-0.06)
$EBIT_{t-1}$	0.1419 (0.61)	-0.0118 (-0.07)	0.6800*** (3.39)	0.5349*** (3.78)
MB_{t-1}	0.0104** (2.14)	0.0042 (1.25)	0.0203*** (4.14)	0.0125*** (3.61)

续表

变量	有股权质押		无股权质押	
	(1) $NCSKEW_t$	(2) $DUVOL_t$	(3) $NCSKEW_t$	(4) $DUVOL_t$
$Tang_{t-1}$	-0.2011** (-2.08)	-0.1411** (-2.11)	-0.1017 (-1.14)	0.0035 (0.06)
$Leverage_{t-1}$	-0.1079 (-1.09)	-0.1011 (-1.47)	0.0041 (0.05)	-0.0177 (-0.27)
Age_{t-1}	-0.0596** (-2.36)	-0.0464*** (-2.65)	-0.0873*** (-3.79)	-0.0654*** (-4.02)
Ret_{t-1}	4.3889*** (3.37)	3.4068*** (3.76)	3.1418*** (2.67)	1.4427* (1.74)
$Sigma_{t-1}$	14.5180*** (4.21)	10.3902*** (4.34)	10.6070*** (3.36)	5.5723** (2.50)
$Dturn_{t-1}$	-0.0143 (-0.36)	-0.0031 (-0.11)	-0.0064 (-0.21)	0.0049 (0.23)
$AbsACC_{t-1}$	0.0890 (0.67)	0.1355 (1.46)	0.1285 (0.94)	0.1562 (1.62)
$Top1_{t-1}$	-0.2392** (-2.33)	-0.1527** (-2.14)	-0.1392 (-1.45)	-0.1060 (-1.57)
$Board\ Size_{t-1}$	-0.0260*** (-2.97)	-0.0116* (-1.91)	0.0008 (0.10)	-0.0017 (-0.31)
$Independence_{t-1}$	-0.3700 (-1.38)	-0.0630 (-0.34)	-0.0713 (-0.29)	0.0318 (0.19)
$CEO\ Ownership_{t-1}$	0.0282 (0.24)	0.0174 (0.22)	0.0439 (0.49)	0.0626 (0.98)
Interception	-0.1587 (-0.43)	0.0480 (0.19)	-0.5543 (-1.61)	-0.0091 (-0.04)
Year Dummies	Yes	Yes	Yes	Yes
Ind Dummies	Yes	Yes	Yes	Yes
N	5402	5402	8105	8105
Adj. R^2	0.075	0.075	0.074	0.075

注：*、**、***分别表示在10%、5%、1%的水平下显著。括号内为经过公司层面聚类调整后的t值。

第六节 本章小结

股价的暴涨是资本市场上的一种恶劣现象，并且相对于暴涨，暴跌更加频繁。短时间内股价暴跌造成的股价崩盘，不仅给投资者带来了巨大的损失，也极大地阻碍了资本市场的健康平稳发展。因此，股价崩盘风险的形成机理以及如何减少股价崩盘风险一直受到各国监管机构、投资者以及学术界的广泛关注。有研究发现，相对于欧美等发达国家，以我国为代表的新兴市场的股价崩盘风险更高。而造成这种现象的一个重要原因就是发展中国家上市公司的内部人以掩盖其侵占上市公司利益行为而降低了信息披露质量。控股股东隐藏的坏消息往往无法被外部中小投资者知晓，导致股价被高估，直至超过某个临界点，短时间集中释放到市场中，造成股价崩盘，给中小投资者带来了巨大的损失。

围绕着如何减少控股股东机会主义所引起的股价崩盘风险，少数学者从投资者保护，控股股东持股比例，规范上市公司的内部治理结构，完善相关法律法规等方面进行了一系列的探讨。然而综观已有研究，作为企业信息披露最直接的负责人——董事会秘书，其背景特征对集中股权结构下信息不对称引发的股价崩盘风险的影响却没有得到相应的关注。经历是决策者最重要的异质性之一，并且是决定个体行为的先天基础因素。大量来自心理学和社会学的研究表明，财务经历的高管在其职业生涯中接受过较多的财务理论知识，长期的实践使他们对财务理论有较高的理解能力和应用能力，因此，在处理财务问题时他们往往具有较高的专业素养，并且对资本市场环境以及税收政策等的变化也更加敏感。董事会秘书的财务经历使其能够更加深入地与投资者以及分析师等沟通公司的相关盈余信息，并且深入分析盈余数据背后所隐含的经济含义，确保信息披露的完整性和信息解释的专业性、可信性和可理解性，从而降低企业的信息不对称。

尽管高管背景特征在公司治理中所扮演的角色受到越来越多的关注，并且也有学者从管理层的财务经历出发，研究其对公司股价崩盘风险的影响，但已有研究仍然是基于西方发达资本市场制度背景下的股东与经理人的代理问题，并且更加关注企业实际控制人、企业 CEO 以及董事等高管，从而缺少对董事会秘书这一重要高管的研究和探讨。

有鉴于此，本章选用沪、深 A 股非金融类上市公司为研究对象，实证分析了董事会秘书财务经历对股价崩盘风险的影响。研究发现，相比于非财务经历董事会秘书所在的企业，财务经历董事会秘书所在的企业股价崩盘风险更低。在控制内生性的影响后，本书的研究结论仍然成立。最后，还发现，在不存在其他大股东以及控股股东没有将股权质押时，董事会秘书财务经历对股价崩盘风险的影响更加明显。

本章的研究结论为财务经历董事会秘书的公司治理作用提供了新的证据，进一步补充和完善了高阶梯队领域的学术研究，同时也进一步丰富了股价崩盘影响因素的相关研究。此外，本书结果为制度背景影响企业行为提供了新的经验证据。

第八章 我国董事会秘书制度存在的缺陷及改进对策

尽管现有文献充分论证了董事会秘书在上市公司治理过程中发挥的积极作用。例如高强和伍利娜（2008）研究发现，当董事会秘书兼任副董事长时，企业信息披露质量更高；张宏亮和崔学刚（2009）以《新财富》杂志“金牌董事会秘书”的评选结果为研究视角，发现金牌董事会秘书有助于提升投资者关系管理质量，而良好的投资者关系管理可以促进企业价值的增长；周开国等（2011）研究发现，在新公司法明确董事会秘书的法律地位后，上市公司的信息披露质量显著提升；毛新述等（2013）发现，在董事会秘书兼任财务负责人后，企业的盈余反应系数更高，即公司盈余的价值相关性更高，笔者认为，有财务背景使得董事会秘书更具专业性，在处理投资者关系时更具有优势，从而有助于提升资本市场的信息效率。高凤莲和王志强（2015）研究发现，董事会秘书的社会资本有助于提升企业信息披露质量。

本书的研究也进一步论证了董事会秘书的财务背景在其信息披露以及降低企业信息不对称、缓解融资约束等方面的作用。然而，就目前而言，我国的董事会秘书制度仍然存在诸多缺陷，这些缺陷严重阻碍了董事会秘书职能的有效发挥。因此，本章试图探讨董事会秘书制度存在的缺陷，并提出完善我国董事会秘书制度的相应对策。

第一节　我国董事会秘书制度存在的缺陷

一、董事会秘书地位不独立

首先，尽管董事会秘书在一定程度上能发挥公司治理的作用，但我国公司法中的一些制度设置使董事会秘书在上市公司中的地位并不独立，从而使其职能的发挥大打折扣。例如，我国《公司法》规定，董事会秘书的任免程序由董事会负责，这必然导致董事会秘书成为董事会的附庸，董事会也更有可能聘请一个“听话”的，并且与董事会是一致行动人的董事会秘书，从而导致董事会秘书的每一个重大决定都由董事会所授意，董事会秘书的很多决定都会受到董事会的指挥和干预，使董事会秘书无法独立表达自己的意见和看法，更难以发挥董事会秘书的监督和约束功能。因为一旦董事会秘书“独立”表达自己的看法，很有可能遭受董事会的解聘。因此，尽管我国《公司法》已经明确确认了董事会秘书的法律地位，并对其职责有着明确的规定，即负责企业信息披露和投资者关系管理。但在现实中，董事会秘书在公司中的地位并未受到大家的认可，仍被很多人认为是公司的“传话筒”或“代言人”。

其次，很多上市公司的董事会尚未充分认识到董事会秘书在公司治理中的重要作用。许多公司高管和职员甚至将董事会秘书边缘化，在董事会秘书需要公司其他部门配合提供公司内部信息和资源时，甚至不予配合，从而使董事会秘书难以获得更多的信息渠道，最终使其知情权、参与权、建议权得不到充分保障。在这种情况下，一方面，董事会秘书无法获得充足的内部信息用以进行有效的信息披露和投资者关系管理；另一方面，董事会秘书的发言权同样也很小，最终使董事会秘书沦为传统意义上的“秘书”。因此，在董事会秘书行使职权时，很可能会受到各种掣肘，从而使董事会秘书无法获得法律赋予的高管地位，权威性降低。

最后，董事会秘书地位独立性不强的原因可能是高管兼职董事会秘书职位，从而弱化董事会秘书的地位。2015 年的一份研究报告《上市公司董事会秘书制度研究与履职情况分析》显示，我国上市公司董事会秘书职位由其他高管或中层兼任的比例高达 74. 67%，而专职的董事会秘书所占的比例仅为 25. 33%，两者之间反差巨大。在兼职董事会秘书中，16. 34%的董事会秘书是董事会的组成人员；39. 87%的董事会秘书由副总裁兼任；总裁兼任的比例较低，仅为 0. 65%；董事会秘书由财务总监兼任的比例为 14. 38%；董事会秘书由部门经理或下属公司负责人兼任所占的比例为 24. 18%；董事会秘书由董事长助理或总裁助理兼任所占的比例为 0. 65%。以上统计数据表明，我国董事会秘书职位大多由其他高管兼任，其独立性并未受到重视。

由于董事会秘书的职位大多由其他高管兼任，而这一职位所承担的职责对公司来说又是非常重的。兼任董事会秘书的高管本身也有自己的本职工作，这就导致了高管在董事会秘书这一职位的履行上难以付出足够的精力和时间，从而可能将董事会秘书应负责的工作委托给公司内部的行政人员来完成。而行政人员无论是能力还是专业背景上都无法满足董事会秘书这一职位需求。与此同时，兼任董事会秘书的高管也难以有精力和时间参加董事会秘书的定期培训，这就使这些兼职高管对董事会秘书的职责和义务愈加模糊，最终虚化了董事会秘书这一职位。

二、董事会秘书履职过程中信息披露失职

信息披露不仅是董事会秘书最主要的职责，也是证监会对上市公司监管以及董事会秘书考核的重点。因为信息披露质量的好坏直接影响投资者的切身利益。为了保护投资者的利益，维护资本市场稳定，近年来，监管机构对上市公司的信息披露行为审查力度越来越大。近几年来，我国证监会公布了共计 882 起行政处罚案件，涉及上市公司 627 家，处罚合计 1840 人。然而这些行政违法行为的案件主要集中在信息披露领域，70%以上是由于信息披露违规所致。由此可见，上市公司在治理过程中疏于对信息披露工作的规范，而董事会秘书作为企业信息披露的主要负责人，毫无疑问难以脱离关系，甚至在许多情况下，董事会秘书以共犯的身份参与到信息披露违规案件中。因此，为了保证投资者的知情权和利益，在对上市公司信息披露的监管上，证监会将持续保持对信息披露违法违规行为的监管，这势必对董事会秘书的信息披露能力以及信息披露过程中的道德操守提出更高的要求。

董事会秘书的信息披露行为不规范常常表现为多种形式。较为常见的是信息披露不及时。董事会秘书在进行信息披露时，应当首先满足信息披露的“及时性”要求，所谓信息披露的及时性，具体包括两层含义：一是信息披露行为的及时性，二是信息披露内容的及时性。之所以要求信息披露保证及时性的要求，主要是因为信息披露的时效性在很大程度上决定了其背后的巨大经济利益，如果信息披露不及时，会在很大程度上影响投资者决策的准确性。因此，延迟披露信息是违法违规的，如果由于信息披露不及时对投资者造成巨大经济损失，那么投资者有权利对上市公司进行追责。

重大遗漏是企业信息披露违规的另一种表现形式。信息披露的重大遗漏是指上市公司在信息披露的过程中故意或无意遗漏了重要信息，从而误导了投资者，并造成了重大后果。董事会秘书在信息披露的过程中，经常会出现重大遗漏问题，并且在很多情况下属于故意遗漏。董事会秘书往往是在董事会授意下故意不披露重大信息，如前文所述，董事会秘书此时的独立性难以保证。由于重大遗漏的违规行为具有一定的隐蔽性，上市公司在信息披露存在重大遗漏时也往往存有侥幸心理。而对于监管机构而言，此类不规范行为的查处难度也是非常之大，但信息披露的重大遗漏会给投资者提供误导或错觉，从而使投资者不能做出正确的决策。为了保障公司利益，当公司对外进行信息披露时，往往会主动屏蔽经营不利信息，仅倾向于披露公司的利好信息。因此，信息披露的违规行为时常发生，例如，2020 年 9 月 8 日，××能源收到证监会的处罚规定，主要原因是由于董事

会秘书信息披露涉嫌重大遗漏。具体来说，证监会认定：①××能源涉嫌未按照规定披露对外担保事项，2016~2018 年年度报告、半年度报告存在重大遗漏。2016 年 6 月 22 日至 2018 年 12 月 11 日，××能源及其控股孙公司江苏××能源有限公司、全资孙公司江苏××燃气有限公司和湖北××燃气有限公司发生 17 笔担保事项，担保金额合计 25.09 亿元。××能源未及时披露上述担保事项，也未在 2016~2018 年年度报告、半年度报告中予以披露，存在重大遗漏。②××能源涉嫌未按照规定披露重大诉讼、仲裁事项。2019 年起，××能源涉及 13 笔诉讼、仲裁事项，涉案金额合计 16.04 亿元，占公司 2018 年度经审计净资产 28.35%。××能源未及时披露上述诉讼、仲裁事项，直至 2019 年 7 月 11 日、8 月 3 日、8 月 10 日、10 月 19 日才予以披露。对于这一信息披露违规问题，证监会对××能源及其责任人责令改正，给予警告，并处以罚款。

信息披露违规的成本太低是企业信息披露违规频现的重要原因。一般情况下，上市公司内部人，例如，上市公司的董事会，高管甚至与上市公司紧密相关的外部利益相关机构，律师事务所和审计机构等都明白企业是基于何种原因而造成信息披露质量低下。这些利益主体明白并非是一些偶然因素造成董事会秘书信息披露的失误，而往往是上市公司的内部高管，尤其是承担着信息披露义务的董事会成员以及董事会秘书，为了维护特定主体的利益，权衡披露信息的利弊之后所做出的故意违法、违规的行为。这些信息披露义务人之所以有违法违规的“勇气”，在很大程度上是由于信息披露违规的成本较低造成的，信息披露义务人的违法、违规行为即使被发现并被查处，其所遭受的损失相比其违规披露带来的收益也是极小的。例如，根据《证券法》第一百九十三条规定，对违规的发行人、上市公司或其他信息披露义务人的顶格处罚为 60 万元，责任人员顶格处罚为 30 万元。《刑法》第一百六十一条对违规披露、不披露重要信息罪的处罚，情节严重的，将处以三年以下有期徒刑或拘役，并处或单处罚金。60 万元的顶格罚款，既不可能达到严惩违规者的目的，客观上也达不到警示后来者的效果。

对于以上董事会秘书信息披露存在的问题，我国证监会也试图通过一些机制设计和制度完善予以改进。但由于证监会自身的权力边界具有一定的局限性，其所出台的一些监管法规都缺乏有效的针对性和可操作性，甚至很多的规章缺乏足够的威慑力。因此，监管机构出台的一些关于信息披露的规章制度对于上市公司来说形同虚设，难以发挥作用。因此，笔者认为，要建立健全我国上市公司董事会秘书信息披露制度必须从严格的法律责任入手，增加董事会秘书的信息披露违规成本，予以通过机制设置保护董事会秘书地位的独立性。

三、董事会秘书监督权难以发挥

第一，董事会秘书在公司的权力缺乏保障。根据我国《公司法》规定，上市公司任免董事会秘书由董事会负责，然而在现实实践中，董事会秘书是否解聘往往是由大股东决定，这一做法明显违反了《公司法》规定的董事会秘书任免程序。在中国，上市公司的股权高度集中，大股东在公司内部往往是企业的“一把手”，其对董事会构成、人事任免以及公司的一些重大决策均具有较强的决定权。因此，尽管我国《公司法》已经明确确认了董事会秘书的法律地位和应有的权力，但在现实中，董事会秘书在公司中的地位并未受到大家的认可，仍被很多人认为是公司的“传话筒”或“代言人”，其在信息披露的过程中，难以获得其他部门和职员的配合，权力无法有效发挥。一旦董事会秘书过于“独立”，公司股东或董事会想解聘董事会秘书，便可以寻找一个“充足”的理由将其解聘。这种情况下导致董事会秘书不得不受制于公司大股东和董事会，难以有效发挥其应有的职责。

第二，权责不对等。我国《公司法》赋予了董事会秘书较多的职责和任务，将其视为公司各利益主体之间沟通的“桥梁”，然而，也正是因为董事会秘书担负着沟通和协调的作用，决定了这一职业的风险性。尽管很多时候董事会秘书信息披露违规是由大股东或董事会授意，但其作为负责企业信息披露的主要义务人，一旦信息披露违规行为被证监会认定和处罚，董事会秘书毫无疑问是首当其冲的。

通过对董事会秘书的职责和权力的相关法律规定进行梳理，笔者发现，董事会秘书在信息披露这一职责上权力与责任不对等最为明显。具体体现在以下三个方面：

第一，负责上市公司的“重大事件”，如发行股票、债券、增发新股等事宜，及时披露信息，同时要求董事会秘书要保障所披露的信息具有及时性、合理性、准确性等要求。如果董事会秘书因信息披露违规，让投资者遭受损失，董事会秘书需要承担赔偿责任，情节严重的还会受到证监会严格的处分。

第二，在我国现行的公司治理结构中，要求董事会秘书对董事会决议的合法合规性进行监督，这是不切实际的要求，因为按规定董事会秘书由董事会任免，董事会秘书几乎没有能力去监督，甚至去约束其“衣食父母”或“领导”，因此，在这种情况下，监督董事会会议的合法、合规运转这一职责是没有相应的权力为支撑的，所以这一制度安排是无法实现的。

第三，董事会秘书常因非自身原因而受到无辜的牵连。据统计，自 2000 年以来，虚假证券信息纠纷屡见不鲜，越来越多的上市公司因此遭受处罚。而在这些虚假证券信息纠纷案中，其中，很大一部分的案件在公司中的董事会秘书都受到了牵连。董事会秘书的职业风险可见一斑。

由于董事会秘书被认定为负责公司信息披露的主要义务人，很多上市公司在信息披露方面一旦出现问题，董事会秘书便成了抵挡外部“攻击”的“挡箭牌”。甚至对于一些上市公司中大股东和高管故意的虚假陈述、误导和遗漏重要信息的违法行为，以及公司与关联公司、控股股东的交易、募股资金改变用途、大股东占用公司资金、内幕交易等公司的内部违规运作行为一旦被发现，董事会秘书一般都被充当“挡箭牌”而使董事会和公司内部人逃避责任。通过很多案例的分析，笔者发现，证监会针对董事会秘书做出处罚的严厉程度不比董事长轻，甚至在某些案件中还会发现严厉程度高于某些董事。

基于以上分析，董事会秘书权责不匹配极大地限制了董事会秘书职责的有效履行，过重的责任势必导致董事会秘书缺乏必要的能力和动力履职，最终阻碍了董事会秘书在公司治理中作用的发挥。

第二节　我国董事会秘书制度的改进对策

一、完善董事会秘书相关立法

1. 调整关于董事会秘书立法的价值取向

基于前文对董事会秘书制度起源的分析可以发现，我国资本市场引入董事会秘书制度的原因是为了我国企业能够顺利在国外上市完成融资。并且在当时的背景下，我国许多公司制度尚未建立或制度本身并不完善。因此，董事会秘书制度本身的建立也存在许多不足之处。例如，董事会秘书制度建设的价值取向，在建立之初更加偏向于其安全价值，即偏向职责忽视权力授予，这就导致在该价值理念下建立的董事会秘书制度更加偏重职责，忽视了对董事会秘书的权力授予。由于关于董事会秘书制度的后续建立和完善都基于原始的价值观理念之下，因此，如果要完善目前的董事会秘书制度，毫无疑问需要首先改变原始的价值取向。

那么，什么样的价值取向才是合理、有效的？笔者认为，我国可以参考、借鉴英、美法系国家的董事会秘书制度。英、美法系国家的董事会秘书制度建立的基础是以安全价值为基础，效率价值为最终导向的价值观引导理念。所以效率是目的，安全是基础。正是因为英美法系国家的董事会秘书制度以安全价值为基础，所以其效率价值才能够得到比较好的实现。这里的安全价值，首先体现的就是对上市公司董事会的内在约束，因为董事会本身的存在毫无疑问会影响董事会秘书的“独立性”，不仅在中国如此，在英美法系国家也同样面临类似的问题。因此，要想保证董事会秘书充分有效地发挥其应有的作用，最关键的便在于约束董事会行为，加强对其监督约束。英美法系国家的独立董事制度便可以在一定程度上发挥对董事会的监督作用，在这一监督约束制度之下，董事会秘书的独立性则可以保证，而独立董事制度尽管在中国也存在，却难以发挥监督约束董事会的功能，其在中国资本市场上被戏称为“花瓶”，这就使在中国董事会的行为难以被约束，董事会秘书的独立性难以发挥。

基于以上分析，笔者认为，如果想保证董事会秘书职能的有效发挥，并且完善目前我国的董事会秘书制度，首先需要改变的是我国董事会秘书制度的价值取向，只考虑安全价值，不考虑效率价值，会使董事会秘书制度建立的意义大打折扣。只有董事会秘书制度的效率价值能够发挥得足够充分，即董事会秘书有充足的权力保证来履职，其安全价值的效能，即履职的能力和效果，才能得到真正的发挥。

基于以上分析，笔者认为，我国董事会秘书制度建立的价值取向应该扭转，应在安全价值的基础上，强调效率价值，即明晰董事会秘书的职责，与此同时，又要创造条件保证董事会秘书有充足的权力和能力以及友好的外部环境来履行职责。

2. 规范立法层级

目前我国的董事会秘书制度难以充分发挥作用的另一个原因在于许多与董事会秘书制度相关的法律法规是由证监会颁布的。众所周知，证监会出台的法律法规在我国司法体系中法律效力极为低下。甚至有些法规的颁布本身就不具备法律强制力，例如，关于自愿性信息披露的相关法规。所以，通过法律强制力极低或本身不具备法律强制力的规章制度来约束上市公司的难度是非常之大的。因此，如果要保证董事会秘书制度的有效发挥，还需要提高与该制度相关的立法层级，提高董事会秘书制度相关法规的法律强制力或威慑力，如此一来，董事会秘书制度的有效发挥才能拥有良好的外部条件。

此外，我国现有的关于董事会秘书制度相关的法律法规呈现“枝干过大，树叶太少”的状态。在这些文件中，除《公司法》颁布的法规之外，其他的法规都存在着法律强制力低下甚至不具有法律强制力的问题，并且不同部门颁布的法规内容重复、详尽不一，甚至对同一问题规定的内容也不同，这些部门很多同处一个级别，种种问题使上市公司在实践操作中难以确定该如何选择其适用的法律条款。基于这一问题，笔者认为，政府部门应当牵头各部门，将董事会秘书制度涉及的法律法规进行系统的梳理、整合，形成一个系统的完善的制度体系。与此同时，不断完善和公司法相关的各项制度，做到以公司法为主要部门法支撑，各项法律法规为辅，建立完善的体系，同时将其纳入《公司法》。

二、保障董事会秘书的独立性

1. 董事会任免程序中引入股东和独立董事

对于我国董事会秘书不独立的问题，笔者认为，应在以下两方面完善：一是在董事会秘书的任免程序上引入股东会和独立董事的监督，股东可以在必要时针对董事会的决议做出否决；二是积极发挥独立董事的监督作用。独立董事作为公司治理中的重要组成部分，对董事会的决议负有监督和约束的职责。然而，只有独立董事有足够的能力和动机监督董事会，才能保证董事会秘书在董事会做出损害中小投资者利益的决议时提出质疑，才能保证董事会秘书有足够的勇气向证监会和交易所举报公司的违规行为，而不会担心自己遭到董事会解聘。

2. 董事会秘书解聘程序的完善

尽管我国《证券法》规定，当董事会决定解聘董事会秘书时，上市公司应当及时向证券交易所报告董事会秘书被解聘的情况，并及时向社会公告。对于解聘事宜，如果董事会秘书认为公司对其解聘是不合理的，董事会秘书有权向证券交易所提供异议报告寻求帮助。然而，这一规定对于董事会秘书的解聘的救济事宜也只是寥寥数语，救济程序复杂耗时，难以发挥实质性作用。因此，这就使董事会秘书职位的稳定性较差，董事会可以寻求任何一个“理由”来解聘董事会秘书，以表达对董事会秘书“独立”的不满。

为了使董事会秘书更好地行使职责，应当对董事会秘书的罢免程序给予充分的完善，例如，从《公司法》以及监管机构的立法层面重新对董事会秘书的罢免程序予以规范，规定董事会秘书的解聘权不应由公司董事会自行决定，只有在满足《公司法》规定的解聘情形时，才能够启动对董事会秘书的解聘程序。解聘程序上的完善包括两个方面：一是应由董事会或个别董事提出董事会秘书解聘事宜，如果是由个别董事提出的解聘决议，那么该董事应当给出解聘董事会秘书的充分理由，并且由董事会其他董事投票表决是否解聘董事会秘书，提出解聘决议的董事应当在投票程序中回避；在完善董事会秘书的解聘程序上，外部独立董事也应当发挥作用，例如，当公司董事长或其他内部董事提出董事会秘书的解聘决议时，在立法层面上应当要求全体独立董事参与决议，并取得全体独立董事的一致同意的情况下才能做出解聘决议，独立董事有责任对董事会秘书被解聘的原因进行调查、认证，并应该签字保证这一决议的合法和合理性。如果事后发现董事会秘书的解聘不合法或不合理，独立董事应当承担连带责任。二是根据现行的规定，董事会秘书的解聘全权由公司董事会负责，监管部门是无权干预董事会秘书的解聘的，换言之，上市公司对监管机构关于解聘董事会的决议仅需做出告知义务，没有义务论证解聘的合理性。笔者认为，这一规定是非常不合理的，无法体现监管部门的真正监管作用。关于这一规定，笔者认为，可以进行如下完善：董事会秘书在向监管机构依法举报董事会决议的违法违规行为时，监管机构在针对所举报的违规行为进行调查的同时也应当启动对举报人即董事会秘书的调查程序。如果发现举报人与其所举报的股东和董事会都有违法违规行为，应该依法严肃处理。如果董事会秘书没有涉嫌违法违规的行为，为防止事后董事会随便找理由解聘董事会秘书，监管部门应事前告知该违规公司，如果该董事会秘书之后被解聘，需要经过监管部门的再次审核通过方能生效，从而确保董事会秘书不被无故解聘。一旦发现董事会秘书被解聘的理由模糊不充分或不合理，监管机构有权驳回上市公司董事会的解聘决议。

3. 董事会秘书团队化

由于兼任董事会秘书的高管本身也有自己的本职工作，这就导致了这些高管在董事会秘书这一职位的履行上难以付出足够的精力和时间，从而导致很难保证监督的效果。但如果规定董事会秘书必须是专人专职，那么董事会秘书又很可能会被排挤，甚至被边缘化，从而致使董事会秘书与公司脱节，使其无法深入到公司内部，而对于董事会秘书来说，其工作的开展是以了解熟悉公司业务为基础的，若不够了解公司的运转，难以获取公司的原始资料信息，那么董事会秘书也难以有效发挥信息披露职能和监督职能。从这一角度分析，高管兼职董事会秘书又有助于董事会秘书职能的发挥。

笔者认为，如果要董事会秘书充分有效发挥其职能，既要避免董事会秘书兼职又要保证董事会秘书的高管地位，可以寻求董事会秘书的团队化设计。换言之，可以将董事会秘书个人任职的岗位转变为一个信息披露部门，由董事会秘书作为部门负责人，其他高管兼职作为该部门的团队成员。原本由一个董事会秘书独立完成的事项现在由董事会秘书带领下的一个团队来共同完成，所有成员对信息披露均附有配合义务。尽管《深圳证券交易所股票上市规则》已有相关规定，提出公司应为董事会秘书配备证券事务代表，并对董事会秘书的工作进行协助。但这一条款并不具体，且不具有强制性，仅有这一建议是难以满足需要的，因此有必要将这一条款进行进一步细化。通过上述改进措施，既能解决董事会秘书身兼数职，分身乏术的问题，又解决了董事会秘书的独立性问题。

三、保证董事会秘书的权责对等

如前文所述，董事会秘书的“不独立”导致其难以有效发挥监督和约束董事会秘书的功能，最终导致董事会秘书对董事会所做出的违法、违规行为不闻不问，再加上很多董事会秘书的自身道德素养和专业素质不高，成为企业违法、违规行为帮凶。很多案例显示，上市公司一旦被监管部门处罚，董事会秘书所受处罚程度仅次于董事长。因此，在这种背景下，董事会秘书的权责不对等是非常不利于董事会秘书职责的有效发挥的。因此，引入免责事由非常有必要，可以避免董事会秘书因受董事会胁迫或因公司内部人的原因违规披露信息而受到牵连，避免其因此受到处罚。具体免责事由如何引入，我国可以借鉴中国香港的做法，例如，中国香港上市公司的违规责任不需要董事会秘书个人承担，而主要由公司董事会作为负责人来承担。但需要注意的是，董事会秘书的免责也并非绝对免责，如果认定公司董事会秘书是出于主观恶意做出违反法律法规的行为且造成恶劣后果的，同样需要承担法律责任。笔者认为，如果要降低董事会秘书的职业风险，必须引入免责事由。但在免责事由的使用过程中，需要识别真正的违规主体，应根据具体情况区别对待。例如，对于公司董事会或者企业其他高管的违法行为，董事会秘书在事前已经识别并提出异议，但公司的董事会没有接受，那么即使这一行为后续被监管部门识别并处罚，董事会秘书也无须承担责任。

第九章 结束语

首先，对全书的研究内容进行总结，归纳了本书的主要研究结论；其次，在研究结论的基础上，提出本书的研究所具有的启示意义，并据此给出政策建议；最后，指出本书的研究不足以及未来的改进之处。

第一节 主要研究结论

随着我国资本市场的逐步发展，董事会秘书在公司治理中的作用逐渐凸显。本书的研究正是基于董事会秘书近年来在资本市场上备受重视这一现实背景，研究董事会秘书在上市公司治理中发挥的作用。结合我们观察到的资本市场的一个现象，即上市公司越来越倾向于聘任具有财务背景的董事会秘书，因此，本书重点关注财务背景的董事会秘书。

本书重点关注的是财务背景董事会秘书发挥的作用，而这一话题主要是基于近年来“高层梯队理论”在公司财务领域的应用。由于企业追根溯源是由个人通过一系列的契约方式构成的组织，企业的经营决策最终也是由个人制定，而现实中，经济行为人是有差异的、非同质的，而且这种背景特征的差异将会对其行为决策造成直接的影响。新古典经济学以及传统的财务理论均忽视了这一因素。然而也正是因为这一特质因素会对企业的行为决策和经济后果带来重要的影响，近年来学者们对其给予了较大关注。本书的研究话题，即董事会秘书财务经历，也是基于这一理论背景提出的。

分析机制是从董事会秘书的最重要的履职内容出发，即信息披露与投资者关系管理，基于“高层梯队理论”以及“信息传递理论”，我们认为，财务经历的董事会秘书有助于提升企业的信息披露质量，提升企业投资者关系管理效率，从而降低企业内外部的信息不对称。

基于以上分析，本书采用 2000~2013 年中国所有 A 股上市公司的数据，首先实证检验了董事会秘书的财务经历与企业信息不对称之间（盈余信息含量）的关系。进一步地，我们考虑财务经历董事会秘书的专业能力、履职动机和履职能力，是否影响其作用的发挥。其次我们考察董事会秘书的财务背景对企业融资约束的影响，从经济后果视角，为董事会秘书财务经历影响信息不对称这一研究结论提供进一步的证据支持。最后从外部评价的视角，检验财务经历董事会秘书的履职有效性。从董事会秘书工作考核评级以及企业信息披露质量考核评级两个方面来检验财务经历是否有助于董事会秘书更好地开展工作。

本书的主要研究结论有以下五点：

（1）董事会秘书的财务经历有助于其降低企业的信息不对称。一方面，这主要是由于董事会秘书的财务背景使其拥有较高的财务素养，能够更有效地披露、传递信息，从而降低企业的信息不对称。财务经历的高管在其职业生涯中接受过较多的财务理论知识，长期的实践使他们对财务理论有较高的理解能力和应用能力，因此，在处理财务问题时他们往往具有较高的专业素养，并且对资本市场环境以及税收政策等的变化也更加敏感。董事会秘书的财务经历使其能够更加深入地分析数据背后所隐含的经济含义，确保信息披露的完整性和信息解释的专业性、可信性和可理解性。另一方面，由于高管的财务经历使其对财务信息和资本市场运行有着较为深刻的了解，因此，作为上市公司高管的董事会秘书，他们的财务经历也使其熟悉信息披露的基本原则与技巧。在涉及资本市场相关问题时，财务经历的高管是更好的信息沟通者（Custódio 和 Metzger，2014），因为他们能更好地了解投资者需求，更好地掌握信息披露的尺寸，例如，他们明白应该披露何种信息、应该何时披露信息，并且了解不同类型投资者对信息的不同需求等，从而能够有效地进行信息披露。因此，财务经历的董事会秘书更能充分利用其专业素质，降低企业的信息不对称。

进一步地，我们发现，当财务经历的董事会秘书专业能力更高、履职动机更强以及履职权力更高时，其能够发挥降低企业信息不对称方面的作用更大。

（2）董事会秘书的财务经历有助于其缓解企业的融资约束。已有关于融资约束领域的文献重点关注公司信息披露、信息中介在降低信息不对称方面的作用，却很少关注负责信息披露工作的董事会秘书自身在信息传递过程中的积极作用。同时，关于董事会秘书方面的文献并没有探讨董事会秘书的任职经历是否能够通过提升信息披露质量，降低信息不对称，进而缓解融资约束。通过检验，我们发现，当董事会秘书拥有财务经历时，企业的投资现金流敏感度更低，即融资约束水平更低；以 KZ 指数和 SA 指数衡量融资约束以及控制内生性问题等稳健性检验所得结果与此一致。同时，我们发现，在非国有企业、分析师跟踪数量较少以及非“四大”审计三种信息不对称程度更严重的情景下，财务经历的董事会秘书发挥的作用更大，从而表明财务经历的董事会秘书是通过缓解信息不对称降低了企业的融资约束。

（3）董事会秘书的财务经历不仅有助于其获得更高的考核评级，也有助于企业信息披露获得更高的考核等级。我们认为，财务经历的董事会秘书是通过其财务工作经历发挥作用，通过充分利用其财务专业素养进行更专业、更有效率的信息披露和信息沟通来提升其工作效率，从而提升企业的信息披露质量以及投资者关系管理，降低企业与外部投资者之间的信息不对称。那么，如果财务经历的董事会秘书确实是通过其财务专业素养发挥作用，我们应当会发现，对于那些具有财务经历的董事会秘书，其工作质量会更高，工作表现会更好，那么，其也更容易获得更高的考评评级，企业的信息披露质量也会更高。我们对此进行了检验，充分利用证监会对董事会秘书工作质量的考评评级以及对上市公司信息披露质量的考评评级的数据，我们发现，当董事会秘书具备财务经历时，其更容易获得更高的考评评级，企业的信息披露质量的考评评级也会更好，经过一系列的稳健性检验之后，该部分的结论仍然保持不变，充分验证了我们的预期，验证了财务经历董事会秘书影响资本市场效率的途径或机制，即财务经历的董事会秘书通过其财务素养提升了其工作质量和工作效率，提升了企业的信息披露质量，降低了企业与外部投资者的信息不对称。

（4）董事会秘书的财务经历有助于降低企业的股价崩盘风险。董事会秘书的财务经历使其能够更加深入地与投资者以及分析师等沟通公司的相关盈余信息，并且深入分析盈余数据背后所隐含的经济含义，确保信息披露的完整性和信息解释的专业性、可信性和可理解性（毛新述等，2013），进而降低企业的信息不对称。因此，相对于非财务经历的董事会秘书，财务经历董事会秘书所在的企业累积的有关公司的负面消息较少，从而企业的股价崩盘风险也较小。此外，由于高管的财务经历使其对财务信息和资本市场运行有着较为深刻的了解（Graham等，2013；姜付秀等，2012，2016），因此，作为上市公司高管的董事会秘书，他们的财务经历也使其熟悉信息披露的基本原则与技巧。因此，董事会秘书的财务经历使其更能充分发挥其专业优势，提升企业的信息披露质量，从而更好地降低企业与外部投资者之间的信息不对称，减少企业的股价崩盘风险。尽管现有研究中也有从高管背景特征出发，研究其对公司股价崩盘风险的影响（李小荣和刘行，2012），但这些研究尚未关注董事会秘书财务经历这一背景特征，且已有研究仍然是基于西方发达资本市场制度背景下的股东与经理人的代理问题来探讨股价崩盘风险，缺少基于中国制度背景下控股股东与中小投资者之间代理问题的研究和探讨。本书的实证检验结果表明，相比于董事会秘书无财务经历的企业，财务经历董事会秘书所在的企业股价崩盘风险更小。在控制内生性的影响后，本书的研究结论仍然成立。此外，本书还发现在不存在股权质押的情形下，董事会秘书财务经历对股价崩盘风险的影响更加明显。

本书从董事会秘书财务经历的角度，丰富了高阶梯队理论，并且从董事会秘书财务经历的角度，丰富了信息不对称理论、融资约束理论以及股价崩盘风险影响因素的相关领域研究。此外，也为制度背景影响企业行为提供了新的经验证据。

（5）本书除了对我国上市公司董事会秘书财务背景的作用进行实证检验之外，还探讨了董事会秘书制度的渊源以及我国的发展完善历程，介绍了董事会秘书的职责以及任免程序，并总结了我国董事会秘书制度的现状以及仍然存在的缺陷，进一步提出完善我国董事会秘书制度的相关建议和政策。例如，完善董事会秘书相关立法、保障董事会秘书的独立性以及保障董事会秘书的权责对等。

第二节　研究启示和政策建议

1. 关注董事会秘书在公司治理中的作用

本书的研究结论发现，财务经历董事会秘书有助于完善企业治理，即通过提升企业的信息披露质量，提升投资者关系管理效率，从而降低企业的信息不对称。此外，董事会秘书的财务经历不仅有助于其获得更高的考核评级，也有助于企业信息披露获得更高的考核等级。虽然近十几年来，董事会秘书已经逐渐得到资本市场以及学术界的关注，但作为企业多方利益的交汇点，董事会秘书受到的关注仍然远远不够。已有研究在探讨如何完善企业的治理结构时，仍然重点集中在董事长、总经理以及董事等高管个人特征对企业行为与绩效的影响上，而董事会秘书作为公司高管之一，其作用并没有得到应有的关注。同样，在上市公司中，董事会秘书的地位也没有得到足够的重视。许多董事会秘书在企业中仍然扮演传统的“秘书”角色，仅仅负责一些程序上的工作，在一些信息披露事务以及投资者关系管理事务上，完全没有话语权，企业大股东或董事会也未给予其足够的重视，未赋予其足够的知情权以及话语权。

2. 完善董事会秘书履职环境

在过去十几年，随着我国资本市场的逐步完善和发展，董事会秘书在公司治理中的作用逐渐凸显。证监会等相关监管部门也对其给予了较多的关注，并且出台了一系列的法律法规来规范董事会秘书的行为，就目前而言，董事会秘书的公司治理效应仍然很难得到充分的发挥。这受制于很多因素的影响。例如，董事会秘书队伍的市场化和职业化建设落后，对业务素质的要求以及相应的培训和考核制度不清晰；此外董事会秘书在企业中的权利和职责不匹配，职责要求其要客观公允地进行信息披露，然而，如今董事会秘书在企业中的话语权仍然不足，对重大决策的信息知情权也不足，这些因素都极大地阻碍了董事会秘书的履职。

第三节　局限和未来研究方向

以2000~2013年中国沪深A股上市公司为研究对象，首先研究了董事会秘书财务经历对企业信息不对称的影响，然后进行了相应的内生性检验，另外又从多个方面，例如，财务经历董事会秘书的专业能力、履职动机以及履职权力等角度，验证了财务经历董事会秘书在发挥作用时的受限因素；进一步地，又探讨了财务经历董事会秘书缓解企业信息不对称的机制，检验财务经历这一背景优势是否有助于董事会秘书更好地履职，更好地进行信息披露以及更好地进行投资者关系管理事务。我们发现，财务经历的董事会秘书有助于其更好地履职，表现在，财务经历有助于董事会秘书获得更高的考核评级，也有助于企业的信息披露质量获得更高的考核等级。尽管本书围绕着董事会秘书考核等级和企业信息披露的考核等级对财务经历董事会秘书工作有效性进行检验，并且从融资约束这一经济后果的视角，检验财务经历董事会秘书为企业带来的经济后果。

然而，本书仍然存在局限和不足，主要体现在以下三个方面：

(1) 信息不对称指标的局限。已有的研究在对企业的信息不对称进行度量时，通常有多种做法，例如，采用PIN值、股价同步性、盈余反应系数、分析师跟踪人数、分析师预测准确度，等等，然而，到底哪一个指标能充分度量企业的信息不对称仍然存在争议。学者们通常针对研究的具体内容选择相应的指标。根据研究内容，采用盈余信息含量来度量企业的信息不对称，尽管还采用股价同步性、分析师跟踪以及分析师预测准确度来度量企业的信息不对称，然而在指标上可能仍然存在局限。

(2) 机制检验不充分。尽管从外部评价的视角，即董事会秘书考核评级以及企业信息披露考核评级两个视角检验财务经历董事会秘书工作的有效性，然而一方面对董事会秘书考核评级的检验由于样本仅有两年的数据，而从企业信息披露考核这方面又过于间接。虽然还额外试图探讨财务经历董事会秘书在投资者互动平台上是否沟通更有效，然而这种更为直接的验证财务经历董事会秘书沟通有效性的方法却因样本不足，或数据可得性问题不得而终，因此，如何寻找更直接、更有效的方式验证财务经历董事会秘书工作的有效性也是我们未来需要进一步探讨的问题。

（3）未关注董事会秘书其他背景特征。本书的研究重点关注的是董事会秘书财务经历对其履职的影响，进而对企业信息不对称的影响。然而董事会秘书的其他背景特征仍然可能会发挥优势作用，例如，董事会秘书的法律背景、技术背景、政府背景、海外背景等。这些背景特征也具有特定的优势，又如，法律背景的董事会秘书是否会进行更合规的信息披露，企业信息披露的违规情况是否更低？对那些高科技行业的上市公司，技术背景的董事会秘书，在进行企业的产品或技术信息进行沟通时可能会更有效。甚至有些董事会秘书可能具有多重背景，这种多重背景可能会对董事会秘书履职带来较为复杂的影响，如何剥离财务经历董事会秘书的作用？此外，董事会秘书是从内部晋升还是外部聘任，这两种不同的方式也可能会影响董事会秘书履职的效果。这些都将是我们未来要进一步思考的问题。

未来研究方向：

（1）寻求更为直接的验证董事会秘书履职有效性的途径。正如前文所述，尽管从外部评价的视角，即董事会秘书考核评级以及企业信息披露考核评级两个视角检验财务经历董事会秘书工作的有效性，然而这些角度仍然不够直接，如何寻找更直接、更有效的方式验证财务经历董事会秘书工作的有效性也是我们未来需要进一步探讨的问题。

（2）考虑其他影响董事会秘书作用发挥的因素。本书主要关注的是董事会秘书的财务经历对其履职的影响，然而，存在很多因素影响董事会秘书的履职效果，例如，董事会秘书的其他背景特征，甚至多重背景特征以及董事会秘书的履职环境，等等。如何从多角度、多维度探讨董事会秘书的作用发挥也是我们未来需要探讨的问题。

参考文献

［1］白晓宇．上市公司信息披露政策对分析师预测的多重影响研究［J］．金融研究，2009（4）．

［2］曹胜，朱红军．王婆贩瓜：券商自营业务与分析师乐观性［J］．管理世界，2011（7）．

［3］陈小林，王玉涛，陈运森．事务所规模、审计行业专长与知情交易概率［J］．会计研究，2013（2）．

［4］陈信元，夏立军．审计任期与审计质量：来自中国证券市场的经验证据［J］．会计研究，2006（1）．

［5］陈莹．企业信用评级的结构性矛盾及对策建议——以江苏为例［J］．中国金融，2010（5）．

［6］陈志武，媒体、法律与市场［M］．北京：中国政法大学出版社，2005.

［7］杜兴强，冯文滔，裴红梅．IPO 公司“董事会秘书”非正常离职的经济后果：基于中国资本市场的经验证据［J］．投资研究，2013（8）．

［8］杜晓旭．上市公司董事会特征与盈余管理关系研究——基于 2006 年上市公司财务数据的实证检验［J］．财会通讯，2009（12）．

［9］高凤莲，王志强．“董事会秘书”社会资本对信息披露质量的影响研究［J］．南开管理评论，2015（4）．

［10］高强，伍利娜．兼任董事会秘书能提高信息披露质量吗——对拟修订《上市规则》关于董事会秘书任职资格新要求的实证检验［J］．会计研究，2008（1）．

［11］韩斯玥．债券市场效率研究——基于政府监管视角的文献综述［J］．科技与企业，2013（3）．

［12］何贤杰，王孝钰，赵海龙，陈信元．上市公司网络新媒体信息披露研究：基于微博的实证分析［J］．财经研究，2016（3）．

［13］胡丹，冯巧根．信息环境、审计质量与 IPO 抑价——以 A 股市场 2009-2011 年上市的公司为例［J］．会计研究，2013（2）．

［14］黄海杰，吕长江，丁慧．独立董事声誉与盈余质量——会计专业独董的视角［J］．管理世界，2016（3）．

［15］王俊秋，张奇峰．终极控制权、现金流量权与盈余信息含量——来自家族上市公司的经验证据［J］．经济与管理研究，2007（12）．

［16］王甄，胡军．控制权转让、产权性质与公司绩效［J］．经济研究，2016（4）．

［17］洪金明，徐玉德，李亚茹．信息披露质量、控股股东资金占用与审计师选择——来自深市A股上市公司的经验证据［J］．审计研究，2011（2）．

［18］胡明晖，彭家生．董事会特征与会计信息披露质量——基于深交所A股市场的经验证据［J］．会计师，2013（12）．

［19］黄珺，周春娜．股权结构、管理层行为对环境信息披露影响的实证研究——来自沪市重污染行业的经验证据［J］．中国软科学，2013（1）．

［20］姜付秀，黄继承，李丰也，任梦杰．谁选择了财务经历的CEO？［J］．管理世界，2012（2）．

［21］姜付秀，黄继承．CEO财务经历与资本结构决策［J］．会计研究，2013（5）．

［22］姜付秀，石贝贝，马云飙．董事会秘书财务经历与盈余信息含量［J］．管理世界，2016（9）．

［23］姜付秀，石贝贝，马云飙．信息发布者的财务经历与企业融资约束［J］．经济研究，2016（6）．

［24］江轩宇，伊志宏．审计行业专长与股价崩盘风险［J］．中国会计评论，2013（2）．

［25］江轩宇，许年行．企业过度投资与股价崩盘风险［J］．金融研究，2015（8）．

［26］姜英兵，严婷．制度环境对会计准则执行的影响研究［J］．会计研究2012（4）．

［27］靳庆鲁，孔祥，侯青川．货币政策，民营企业投资效率与公司期权价值［J］．经济研究，2012（5）．

［28］李刚，夏冬林．盈余持续性、盈余信息含量和投资组合回报［J］．中国会计评论，2007（2）．

［29］李培功，沈艺峰．媒体的公司治理作用：中国的经验证据［J］．经济研究，2010（4）．

［30］李琦，罗炜，谷仕平．企业信用评级与盈余管理［J］．经济研究，

2011（2）.

［31］李爽，吴溪．盈余管理、审计意见与监事会态度——评监事会在我国公司治理中的作用［J］．审计研究，2003（1）.

［32］李斌，江伟．金融发展、融资约束与企业成长［J］．南开经济研究，2006（3）.

［33］李青原．会计信息质量、审计监督与公司投资效率——来自我国上市公司的经验证据［J］．审计研究，2009（4）.

［34］李增泉．所有权结构与股票价格的同步性——来自中国股票市场的证据［J］．中国会计与财务研究，2009（3）.

［35］李志军，王善平．货币政策、信息披露质量与公司债务融资［J］．会计研究，2011（10）.

［36］李小荣，刘行．CEO vs CFO：性别与股价崩盘风险［J］．世界经济，2012（12）.

［37］梁权熙，曾海舰．独立董事制度改革，独立董事的独立性与股价崩盘风险［J］．管理世界，2016（3）.

［38］林乐，郑登津．退市监管与股价崩盘风险［J］．中国工业经济，2016（12）.

［39］林长泉，毛新述，刘凯璇．董事会秘书性别与信息披露质量——来自沪深A股市场的经验证据［J］．金融研究，2016（9）.

［40］林俊波．证券市场信息传导机制与信息披露制度研究［D］．浙江大学博士学位论文，2005.

［41］林昕，安国祥，胡亚君．公司治理与信息披露质量——基于2006年至2007年深市A股上市公司的经验证据［J］．财会通讯，2005（18）.

［42］林毅夫，孙希芳．信息，非正规金融与中小企业融资［J］．经济研究，2005（7）.

［43］刘美玉，赵侠．职业董事会秘书“闪辞”：逐利本性还是制度短板［J］．管理世界，2014（4）.

［44］刘志远，张西征．投资/现金流敏感性能反映公司融资约束吗？——基于外部融资环境的研究［J］．经济管理，2010（5）.

［45］卢峰，姚洋．金融抑制下的法治，金融发展和经济增长［J］．中国社会科学，2004（1）.

［46］吕长江，赵宇恒．国有企业高层管理者激励效应研究——基于管理者权力的解释［J］．管理世界，2008（11）.

［47］马国臣，李鑫，孙静．中国制造业上市公司投资——现金流高敏感性实证研究［J］．中国工业经济，2008（10）．

［48］毛新述，王斌，林长泉，王楠．信息发布者与资本市场效率［J］．经济研究，2013（10）．

［49］权小锋，吴世农，文芳．管理层权力、私有收益与薪酬操纵［J］．经济研究，2010（11）．

［50］申景奇，伊志宏．产品市场竞争与机构投资者的治理效应——基于盈余管理的视角［J］．山西财经大学学报，2010（11）．

［51］沈俊伟．董事会结构与会计信息质量的相关性研究［D］．东南大学博士学士论文，2006.

［52］石美玲．外部治理对会计信息披露质量影响的实证研究［D］．重庆理工大学博士学位论文，2016.

［53］谭松涛，阚铄，崔小勇．互联网沟通能够改善市场信息效率吗？——基于深交所“互动易”网络平台的研究［J］．金融研究，2016（3）．

［54］谭跃，夏芳．股价与中国上市公司投资——盈余管理与投资者情绪的交叉研究［J］．会计研究，2011（8）．

［55］王超恩，张瑞君．内部控制，大股东掏空与股价崩盘风险［J］．山西财经大学学报，2015（10）．

［56］王克敏，王志超．高管控制权、报酬与盈余管理——基于中国上市公司的实证研究［J］．管理世界，2007（7）．

［57］王化成，佟岩．控股股东与盈余质量——基于盈余反应系数的考察［J］．会计研究，2006（2）．

［58］王化成，曹丰，高升好，李争光．投资者保护与股价崩盘风险［J］．财贸经济，2014（10）．

［59］王化成，曹丰，叶康涛．监督还是掏空：大股东持股比例与股价崩盘风险［J］．管理世界，2015（2）．

［60］王少飞，孙铮，张旭．审计意见、制度环境与融资约束——来自我国上市公司的实证分析［J］．审计研究，2009（2）．

［61］王跃堂，孙铮，陈世敏．会计改革与会计信息质量——来自中国证券市场的经验证据［J］．会计研究，2010（7）．

［62］吴育辉，吴世农．高管薪酬：激励还是自利？——来自中国上市公司的证据［J］．会计研究，2010（11）．

［63］魏刚，肖泽忠，Travlos，N.，邹宏．独立董事背景与公司经营绩效

[J]. 经济研究，2007（3）.

[64] 吴清华，王平心，殷俊明．审计委员会、董事会特征与财务呈报质量——一项基于中国证券市场的实证研究 [J]. 管理评论，2012（7）.

[65] 向锐，章成蓉，干胜道．终极控股、制度环境与信息披露质量及其经济后果——来自中国家族上市公司的经验证据 [J]. 四川大学学报（哲学社会科学版），2012（1）.

[66] 谢德仁，郑登津，崔宸瑜．控股股东股权质押是潜在的“地雷”吗？——基于股价崩盘风险视角的研究 [J]. 管理世界，2016（5）.

[67] 熊艳，李常青，魏志华．媒体“轰动效应”：传导机制、经济后果与声誉惩戒——基于“霸王事件”的案例研究 [J]. 管理世界，2011（10）.

[68] 杨继东．媒体影响了投资者行为吗？——基于文献的一个思考 [J]. 金融研究，2007（11）.

[69] 杨德明，赵璨．媒体监督、媒体治理与高管薪酬 [J]. 经济研究，2012（6）.

[70] 伊志宏，姜付秀，秦义虎．产品市场竞争、公司治理与信息披露质量 [J]. 管理世界，2010（1）.

[71] 游家兴，吴静．沉默的螺旋：媒体情绪与资产误定价 [J]. 新产经，2012（7）.

[72] 喻坤，李治国，张晓蓉，徐剑刚．企业投资效率之谜：融资约束假说与货币政策冲击 [J]. 经济研究，2014（5）.

[73] 原红旗，黄倩茹．承销商分析师与非承销商分析师预测评级比较研究 [J]. 中国会计评论，2007（3）.

[74] 袁知柱，鞠晓峰．制度环境、公司治理与股价信息含量 [J]. 管理科学，2009（1）.

[75] 赵驰，周勤，汪建．信用倾向、融资约束与中小企业成长——基于长三角工业企业的实证 [J]. 中国工业经济，2012（9）.

[76] 张继勋，韩冬梅．网络互动平台沟通中管理层回复的及时性、明确性与投资者投资决策——一项实验证据 [J]. 管理评论，2015（10）.

[77] 赵静梅，何欣，吴风云．中国股市谣言研究：传谣、辟谣及其对股价的冲击 [J]. 管理世界，2010（11）.

[78] 张纯，吕伟．机构投资者、终极产权与融资约束 [J]. 管理世界，2007（11）.

[79] 张宏亮，崔学刚．投资者关系、公司价值与投资者保护——基于金牌

董事会秘书评比结果的实证研究［J］. 财贸研究，2009（4）.

［80］张翼，马光. 法律、公司治理与公司丑闻［J］. 管理世界，2005（10）.

［81］张涛甫. 假新闻是怎样生成的？——以《新闻记者》六年来“十大假新闻”为分析样本［J］. 新闻记者，2007（2）.

［82］郑志刚. 法律外制度的公司治理角色——一个文献综述［J］. 管理世界，2007（9）.

［83］周冬华，赵玉洁. 微博信息披露有利于降低股价同步性吗？［J］. 当代财经，2016（8）.

［84］周开国，李涛，张燕. 董事会秘书与信息披露质量［J］. 金融研究，2011（7）.

［85］周泽将. 信息披露透明度与公司治理关系的实证分析——源自深市信息披露评分的证据［J］. 铜陵学院学报，2007（4）.

［86］朱松. 企业社会责任，市场评价与盈余信息含量［J］. 会计研究，2011（11）.

［87］朱松，夏冬林. 制度环境、经济发展水平与会计稳健性［J］. 审计与经济研究，2009（6）.

［88］曾颖，陆正飞. 信息披露质量与股权融资成本［J］. 经济研究，2006（2）.

［89］Ackert L. F. and G. Athanassakos. A Simultaneous Equations Analysis of Analysts' Forecast Bias, Analyst Following, and Institutional Ownership［J］. Journal of Business Finance & Accounting, 2003（30）: 1017-1042.

［90］Admati A. R. and P. Pfleiderer. The Wall Street Walk and Shareholder Activism: Exit as a form of voice［J］. Review of Financial Studies, 2009（22）: 2645-2685.

［91］Adams R. B. and D. Ferreira. Women in the Boardroom and Their Impact on Governance and Performance［J］. Journal of Financial Economics, 2009（94）: 291-309.

［92］Affleck-Graves J., C. M. Callahan and N. Chipalkatti. Earnings Predictability, Information Asymmetry, and Market Liquidity［J］. Journal of Accounting Research, 2002（40）: 561-583.

［93］Amihud Y. and H. Mendelson. Liquidity and Asset Prices: Financial Management Implications［J］. Financial Management, 1988（17）: 5-15.

[94] Andres P. D. , and Vallelado E . Corporate Governance in Banking: The Role of the Board of Directors [J] . Journal of Banking & Finance, 2008, 32(12):2570-2580.

[95] An H. & Zhang T. , Stock Price Synchronicity, Crash Risk Institutional Investors [J]. Journal of Corporate Finance, 2013 (21): 1-15.

[96] Agrawal A. and S. Chadha. Corporate Governance and Accounting Scan Dals [J]. The Journal of Law and Economics, 2005 (48): 371-406.

[97] Aerson R. C. , T. W. Bates, J. M. Bizjak and M. L. Lemmon Pay for Performance and Firm Diversification [J]. Financial Management, 2000 (29): 5-22.

[98] Akerlof G. A. , The Market for Lemons: Quality Uncertainty and the Market Mechanism [J]. Quarterly Journal of Economics, 1970 (84): 488-500.

[99] Alchian A. A. , Uncertainty, Evolution, and Economic Theory [J]. The Journal of Political Economy, 1998 (58): 211-221.

[100] Allen F. , and D. Gale. Corporate Governance and Competition, Presented in a Conference on Corporate Governance in Barcelona, Spain [M]. Corporate Governance: Theoretical and Empirical Perspectives. Cambridge University Press in 2000, 1998.

[101] Allen F. and D. Gale. Comparing Financial Systems [M]. MIT Press, 2000.

[102] Almeida H. and M. Campello. Financial Constraints and Investment-cash Flow Sensitivities: New Research Directions [M]. Unpublished Working Paper, New York University, 2001.

[103] Ameida H. and M. Campello. Financial Constraints, Asset Tangibility, and Corporate Investment [J]. Review of Financial Studies, 2007 (20): 1429-1460.

[104] Almeida H. , M. Campello and M. Weisbach. The Cash Flow Sensitivity of Cash [J]. Journal of Finance , 2004 (59): 1777-1804.

[105] Arrow K. J. Utility and Expectation in economic behavior [M]//Singmund Koch (Ed.) . Psychology: A Study of a Science. Volume 6: Investiga-tions of Man as Socius: Their Place in Psychology and the Social Sciences McGraw-Hill [M]. New York, 1963: 724-752.

[106] Aula P. Social Media, Reputation Risk and Ambient Publicity Managementc [J]. Strategy & Leadership , 2010 (38): 43-49.

[107] Balvers R. J. , B. Mcdonald and R. E. Miller. Underpricing of New Issues and the Choice of Auditor as a Signal of Investment Banker Reputation [J]. Accounting Review, 1988 (63): 605-622.

[108] Barker V., and G. Mueller. CEO Characteristics and Firm R&D Spending [J]. Management Science, 2002 (48): 782-801.

[109] Baker M., J. C. Stein and J. Wurgler. When does the Market Matter? Stock Prices and the Investment of Equity-Dependent Firms [J]. Quarterly Journal of Economics, 2002 (118): 969-1005.

[110] Beasley M. S. An Empirical Analysis of the Relation Between the Board of Director Composition and Financial Statement Fraud [J]. Social Science Electronic Publishing, 1996 (71): 443-465.

[111] Beatty R. P. Auditor Reputation and The Pricing of Initial Public Offerings [J]. Accounting Review, 1989 (64): 693-709.

[112] Beatty A., S. Liao and J. WeberFinancial Reporting Quality, Private Information, Monitoring, and The Lease-versus-buy Decision [J]. The Accounting Review, 2010 (85): 1215-1238.

[113] Behn B. K., J. Choi and T. Kang. Audit Quality and Properties of Analyst Earnings Forecasts [J]. Accounting Review, 2011 (83) 327-349.

[114] Beneish M. D. and M. E. Vargus. Insider Trading, Earnings Quality, and Accrual Mispricing [J]. Accounting Review, 2011 (77): 755-791.

[115] Berger A. N., M. A. Espinosa-Vega, W. S. Frame and N. H. Miller. Debt Maturity, Risk, and Asymmetric Information [J]. The Journal of Finance, 2005 (60): 2895-2923.

[116] Berle A. A. and G. C. Means, Modern Corporation and Private Property [M]. The Modern Corporation and Private Property, 1932: 25-49.

[117] Besley T. and A. Prat. Handcuffs for the Grabbing Hand? Media Capture and Government Accountability[J]. American Economic Review, 2006 (96): 720-736.

[118] Biddle G. and G. Hilary. Accounting Quality and Firm- Level Capital Investment [J]. The Accounting Review, 2006 (81): 963-982.

[119] Bjerring J. H., J. Lakonishok and T. Vermaelen. Stock Prices and Financial Analysts' Recommendations [J]. The Journal of Finance, 1983(38): 187-204.

[120] Blankespoor E., Miller G. S. and White H. D. The Role of Dissemination in Market Liquidity: Evidence From Firms' Use of Twitter [J]. Social Science Electronic Publishing, 2013 (89): 79-112.

[121] Bloch C. R&D Investment and Internal Finance: The Cash Flow Effect [J]. Economics of Innovation & New Technology, 2005 (14): 213-223.

[122] Bolton P. and D. S. Scharfstein. A Theory of Predation Based on Agency Problems in Financial Contracting [J]. American Economic Review, 1990 (80): 93-106.

[123] Booth J. R. and D. N. Deli. On Executives of Financial Institutions as Outside Directors [J]. Journal of Corporate Finance, 1999 (5): 227-250.

[124] Boubaker S. and H. Sami. Multiple Large Shareholders and Earnings Informativeness [J]. Review of Accounting and Finance, 2011 (10): 246-266.

[125] Boubaker S., Mansali H., Rjiba H. Large Controlling Shareholders and Stock Price Synchronicity [J]. Journal of Banking & Finance, 2014 (40): 80-96.

[126] Boubaker S., H. Sami Multiple Large Shareholders and Earnings Informativeness [J]. Review of Accounting and Finance, 2011 (10): 246-266.

[127] Boubakri N., J. C. Cosset and H. Smaoui. Does Privatization Foster Changes in The Quality of Legal Institutions? [J]. Journal of Financial Research, 2009 (32): 169-197.

[128] Bowen R. M., A. K. Davis and D. A. Matsumoto. Do Conference Calls Affect Analysts Forecasts? [J]. Accounting Review, 2002 (77): 285-316.

[129] Brennan M. J. and A. Subrahmanyam. Market Microstructure and Asset Pricing: On the Compensation for Illiquidity in Stock returns [J]. Journal of Financial Economics, 1996 (41): 441-464.

[130] Brennan M. J. and P. J. Hughes. Stock Prices and The Supply of Information [J]. The Journal of Finance, 1991 (46): 1665-1691.

[131] Brockman P. and D. Y. Chung. Investor Protection and Firm Liquidity [J]. The Journal of Finance, 2003 (58): 921-938.

[132] Brown B. D. and V. Anastasopoulos. Women on Boards: Not Just the Right Thing. But The "Bright" Thing [M]. The Conference Board of, Canada, 2010: 341-402.

[133] Brown J. R. and B. C. Petersen. Cash holdings and R&D smoothing [J]. Journal of Corporate Finance, 2010 (17): 694-709.

[134] Burns N. and S. Kedia. The Impact of Performance-Based Compensation On Misreporting [J]. Journal of Financial Economics, 2006 (79): 35-67.

[135] Bushee B. J., D. A. Matsumoto and G. S. Miller. Managerial and Investor Responses to Disclosure Regulation: The Case of Reg Fd and Conference calls [J]. Accounting Review, 2004 (79): 617-643.

[136] Bushee B. J., J. E. Core, W. Guay and S. J. Hamm. The Role of the Busi-

ness Press As an Information Intermediary [J]. Journal of Accounting Research, 2010 (48): 1-19.

[137] Bushman R. and A. Smith. Financial Accounting Information and Corporate Governance [J]. Journal of Accounting and Economics, 2001 (32): 237-333.

[138] Bushman R. M. and J. D. Piotroski. Financial Reporting Incentives for Conservative Accounting: The Influence of Legal and Political Institutions [J]. Journal of Accounting and Economics, 2006 (42): 107-148.

[139] Bushman R. M., J. D. Piotroski and A. J. Smith. What Determines Corporate Transparency [J]. Journal of Accounting Research, 2004 (42): 207-252.

[140] Cai H. and Q. Liu. Competition and Corporate Tax Avoidance: Evidence From Chinese Industrial Firms [J]. The Economic Journal, 2009 (119): 764-795.

[141] Callen J. L. and Fang X. Institutional Investor Stability and Crash Risk: Monitoring Versus Short-Termism? [J]. Journal of Banking & Finance, 2013, 37 (8): 3047-3063.

[142] Callen J. L. and Fang X. Crash Risk and the Auditor-Client Relationship [J]. Contemporary Accounting Research, 2016.

[143] Bennedsen M. and Wolfenzon D. The Balance of Power in Closely Held Corporations [J]. Journal of Financial Economics, 2000, 58 (1): 113-139.

[144] Gomes A. and Novaes W. Sharing of Control Versus Monitoring as Corporate Governance Mechanisms [M]. Unpublished Working Paper, 2006.

[145] Carcello J. V., D. R. Hermanson, T. L. Neal and R. A. Riley. Board Characteristics and Audit Fees [J]. Contemporary Accounting Research, 2002 (19): 365-384.

[146] Carter D. A., B. J. Simkins and W. G. Simpson. Corporate Governance, Board Diversity, and Firm Value [J]. Financial Review, 2003 (38): 33-53.

[147] Chang M., G. D. Anna, I. Watson and M. Wee. Does Disclosure Quality Via Investor Relations Affect Information Asymmetry? [J]. Australian Journal of Management, 2008 (33): 375-390.

[148] Chang X., S. Dasgupta and G. Hilary. Analyst coverage and financing decisions [J]. The Journal of Finance, 2006 (61): 3009-3048.

[149] Cheng Q. and D. B. Farber. Earnings Restatements, Changes in Ceo Compensation and Firm Performance [J]. Accounting Review, 2011(83):1217-1250.

[150] Cheng B., I. Ioannou and G. Serafeim. Corporate Social Responsibility and

Access to Finance [J]. Strategic Management Journal, 2014 (35): 1-23.

[151] Chung R., M. Firth and J. Kim. Institutional Monitoring and Opportunistic Earnings Management [J]. Journal of Corporate Finance, 2002 (8): 29-48.

[152] Coles J., N. Daniel and L. Naveen. Co-Opted Boards: Costs, Benefits, Causes and Consequences [M]. Unpublished Working Paper, 2007.

[153] Coles J. L., N. D. Daniel and L. Naveen. Boards: Does one size fit all? [J]. Journal of Financial Economics, 2008 (87): 329-356.

[154] Crutchley C., J. Garner and B. Marshall. Does One-Size Fit All? A Comparison of Boards Between Newly Public and Mature Firms [C]. Unpublished Working Paper, Drexel University, 2004.

[155] Cubbin J. and D. Leech. The Effect of Shareholding Dispersion on the Degree of Control in British Companies: Theory and Measurement [J]. The Economic Journal, 1983 (93): 351-369.

[156] Cumming D. J. Gender Diversity and Securities Fraud [J]. Ssrn Electronic Journal, 2015 (58): 1572-1593.

[157] Custódio C. and D. Metzger. Financial Expert CEOs: CEO's Work Experience and Firm's Financial Policies [J]. Journal of Financial Economics, 2014 (114): 125-154.

[158] Dan S. D. and S. S. Reynolds. The Effect of the Default Risk of Debt on the Earnings Response Coefficient [J]. Accounting Review, 1994 (69): 412-419.

[159] Dalton D. R., C. M. Daily, J. L. Johnson and A. E. Ellstrand, 1999b, Number of Directors and Financial Performance: A Meta-Analysis [J]. Academy of Management Journal, 1999 (42): 674-686.

[160] Dalton D. R., M. A. Hitt, T. S. Certo and C. M. Dalton. The Fundamental Agency Problem and Its Mitigation: Independence, Equity, and the Market for Corporate Control [J]. British Journal of Venereal Diseases, 2007 (37): 223-8.

[161] Davis L. R. Bosoo. Auditor Tenure, Auditor Independence and Earnings Management [M]. Management None, 2000: 1-42.

[162] Davis P. and J. Donaldson. Ethical Structures and Processes for Large Organizations [N]. Journal of Business Ethics, 1991.

[163] Davis J. H., F. D. Schoorman and L. Donaldson. Toward a Stewardship Theory of Management [J]. Academy of Management Review, 1997 (22): 20-47.

[164] Davis L. R. and G. Trompeter. Anditor Tenure, Auditor Independence and

Earnings Management [D]. Working Paper, Boston College, 2002.

[165] DeAngelo L. Auditor Size and Audit Quality [J]. Journal of Accounting and Economics, 1981 (3): 183-199.

[166] Dearborn D. and H. Simon. Selective Perceptions: A Note on the Departmental Identification of Executives [J]. Sociometry, 1958 (21): 140-44.

[167] Dechow P. M., R. G. Sloan and A. P. Sweeney. Causes and Consequences of Earnings Manipulation: An Analysis of Firms Subject to Enforcement Actions by the SEC [J]. Contemporary Accounting Research, 1996 (13): 1-36.

[168] Defond M., M. Hung and R. Trezevant. Investor Protection and the Information Content Of Annual Earnings Announcements: International Evidence [J]. Journal of Accounting & Economics, 2007 (43): 37-67.

[169] DeFond M. L. and J. Jiambalvo. Incidence and Circumstances of Accounting Errors [J]. Accounting Review, 1991 (66): 643-655.

[170] DeFond M. L., R. N. Hann and X. Hu. Does the Market Value Fina-ncial Expertise On Audit Committees of Boards of Directors? [J]. Journal of Accou-nting Research, 2005 (43): 153-193.

[171] Dichev I. D. Is the Risk of Bankruptcy a Systematic Risk? [J]. The Journal of Finance, 1998 (53): 1131-1147.

[172] Dierkens N. Information Asymmetry and Equity Issues [J]. Journal of Financial and Quantitative Analysis, 1991 (26): 181-199.

[173] Donaldson L. and J. H. DavisStewardship Theory or Agency Theory: CEO Governance and Shareholder Returns [J]. Australian Journal of Management, 1991 (16): 49-64.

[174] Dugar A. and S. Nathan. The Effect of Investment Banking Relation-ships on Financial Analysts'Earnings Forecasts and Investment Recommendations [J]. Contemporary Accounting Research, 1995 (12): 131-160.

[175] Dyck I. J. and L. Zingales. The Corporate Governance Role of the Media [M]. Norking Paper, Inc, 2002.

[176] Dyck A. and L. Zingales. Media versus Special Interests [C]. Working Paper, 2008.

[177] Dyck A. and L. Zingales. Who Blows the Whistle on Corporate Fraud? [J]. The Journal of Finance, 2010 (65): 2213-2253.

[178] Dye R. A. Auditing Standards, Legal Liability, and Auditor Wealth [J].

Journal of Political Economy, 1993 (101): 887-914.

[179] Easley D. and M. O' Hara. Information and the Cost of Capital [J]. The Journal of Finance, 2004 (59): 1553-1583.

[180] Efendi J., A. Srivastava and E. P. Swanson. Why Do Corporate Managers Misstate Financial Statements? The Role of Option Compensation and Other Factors [J]. Journal of Financial Economics, 2007 (85): 667-708.

[181] Eisenhardt K. M. Agency Theory: An Assessment and Review [J]. Academy of Management Rreview, 1989 (14): 57-74.

[182] Faleye O., R. Hoitash and U. Hoitash. The Costs of Intense Board Monitoring [J]. Journal of Financial Economics, 2011 (101): 160-181.

[183] Fama E. F. Agency Problems and the Theory of the Firm [J]. The Journal of Political Economy, 1980 (88): 288-307.

[184] Fama E. F. and M. C. Jensen. Separation of Ownership and Control [J]. The Journal of Law & Economics, 1983 (26): 301-325.

[185] Fan J. P. and T. J. Wong. Corporate Ownership Structure and the Informativeness of Accounting Earnings in East Asia [J]. Journal of Accounting and Economics, 2002 (33): 401-425.

[186] Fazzari S. M. and M. J. Athey. Asymmetric Information, Financing Constraints, and Investment [J]. Review of Economics & Statistics, 1988 (69): 481-487.

[187] Fazarri S. M., R. G. Hubbard, and B. C. Petersen. Financing Constraints and Corporate Investment [J]. Brookings Papers on Economic Activity, 1987 (1): 141-195.

[188] Forker J. J. Corporate Governance and Disclosure Quality [J]. Accounting & Business Research, 1992 (22): 111-124.

[189] Francis J. and D. Philbrick. Analysts' Decisions As Products of a Multi-Task Environment [J]. Journal of Accounting Research, 1993 (31): 216-230.

[190] Frank M. Z. and V. K. Goyal. Trade-off and Pecking Order Theories of Debt [J]. Social Science Electronic Publishing, 2007 (1): 135-202.

[191] Frankel R., S. P. Kothari and J. Weber. Determinants of the Informa-tiveness of Analyst Research [J]. Journal of Accounting & Economics, 2006(41):29-54.

[192] Frankel R. and X. Li. Characteristics of a Firm's Information Environment and the Information Asymmetry Between Insiders and Outsiders [J]. Journal of Ac-

counting and Economics, 2004 (37): 229-259.

[193] Francis J., R. LaFond, P. M. Olsson and K. Schipper. Costs of Equity and Earnings Attributes [J]. The Accounting Review, 2004 (79): 967-1010.

[194] Francis J. R., E. L. Maydew and H. C. Sparks. The Role of Big 6 Auditors in the Credible Reporting of Accruals [J]. Auditing: A Journal of Practice & Theory, 1999 (18): 17-34.

[195] Frydman C. and D. Jenter. CEO Compensation [J]. Annual Review of Financial Economics, 2010 (2): 75-102.

[196] Geiger M. A. and K. Raghunandan. Auditor Tenure and Audit Reporting Failures [J]. Auditing A Journal of Practice & Theory, 2002 (21): 67-78.

[197] Gentzkow M. and J. M. Shapiro. Media Bias and Reputation [J]. Journal of Political Economy, 2006 (114): 280-316.

[198] Goodstein J., K. Gautam and W. Boeker. The Effects of Board Size and Diversity on Strategic Change [J]. Strategic Management Journal, 1994(15):241-250.

[199] Gopalan R. Large Shareholder Trading and Takeovers: The Disciplinary Role of Voting With Your Feet [C]. Working Paper, 2006.

[200] Gopalan, R., Jayaraman, S. Private Control Benefits and Earnings Management: Evidence From Insider Controlled Firms [J]. Journal of Accounting Research, 2012 (50): 117-157.

[201] Graham J., C. Harvey, and S. Rajgopal. The Economic Implications of Corporate Financial Reporting [J]. Journal of Accounting and Economics, 2005 (40): 3-73.

[202] Graham J., C. Harvey and M. Puri. Managerial Attitudes and Corporate Actions [J]. Journal of Financial Economics, 2013 (109): 103-121.

[203] Green T. C., R. Jame, S. Markov and M. Subasi. Access to Management and the Informativeness of Analyst Research [J]. Journal of Financial Economics, 2014 (114): 239-255.

[204] Greenwald B., J. E. Stiglitz and A. Weiss. Informational Imperfections in the Capital Market and Macroeconomic Fluctuations [J]. The American Economic Review, 1984 (74): 194-199.

[205] Greenwood M., C. Willis, P. Doswell, G. Allen and K. Pathak. Evaluation of Chromogenic Media for the Detection of Listeria Species in Food [J]. Journal of Applied Microbiology, 2005 (99): 1340-1345.

[206] Grossman S. J. and Hart O. D. Takeover Bids, the Free-Rider Problem, and the Theory of the Corporation [J]. The Bell Journal of Economics, 1980(11):42-64.

[207] Gu Z. and J. Xue. The Superiority and Disciplining Role of Independent Analysts [J]. Journal of Accounting & Economics, 2008 (45): 289-316.

[208] Gul F. A., B. Srinidhi and J. S. Tsui. Board Diversity and the Demand for Higher Audit Effort [C]. Working Paper, 2008.

[209] Gul F. A., L. T. Cheng and T. Y. Leung. Perks and the Informativeness of Stock Prices in the Chinese Market [J]. Journal of Corporate Finance, 2011 (17): 1410-1429.

[210] Güner A., U. Malmendier and G. Tate. Financial Expertise of Directors [J]. Journal of Financial Economics, 2008 (88): 323-354.

[211] Hadlock C. and J. Pierce. New Evidence on Measuring Financial Constraints: Moving Beyond The KZ Index [J]. Review of Financial Studies, 2010 (23): 1909-1940.

[212] Hambrick D. and P. Mason. Upper Echelons: The Organization As A Reflection of Its Top Managers [J]. Academy of Management Review, 1984 (9): 193-206.

[213] Hambrick D. and G. Fukutomi. The Seasons of a CEO's Tenure [J]. Academy of Management Review, 1991 (16): 719-742.

[214] Han S., J. Y. Jin, T. Kang and G. Lobo. Managerial Ownership and Financial analysts' Information Environment [J]. Journal of Business Finance & Accounting, 2014 (41): 328-362.

[215] Hart O. and J. Moore. Debt and Seniority: An Analysis of the Role of Hard Claims in Constraining Management [J]. American Economic Review, 1995 (85): 567-585.

[216] Hassink H., L. Bollen and M. Steggink. Symmetrical Versus Asymmetrical Company: Investor Communications Via the Internet". Corporate Communications, 2007 (20): 3435-3446.

[217] Haw I. M., B. Hu., L. S. Hwang and W. Wu. Ultimate Ownership, Income Management, and Legal and Extra - Legal Institutions [J]. Journal of Accounting Research, 2004 (42): 423-462.

[218] Healy P. M. The Effect of Bonus Schemes On Accounting Decisions [J]. Journal of Accounting and Economics, 1985 (7): 85-107.

[219] Healy P. M., A. P. Hutton and K. G. Palepu. Stock Performance and In-

termediation Changes Surrounding Sustained Increases in Disclosure [J]. Contemporary Accounting Research, 1999 (16): 485-520.

[220] Kim J., Li Y., Zhang L. Corporate Tax Avoidance and Stock Price Crash Risk: Firm-Level Analysis [J]. Journal of Financial Economics, 2011, 100 (3): 639-662.

[221] Hermalin B. E. and M. S. Weisbach. Endogenously Chosen Boards of Directors and their Monitoring of the CEO [J]. American Economic Review, 1998(88): 96-118.

[222] Hermalin B. E. and M. S. Weisbach. Boards of Directors as an Endogenously Determined Institution: A Survey of the Economic Literature [J]. FRBNY Economic Policy Review, 2003 (4): 7-26.

[223] Hitt M. and B. Tyler. Strategic Decision Models: Integrating Different Perspectives [J]. Strategic Management Journal, 1991 (12) 327-351.

[224] Holderness C. G. and D. P. Sheehan. Raiders or Saviors? The Evidence on Six Controversial Investors [J]. Journal of Financial Economics, 1985(14):555-579.

[225] Holland K. M. and J. G. Horton. Initial Public Offerings on the Unlisted Securities Market: The Impact of Professional Advisers [J]. Accounting & Business Research, 1993 (24): 19-34.

[226] Holmstrom B. Moral Hazard in Teams [J]. The Bell Journal of Economics, 1982 (13): 324-340.

[227] Hong H., T. Lim and J. C. Stein. Bad News Travels Slowly: Size, Analyst Coverage, and The Profitability of Momentum Strategies [J]. The Journal of Finance, 2000 (55): 265-295.

[228] Hope O. K. Disclosure Practices, Enforcement of Accounting Standards, and Analysts'Forecast Accuracy: An International Study [J]. Journd of Accounting Research, 2002 (44): 235-272.

[229] Hoshi T., A. Kashyap, and D. Scharfstein. The Role of Banks in Reducing the Costs of Financial Distress in Japan [J]. Journal of Financial Economics, 1990 (27): 67-88.

[230] Hovakimian A. and G. Li. In Search of Conclusive Evidence: How to Test For Adjustment to Target Capital Structure [J]. Journal of Corporate Finance, 2011 (17): 33-44.

[231] Hu C. and Y. Liu. Valuing Diversity: CEOs'Career Experiences and Corpo-

rate Investment [J]. Journal of Corporate Finance, 2015 (30): 11-31.

[232] Hutton A. P., A. J. Marcus and H. Tehranian. Opaque Financial Reports, r2, and Crash Risk [J]. Journal of Financial Economics, 2009 (94): 67-86.

[233] Ivashina V. Asymmetric Information Effects on Loan Spreads [J]. Journal of Financial Economics, 2009 (92): 300-319.

[234] Jackson A. R. Trade generation, reputation, and sell-side analysts [J]. The Journal of Finance, 2005 (60): 673-717.

[235] Jensen M. C. The Modern Industrial Revolution, Exit, and the Failure of Internal Control Systems [J]. The Journal of Finance, 1993 (48): 831-880.

[236] Jensen M. C. and W. H. Meckling. Theory of the Firm: Managerial Behavior, Agency Costs and Ownership Structure [J]. Journal of Financial Economics, 1976 (3): 305-360.

[237] Jensen M., and E. Zajac. Corporate Elites and Corporate Strategy: How Demographic Preferences and Structural Position Shape the Scope of the Firm [J]. Strategic Management Journal, 2004 (25): 507-524.

[238] Jin L., and Myers S. C. R^2 Around the World: New Theory and New Tests [J]. Journal of Financial Economics, 2006 (79): 257~292.

[239] Edmans A. and Manso G. Governance through Exit and Voice: A Theory of Multiple Blockholders. Retrieved March [C]. Working Paper, 2009.

[240] Jurkus A. F., J. C. Park and L. S. Woodard. Gender Diversity, Firm Performance, and Environment [J]. SSRN Working Papers, 2008.

[241] Jorion P., Z. Liu and C. Shi. Informational Effects of Regulation Fd: Evidence From Rating Agencies [J]. Journal of Financial Economics, 2005(76):309-330.

[242] Kaplan N. S. and L. Zingales. Do Investment-cash Flow Sensitivities ProvideUseful Measures of Financing Constraints? [J]. The Quarterly Journal of Economics, 1997 (115): 707-712.

[243] Khanna T. and Thomas, C. Synchronicity and Firm Interlocks in an Emerging Market [J]. Journal of Financial Economics, 2009 (92): 182-204.

[244] Kim J. B. and C. H. Yi. Ownership Structure, Business Group Affiliation, Listing Status, and Earnings Management: Evidence from Korea [J]. Contemporary Accounting Research, 2006 (23): 427-464.

[245] Kimbrough M. D. The Effect of Conference Calls on Analyst And Market Underreaction to Earnings Announcements [J]. Accounting Review, 2011 (80):

189-219.

[246] Kim J., Li Y., Zhang L. CFOs Versus CEOs: Equity Incentives and Crashes [J]. Journal of Financial Economics, 2011, 101 (3): 713-730.

[247] Kim J. and Zhang L. Does Accounting Conservatism Reduce Stock Price Crash Risk? Firm-Level Evidence [C]. Unpublished Working Paper, City University of Hong Kong, 2010.

[248] DeFond M. L., Hung M., Li S., Li Y. Does Mandatory IFRS Adoption Affect Crash Risk? [J]. The Accounting Review, 2014, 90 (1): 265-299.

[249] Kim O. and R. E. Verrecchia. Market Liquidity and Volume Around Earnings Announcements [J]. Journal of Accounting & Economics, 1994 (17): 41-67.

[250] Klein A. and E. Zur. Entrepreneurial Shareholder Activism: Hedge Funds and Other Private Investors [J]. The Journal of Finance, 2009 (64): 187-229.

[251] Knyazeva A. and D. Knyazeva. Product Market Competition and Shareholder Rights: International Evidence [J]. European Financial Management, 2012 (18): 663-694.

[252] Koh P. Institutional Investor Type, Earnings Management and Benchmark Beaters [J]. Journal of Accounting and Public Policy, 2007 (26): 267-299.

[253] Korczak P. and A. Tavakkol. Institutional Investors and The Information Content of Earnings Announcements: The Case of Poland [J]. Economic Systems, 2005 (28): 193-208.

[254] Kross W., B. Ro, and D. Schroeder. Earnings expectations: The Analysts' Information Advantage [J]. Accounting Review, 1990 (65): 461-476.

[255] Lafond R. and S. Roychowdhury. Managerial Ownership and Accounting Conservatism [J]. Journal of Accounting Research, 2008 (46): 101-135.

[256] La Porta, R., F. Lopez-de-Silanes, A. Shleifer, and R. Vishny. Law and Finance [J]. Journal of Political Economy, 1998 (106): 1113-1155.

[257] Lamont, O., C. Polk, and J. Saa-Requejo. Financial Constraints and Stock Returns [J]. Review of Financial Studies, 2001 (14): 529-554.

[258] Lang M. and R. Lundholm. Cross-Sectional Determinants of Analyst Ratings of Corporate Disclosures [J]. Journal of Accounting Research, 1993 (31): 246-271.

[259] Lennox C. Management Ownership and Audit Firm Size [J]. Contemporary Accounting Research, 2005 (22): 205-227.

[260] Leuz C., Nanda D., Wysocki P. D. Earnings Management and Investor

Protection: An International Comparison [J]. Journal of Financial Economics, 2003, 69(3): 505-527.

[261] Laux V. Board Independence and CEO Turnover [J]. Journal of Accounting Research, 2008 (46): 137-171.

[262] Lehn K. M., S. Patro and M. Zhao. Determinants of the Size and Composition of Us Corporate Boards: 1935-2000 [J]. Financial Management, 2009 (38): 747-780.

[263] Leuz C., D. Nanda and P. D. Wysocki. Earnings Management and Investor Protection: An International Comparison [J]. Journal of Financial Economics, 2003 (69): 505-527.

[264] Lin H. W. and M. F. Mcnichols. Underwriting Relationships, Analysts' Earnings Forecasts and Investment Recommendations [J]. Journal of Accounting & Economics, 1998 (25): 101-127.

[265] Lipton M. and J. W. Lorsch. A Modest Proposal for Improved Corporate Governance [J]. The Business Lawyer, 1992 (48): 59-77.

[266] Liu M. H. Analysts' Incentives to Produce Industry-Level Versus Firm-Specific Information [J]. Journal of Financial and Quantitative Analysis, 2011 (46): 757-784.

[267] Livdan D., H. Sapriza and L. U. Zhang. Financially Constrained Stock Returns [J]. The Journal of Finance, 2009 (64): 1827-1862.

[268] Love I. and N. Mylenko. Credit reporting and Financing Constraints [J]. Social Science Electronic Publishing, 2003: 1-33.

[269] Mace M. L. Directors: Myth and reality [M]. Harvard University Press, 1971.

[270] Madden M. and A. Smith. Reputation Management and Social Media [C]. Working Paper, 2010.

[271] Malone D., C. Fries and T. Jones. An Empirical Investigation of the Extent of Corporate Financial Disclosure in the Oil and Gas Industry [J]. Journal of Accounting, Auditing & Finance, 1993 (8): 249-273.

[272] Matsumoto D., M. Pronk and E. Roelofsen. What Makes Conference Calls Useful? The Information Content of Managers' Presentations And Analysts' Discussion Sessions [J]. Accounting Review, 2011 (86): 1383-1414.

[273] Mautz R. K. and H. A. Sharaf. The Philosophy of Auditing [C]. American

Accounting Association Monograph, 1961.

[274] Mcnichols M. and P. C. O' Brien. Self - Selection and Analyst Coverage [J]. Journal of Accounting Research, 1997 (35): 167-199.

[275] Mishkin F. S. The Information in the Longer Maturity Term Structure About Future Inflation [J]. Quarterly Journal of Economics, 1991(105):815-828.

[276] Mitra S. and W. M. Cready. Institutional Stock Ownership, Accrual Management, and Information Environment [J]. Journal of Accounting, Auditing & Finance, 2005 (20) 257-286.

[277] Modigliani, F. and M. H. Miller. The Cost of Capital, Corporation Finance and the Theory of Investment [J]. The American Economic Review, 1958(48): 261-297.

[278] Mola S. and M. Guidolin. Affiliated Mutual Funds and Analyst Optimism [J]. Journal of Financial Economics, 2007 (93): 108-137.

[279] Morck R., B. Yeung and W. Yu. The Information Content of Stock Markets: Why do Emerging Markets Have Synchronous Stock Price Movements? [J]. Journal of Financial Economics, 2000 (58): 215-260.

[280] Moyer R. C., R. E. Chatfield and P. M. Sisneros. Security Analyst Monitoring Activity: Agency Costs and Information Demands [J]. Journal of Financial and Quantitative Analysis, 1989 (24): 503-512.

[281] Mullainathan S. and A. Shleifer. The Market for News [J]. American Economic Review, 2005 (95): 1031-1053.

[282] Murphy R. G. Capital Mobility and The Relationship Between Saving And Investment Rates in OECD Countries [J]. Journal of International Money & Finance, 1984 (3): 327-342.

[283] Myers S. C. The Capital Structure Puzzle [J]. The Journal of Finance 39, 574-592.

[284] Myers S. C. and N. S. Majluf. Corporate Financing and Investment Decisions When Firms Have Information that Investors do not Have [J]. Joumal of Financial Economics, 1984 (13): 187-221.

[285] Nalebuff B. J. and J. E. Stiglitz. Information, Competition and Markets [J]. American Economic Review, 1983 (73): 278-283.

[286] Norden L. and M. Weber. The Comovement Of Credit Default Swap, Bond and Stock Markets: An Empirical Analysis [J]. Center for Financial Studies

(CFS), 2004.

[287] O'Brien P. C. and R. Bhushan. Analyst Following and Institutional Ownership [J]. Journal of Accounting Research, 1990 (28): 55-76.

[288] Odderswhite E. R. and M. J. Ready. Credit Ratings And Stock Liquidity [J]. Review of Financial Studies, 2005 (19): 119-157.

[289] Pagano M. and T. Jappelli. Information Sharing in Credit Markets [J]. The Journal of Finance, 1993 (48): 1693-1718.

[290] Peasnell K. P. Pore and S. Young. Accrual Management to Meet Earnings Targets: Uk Evidence Pre- and Post-Cadbury [J]. British Accounting Review, 2000 (32): 415-445.

[291] Peng L. and A. Röell. Executive Pay and Shareholder Litigation [J]. Social Science Electronic Publishing, 2008 (12): 141-184.

[292] Pfeffer J. and G. R. Salancik. The External Control of Organizations: A Resource Dependence Perspective [M]. Stanford University Press, 2003.

[293] Porta, R. L., Lopez - De - Silanes, F., Shleifer, A., and Vishny, R. W. Legal Determinants of External Finance [J]. The Journal of Finance, 1997 (52): 1131-1150.

[294] Piotroski J. and Wong T. J. Institutions and Information Environment of Chinese Listed Firms Capitalizing China [M]. Niversity of Chicago Press, 2012: 201-242.

[295] Piotroski J. Wong T. and T. Zhang. Political Incentives to Suppress Negative Information: Evidence From Chinese Listed Firms [J]. Journal of Accounting Research, 2015 (53): 405-459.

[296] Porta R. L., Lopez-de-Silanes F., Shleifer A., Vishny R. W. Law and Finance [J]. Journal of Political Economy, 1998, 106 (6): 1113-1155.

[297] Rosenbaum P. R. & Rubin D. B. The Central Role of the Propensity Score in Observational Studies for Causal Effects [J]. Biometrika, 1983: 41-55.

[298] Roll R. The Stochastic Dependence of Security Price Changes and Transaction Volumes: Implications for the Mixture-of-Distribution Hypothesis [J]. Journal of Finance1988 (43): 541-566.

[299] Rosen S. Implicit contracts: a survey [J]. Journal of Economic Literature, 1985 (23): 1144-1175.

[300] Rothschild M. and J. Stiglitz. Equilibrium in Competitive Insurance Markets: An Essay on The Economics of Imperfect Information [J]. Uncertainty in Eco-

nomics, 1978 (90): 629-649.

[301] Saeed A. Does Nature of Financial Institutions Matter to Firm Growth in Transition Economies? [J]. Eurasian Journal of Business & Economics, 2009 (2) .

[302] Shannon C. E. A Mathematical Theory of Com- munication [J]. Bell System Technical Journal, 1948 (27): 3-55.

[303] Shleifer A. and R. VishnyLarge Shareholders and Corporate Control [J]. Journal of Political Economy, 1986 (94): 461-488.

[304] Shores D. The Association Between Interim Information and Security Returns Surrounding Earnings Announcements [J]. Journal of Accounting Research, 1990 (28): 164-181.

[305] Shuto A. and T. Takada. Managerial Ownership and Accounting Conservatism: Empirical Evidence from Japan [J]. Research Institute for Economics & Business Administration, Kobe University, 2008 (227) .

[306] Simon H. A. Rationality in psychology and economics [J]. Journal of Business, 1986 (59): 209-224.

[307] Ho, S. M. Simon and K. S. Wong. A Study of The Relationship Between Corporate Governance Structures and the Extent of Voluntary Disclosure 7 [J]. Journal of International Accounting Auditing & Taxation, 2001 (2): 139-156.

[308] Solomon D. H. and E. F. Soltes. What are We Meeting For? The Consequences of Private Meetings With Investors [J]. The Journal of Law and Economics, 2015 (58) .

[309] Song J. Diversification Strategies and The Experiences of Top Executives in Large Firms [J]. Strategic Management Journal, 1982 (3): 377-380.

[310] Spence M. Job market signaling [J]. The Quarterly Journal of Economics, 1973 (3): 355-374.

[311] Srinidhi B. , F. A. Gul and J. Tsui. Female Directors and Earnings Quality [J]. Contemporary Accounting Research, 2011 (28): 1610-1644.

[312] Stigler G. J. Economies of Scale [J]. Journal of Law and Economics, 1958 (1): 54-71.

[313] Stigler G. J. The theory of price [J]. Journal of Political Economy, 1947 (21): 300-311.

[314] Stiglitz J. E. and A. Weiss. Credit Rationing in Markets with Imperfect Information [J]. The American Economic Review, 1981 (71): 393-410.

[315] Stiglitz J. E. and A. Weiss. Incentive Effects of Terminations: Applica-tions to the Credit and Labor Markets[M]. The American Economic Review, 1993: 912-927.

[316] Stiglitz J. E. Credit Markets and the Control of Capital [J]. Journal of Money, Credit and Banking, 1985 (17): 133-152.

[317] Sufi A. Information Asymmetry and Financing Arrangements: Evidence from Syndicated Loans [J]. The Journal of Finance, 2007 (62): 629-668.

[318] Teoh S. H., I. Welch and T. J. Wong. Earnings Management and the Underperformance of Seasoned Equity Offerings [J]. Journal of Financial Economics, 1998 (50): 63-99.

[319] Teshima N. and A. Shuto. Managerial Ownership and Earnings Management: Theory and Empirical Evidence From Japan [J]. Journal of International Financial Management & Accounting, 2008 (19): 107-132.

[320] Tihanyi L., A. Ellstrand, C. Daily and D. Dalton. Composition of The Top Management Team and Firm International Diversification [J]. Journal of Management, 2000 (26): 1157-1177.

[321] Titman S. and B. Trueman. Information Quality and the Valuation of New Issues [J]. Journal of Accounting & Economics, 1986 (8): 159-172.

[322] Tricker B. Editorial: Corporate Governance-The Subject Whose Time Has Come [J]. Corporate Governance: An International Review, 2000 (8): 289-296.

[323] Tyler B. and H. Steensma. The Effects of Executives'Experiences and Perceptions on Their Assessment of Potential Technological Alliances [J]. Strategic Management Journal, 1998 (19): 939-965.

[324] Vafeas N. Board Structure and Informativeness of Earnings [J]. Journal of Accounting & Public Policy, 2000 (19): 139-160.

[325] Valta P. Competition and the Cost of Debt [J]. Journal of Financial Economics, 2012 (105): 661-682.

[326] Vancil R. F. Passing the Baton: Managing the Process of CEO Succession [M]. Harvard Business School Press, Boston, 1987.

[327] Warfield T. D., J. J. Wild and K. L. Wild. Managerial Ownership, Accounting Choices, and Informativeness of Earnings [J]. Journal of Accounting and E-conomics, 1995 (20): 61-91.

[328] Waller M., G. Huber and W. Glick. Functional Background As a Determinant of Executives' Selective Perception [J]. Academy of Management Journal, 1998

(38): 943-974.

[329] Watts R. L. and J. L. Zimmerman. Agency Problems, Auditing, and the Theory of the Firm: some Evidence [J]. The Journal of Law and Economics, 1983 (26): 613-633.

[330] Wenner D. Group credit: A Means to Improve Information Transfer and Loan Repayment Performance [J]. The Journal of Development Studies, 1995 (32): 263-281.

[331] Whited, T. Debt, Liquidity Constraints, and Corporate Investment: Evidence From Panel Data [J]. The Journal of Finance, 1992 (47): 1425-1460.

[332] Whited T., and G. Wu. Financial Constraints Risk [J]. Review of Financial Studies, 2006 (19): 531-559.

[333] Williamson O. Corporate Governance [J]. Yale Law Journal, 1984 (93): 1197-1230.

[334] Williamson O. E. Transaction Cost Economics: The Comparative Contracting Perspective [J]. Journal of Economic Behavior and Organization, 1987 (8): 617-625.

[335] Womack K. L. Do Brokerage Analysts' Recommendations Have Investment Value? [J]. The journal of finance, 1996 (51): 137-167.

[336] Wurgler J. Financial Markets and the Allocation of Capital [J]. Journal of Financial Economics, 2000 (58): 187-214.

[337] Xu N., Li X., Yuan Q., Chan K. C. Excess Perks and Stock Price Crash Risk: Evidence From China [J]. Journal of Corporate Finance, 2014 (25): 419-434.

[338] Yeo, G. H., P. Tan, K. W. Ho and S. S. Chen. Corporate Ownership Structure and the Informativeness of Earnings [J]. Journal of Business Finance & Accounting, 2002 (29): 1023-1046.

[339] Yohn T. L. Information Asymmetry Around Earnings Announcements [J]. Review of Quantitative Finance and Accounting, 1998 (11): 165-182.

后　记

本书初稿形成之时，正值我 30 周岁，那一刻顿觉怅然若失。古人云“三十而立”，如今，尽管我已拥有曾经渴望的教师职业，但却仍然惶惶不可终日。每天像陀螺一样旋转，得不到一丝喘息，甚至难以静下心来回顾过往，总结过去，展望未来。早些年，在人生的每一个重要转折点，我总习惯于做一些总结，用以回顾过往的岁月，理清生命的痕迹与轨道，然而，距离上一次做总结已足足十年。趁本书书稿形成之际，也是我 30 岁这个特殊的时点，借此机会对过去的十年做一个总结，感谢那些曾经给予我帮助和关爱的人。

翻开十年前的日记，那时候的我刚刚 20 岁，踌躇满志，内心敏感，愤世嫉俗，因为担忧未来曾写过如下句子：

“一年前，或许更久以前，我开始陷入一种令我惶恐和失落的状态，以至于常常不安到无法入睡。我开始禁不住思考以及更加可能地预测我的未来，我可以毫不含糊地告诉自己，如果沿着当下的情形，十年后，我自然可以成为白领人士或是一名普通教师，我会贡献我的大部分时间和精力去和道貌岸然出尔反尔的人打交道，去和一些莫名其妙的人交往应酬。二十年后，我可能会成为一名高管或是一名教授，每天过着小资生活挣钱养家养车养宝宝，这是我能想到我今后的生活状态，我想成为这个样子吗？

回望这些句子，心中五味杂陈，十年前因为对未来的惶恐，我立志选择了以后从事学术事业，做一名大学教师。也正因为如此，我努力考研，读博，来到北京，来到中国人民大学，并在此毕业后顺利谋得一份教职。所有的一切顺理成章，虽然奋斗的过程艰苦心酸，但也充实自足。当心中有目标时，心中便布满希望的种子，每天朝着目标进步一点点，最终总会到达期望的远方。这种信仰一直伴随着我过去的十年，助力我实现当初的梦想。我要感谢很多很多的人，没有他们的理解与帮助，也不会有如今的我。

首先，我要感谢我的父母，感谢他们从未缺席我的成长，让我的生命富足而美好。我的家庭是再普通不过的工薪家庭，富贵不足，温饱有余。虽然父母学历不高，但尤为重视教育，母亲为了照顾家庭，曾放弃了一份小学教职的工作机会，全心全意相夫教子。在我眼里，母亲是最完美的母亲，最完美的妻子，是我此生都难以企及的高度。在我的记忆里，无论春夏秋冬，母亲总是凌晨四五点钟起床，为早班的父亲准备早饭，随后再为上学的我和姐姐准备早饭。在家读书的日子是幸福的，所有的饮食起居都是母亲亲自打理，每天醒来，要穿的衣服已经放在枕边，早饭也已备好。每次放学归来，热腾腾的饭菜也已盛上桌；高中之前的日子，母亲坚持每晚陪我们看书到九点钟，尽管在我偷懒早早睡下时，她仍坚持在我们身边打毛线坐到九点；母亲总是把家里整理得井井有条，她喜爱种植花草、果树，直到如今我还怀念小时候，母亲在家中的梧桐树下、在满园花香中教我背诗词的场景。大学之后，每次回家，母亲都在路口等我，每次回校，母亲都送至我再也看不到她的背影为止。母亲拥有所有我能想到的中国传统妇女应有的美德，将家里打理得井井有条，对长辈和子女极为细心、体贴，在邻里之间赢得非常高的声誉，也正因此，我们这样一个普通的家庭也获得了“五好文明家庭标兵”的称号，我知道，所有的这一切都是母亲的功劳。母亲为整个家庭牺牲了太多太多，感谢我的母亲，在我人生的每一步，都一直在我背后默默守候，默默支持，为我点亮一盏永不灭的灯火，让我在人生的每一步都走得安稳，走得富足。这是我能想象到的，作为一个母亲最完美的样子。如今，母亲的白发已经悄然爬上头顶，唯愿时间过得慢一些，再慢一些，让自己多尽一些为子女的责任。

父亲对我影响最大的是他的处世态度和价值观念，他不善言辞、更厌恶溜须拍马，这就导致了他在那种旧有的晋升体制下，做了一辈子小员工。他常嬉笑怒骂、与世无争，仿似是看透人生之后，对一切都无所谓的样子。他安于现状，从不抱怨，对现有的一切无比知足，他常说，“从未想到能生活到如此地步，吃穿不愁，妻贤女孝，夫复何求”。父亲曾不止一次教育我，要通过读书来掌控自己的命运，要尽早确定自己的人生方向，让自己变得强大，然后活得自在洒脱，摆脱世俗的羁绊。在他眼里，女孩子与男孩子一样，都要独立成长、努力拼搏，摆脱对他人的依赖，学会掌控自己。也因此，在我成长的过程中，父亲多把我当成男孩子般培养教育。感谢父亲，让我对未来一直抱有希望，让我知道，尽管普通如我，但也可以通过自己的双手改变自己的人生。还要感谢父亲一直如孩童般与我相处，让我在步入社会之前，以一颗向善、纯粹的心成长，并对这个社会多了些美好的期待。

感谢我大学时期的好姐妹朱文蕾，她善良、乐观、可爱、坚强，给我留下了大学时光里最美好的记忆。在那段为梦想奋斗的日子里，她一直陪在我身边。朝夕相伴，形影不离。一起在图书馆读英文小说 *Gone with the Wind*；我们一起骑自行车去逛翡翠湖散心；我们一起去九龙街吃美味的小吃；我们一起喝酒唱歌看电影分享我们的过去。为了去图书馆帮我找一个好的自习位置，她常常在寒冷的冬天早早起床去图书馆排队帮我占位；在我害怕干扰搬到学校附近的出租屋里时，她主动跑过来帮我打扫卫生，帮我把厚衣服拿回学校清洗；在炎热的夏日，联系不到我时，她会把买的西瓜放到我的自行车车篮里；虽然她为我做了很多很多细微的事，但在那段艰苦奋斗的日子里，却是对我最美好的慰藉与帮助。感谢她对我无私的帮助与关爱，尽管生活忙碌，我们不常联系，但我们的友谊一定会地久天长。

在我近几年的硕博生涯中，我还得到了许多师友们的关心和帮助。感谢我的导师姜付秀教授，在过去的近五年里，老师不辞辛苦，对我的学业倾注了大量的心血，我资质愚钝，对学术问题的思考往往不够深刻，思维也不够敏捷，在与老师的学术交流过程中往往不止慢半拍，承蒙老师不弃，对我悉心指点。毫无疑问，我的每一次进步都离不开老师的指点。感谢师门组的伊志宏老师，伊老师常常在百忙之中参加师门会议，并能够高屋建瓴地分析问题，对学生们存在的问题非常耐心地解答；感谢张敏老师、李焰老师在师门会议上的指点；感谢尹澄溪老师和王雪老师多次对我的论文演讲提出宝贵的意见；感谢王化成老师、许年行老师、孟庆斌老师、张瑞君老师、张志强老师在论文答辩期间提出的宝贵意见。感谢我师门的师兄师姐朱冰、马云飙、李行天和王运通，他们在我遇到研究和生活上的困难时，总能及时地给我提供帮助。感谢我的师妹郑晓佳、蔡文靖、蔡欣妮，师弟张晓亮和吴恺，他们对我的研究做出了非常多的帮助。感谢 2014 级财务会计博士班的所有同学，在忧郁的日子里，我们常常互相安慰、互相疏导心理、互相帮助，共同度过了一段美好的校园时光。

感谢我的姐姐，在我的成长过程中给予我无限的关爱和保护。感谢我相处十多年的朋友们，他们在我每一次回家都热情地与我相聚，我们从未因为距离、学历以及成家产生任何隔阂，他们分别是李松、徐娜娜、郑文亮、石茜、王祥柱以及王立量，感谢你们。感谢那些曾经给予我痛苦但又帮助我成长壮大的人，没有你们，我不会变得如此坚韧。感谢那些素未谋面的人，因为你们的书籍、文章、观点等对我的价值观念、思维方式甚至人生轨迹带来了重要的变化。

此外，我还要感谢我自己，感谢自己不忘初心，不弃自我，在面临无数次的挫折与痛楚时，仍然能坚守当初的梦想，走到现在；感谢坚强的自己，在大学那段抑郁而又迷茫的日子里，不仅没有沉沦，反而找到自我，认清自我；感谢敏感的自己，总是从那些不经意的人和事上获取灵感与认知，帮自己厘清真正所需要的东西。感谢这样的自己，一路走来，终于能够实现自己十年前定下的目标，成为一名大学老师，可能对很多人而言，这是个再普通不过的职业，而对于我而言，它是一片沉静的沃土，意味着自由精神与自由灵魂实现的可能。

如今站在30岁的十字路口，内心却又再次迷茫起来，虽然身边又多了一群新的朋友，但由于工作较忙，也鲜少有贴心的交流，更难以抽时间静下心来审视自己的内心，质问自己所作所行之事是否符合初心。相比十年前的自己，少了太多果敢、勇气和自律，身体素质也大幅下降，反而更加渴望过平平凡凡、普普通通的自由日子。然而，现实并不总如人愿，新的阶段自然又会有新的压力，新的烦恼。人生不如意之事十有八九，大抵如此吧。然而对未来，我仍是抱有希望的。未来十年，仍然希望自己不忘初心，常常自省，在传道授业解惑的同时，不断学习与思考，全方位提升自身素养，成为自己期待的那种“局外人”；希望自己在面临制度缺陷带来的困扰时，仍然能泰然处之，戒骄戒躁；希望自己面临生活的困顿与挫折时，能勇敢面对，不再逃避；希望自己在面对可爱的学生时，仍然是曾经那个明媚的少年，纯粹而真诚。未来已来，纵使前路荆棘密布，吾往矣。

石贝贝

2021年3月20日